Walther von der Vogelweide | Gedichte

Walther von der Vogelweide
Gedichte

Auswahl

Mittelhochdeutsch / Neuhochdeutsch

Herausgegeben, übersetzt und kommentiert

von Horst Brunner

Reclam

RECLAMS UNIVERSAL-BIBLIOTHEK Nr. 19132

Gestaltung: Cornelia Feyll, Friedrich Forssman
Gesamtherstellung: Reclam, Ditzingen. Printed in Germany 2013

ISBN 978-3-15-019132-3
www.reclam.de

Inhalt

Anhang

Vorwort

Walther von der Vogelweide, geboren um 1170, verstorben um 1230, ist noch immer der bekannteste Dichter des deutschen Mittelalters. Was freilich die Kenntnis seiner Dichtungen außerhalb der professionell mit ihm befassten Fachwelt angeht, so ist sie allzu oft, auch bei literarisch Interessierten, auf mehr oder weniger vage Erinnerungen an das ›Lindenlied‹ »Under der linden an der heide« (mit dem famosen Refrain »tandaradei«) und an die 1. Zeile des 1. Spruchs im Reichston »Ich saz ûf eime steine« beschränkt. Der Begrenztheit dieser Sicht auf einen der bedeutendsten Dichter der deutschen Literatur – der nicht selten geradezu formelhaft, aber durchaus zutreffend als »größter deutscher Lyriker vor Goethe« bezeichnet wird – soll mit der vorliegenden neuen zweisprachigen, kommentierten Auswahl abgeholfen werden. Sie richtet sich in erster Linie an Leserinnen und Leser, die bereit sind, sich mit Walthers auch nach 800 Jahren noch immer interessanten, ästhetisch beeindruckenden und in vieler Hinsicht aufregenden Texten auseinanderzusetzen.

Die Auswahl enthält rund die Hälfte der erhaltenen Sangsprüche und Lieder Walthers. Sie wurden durchweg nach den Handschriften neu ediert und ins Neuhochdeutsche übersetzt. Über die Editionsprinzipien, die Überlegungen, denen ich bei den Übersetzungen gefolgt bin, und über die wichtigsten literaturgeschichtlichen Zusammenhänge unterrichtet der Anhang. Dieser enthält außerdem knappe Erläuterungen zu den wenigen erhaltenen, der Ausgabe beigegebenen Melodien und zu Form und Inhalt der Texte. Weiterführende Literatur in Auswahl findet sich bei den Einzelkommentaren zu den Texten, außerdem im Literaturverzeichnis am Ende des Bandes.

Horst Brunner

Hinweise zur Aussprache des Mittelhochdeutschen: â ae ê î ô oe û und iu [= langes ü] sind als lange Vokale bzw. Umlaute auszusprechen, Kurzvokale bzw. kurze Umlaute sind a ä e i o ö u ü; Diphthonge sind ie [sprich i-e], üe, ou, uo. ht wird cht ausgesprochen, z.B. in *reht*; v hat stets den Lautwert f (nie w!), ph ist Schreibung für pf; z steht für neuhochdeutsches z, aber auch für s – als s wird es dann ausgesprochen, wenn im Neuhochdeutschen s entspricht, z.B. in *vlîz* ›Fleiß‹, dagegen *zuo* ›zu‹. Unterpungierte Vokale werden beim Vortrag unterdrückt, z.B.: *dar ûf saste̩ ich*, sprich *sast ich.*

Verzeichnis der Handschriften und der Handschriftensiglen

Mit Ausnahme des erst 2010 bekannt gemachten Fragments Br finden sich Schwarz-Weiß-Abbildungen sämtlicher Überlieferungsträger bei Horst Brunner / Ulrich Müller / Franz Viktor Spechtler (Hrsg.), Walther von der Vogelweide. Die gesamte Überlieferung der Texte und Melodien, Göppingen 1977. Abbildungen der meisten Handschriften sind auch im Internet zu finden, vgl. die Nachweise unter http://www.mediaevum.de. In das folgende Verzeichnis aufgenommen sind nur die Quellen der in dieser Ausgabe berücksichtigten Texte und Melodien.

A Universitätsbibliothek Heidelberg Cpg 357, ›Kleine Heidelberger Liederhandschrift‹ (Ende 13. Jh., Straßburg?).

a Anhang (Blatt 40r–45v) zu A.

B Württembergische Landesbibliothek Stuttgart Cod. HB XIII,1, ›Weingartner Liederhandschrift‹ (um 1300, Konstanz).

Br Brünn (Brno), Moravský Zemský Archiv, Sbírka rukopisů Františkova muzea G 11 625 (Pergamentstreifen, um 1350). Erstveröffentlichung: Freimut Löser, Ein Walther-Fragment in Brno (Brünn). Neues zu ›Si wunderwol gemachet wîp‹ (L 53, 25). In: Thomas Bein (Hrsg.), Walther von der Vogelweide – Überlieferung, Deutung, Forschungsgeschichte, Frankfurt a. M. [u. a.] 2010, S. 9–38.

C Universitätsbibliothek Heidelberg Cpg 848, ›Große Heidelberger (Manessische) Liederhandschrift‹ (1. Drittel 14. Jh., Zürich).

D Universitätsbibliothek Heidelberg Cpg 350 (um 1300, südrheinfränkisch).

E Universitätsbibliothek München 2° Cod. Ms. 731, ›Würzburger Liederhandschrift‹ (Bestandteil des ›Hausbuchs des Michael de Leone‹, um 1345/54, Würzburg).

e der Reinmar-Teil von Handschrift E.

F Anna Amalia Bibliothek Weimar Q 564, ›Weimarer Liederhandschrift‹ (um 1460/70, Nürnberg).

G Bayerische Staatsbibliothek München Cgm 5249/74 (Pergamentdoppelblatt, um 1350 bairisch).

i Badische Landesbibliothek Karlsruhe Cod. Donaueschingen 97

(Streuüberlieferung in der Handschrift des ›Rappoltsteiner Parzifal‹, 1331/36, Straßburg).

i^2 Biblioteca Casanatense Rom Ms. 1409 (Abschrift von i, 14. Jh., alemannisch).

L Bayerische Staatsbibliothek München Cgm 44 (Zitat in der Handschrift von Ulrichs von Lichtenstein ›Frauendienst‹, um 1300, bairisch-österreichisch).

M Bayerische Staatsbibliothek München Clm 4660, ›Carmina burana‹ (vor 1250, Neustift bei Brixen?).

Mel. p Universitätsbibliothek Breslau Ms. 1009, ›Singebuch des Adam Puschman‹ (1584/88, Breslau; seit 1945 verschollen).

N Stiftsbibliothek Kremsmünster CC 127 (Streuüberlieferung in einer lateinischen Liturgiehandschrift, 2. Hälfte 13. Jh., bairisch-österreichisch).

n Universitätsbibliothek Leipzig Rep. II fol. 70^a, ›Niederrheinische Liederhandschrift‹ (um 1350, Kölner Raum).

O ehemals Preußische Staatsbibliothek Berlin Mgo 682 (jetzt in Krakau) (2 Pergamentdoppelblätter, um 1300, Kölner Raum).

s Koninklijke Bibliotheek Den Haag 128. E. 2, ›Haager Liederhandschrift‹ (um 1400, niederländisch).

t Bayerische Staatsbibliothek München Cgm 4997, ›Kolmarer Liederhandschrift‹ (um 1460, Mainz oder Speyer).

U^x U^{xx} Landeskirchliches Archiv Braunschweig H 1a, ›Wolfenbütteler Fragment‹ (zwei Pergamentdoppelblätter, 4 Fragmente eines weiteren Blattes, Ende 13. Jh., Braunschweiger Raum).

Z Staatsarchiv Münster Ms VII, 51, ›Münstersches Fragment‹ (Pergamentdoppelblatt, 1. Hälfte 14. Jh., Westfalen).

Zeittafel

1152–90	Kaiser Friedrich I. Barbarossa.
um 1170	Geburt Walthers von der Vogelweide; Herkunft und das genaue Jahr sind unbekannt. Der Beiname verweist vermutlich nicht auf einen Vogelweidhof, ein Gut, auf dem Jagdvögel abgerichtet wurden, als Herkunftsort, sondern ist als Dichtername zu verstehen, da Liedsänger häufig mit Singvögeln verglichen wurden.
seit etwa 1190	Walther betätigt sich als Dichter, längere Zeit lebt er am Wiener Hof, wo er offenbar mit seinem Dichterkollegen Reinmar (dem Alten) zusammentrifft: *Ze Oesterrîch lernde ich singen unde sagen* (Nr. 43 in dieser Ausgabe).
1190–97	Kaiser Heinrich VI. (Sohn Barbarossas; * 1165), † 28. 9. 1197.
1197/98	Heinrichs Bruder Philipp von Schwaben (* 1177) wird von der staufischen Partei zunächst als Sachwalter für Heinrichs VI. unmündigen Sohn Friedrich (* 1194) eingesetzt. Er wird am 8. 3. 1198 zum König gewählt, da die welfische Gegenpartei unter Führung von Erzbischof Adolf von Köln inzwischen Otto von Poitou (* 1176), den Sohn Herzog Heinrichs des Löwen († 1195) und der englischen Königstochter Mathilde, als Gegenkandidaten aufgestellt hat. Otto IV., der am 9. 6. gewählt wurde, wird am 12. 7. 1198 in Aachen durch den Erzbischof von Köln – am richtigen Ort durch die richtige Hand –, jedoch ohne die echten Insignien gekrönt; die Krönung Philipps von Schwaben erfolgt am 8. 9. mit den echten Insignien in Mainz durch den (zufällig anwesenden) Erzbischof von Tarentaise. Otto ist mit England, Philipp mit Frankreich verbündet. Am 8. 1. 1198 wird der 37jährige Kardinal Lothar von Segni als Innozenz III. zum Papst gewählt.
1198	Nach dem Tod des Babenbergers Herzog Friedrich I. von Österreich im April des Jahres verlässt Walther den Wiener Hof. Er wird von Philipp von Schwaben aufgenommen, für den er in der Folge (bis etwa 1201) durch Sangsprüche eintritt, den er im Dienst von Fürsten jedoch auch kritisiert. In späteren Jahren bemüht er sich, offenbar er-

	folglos, immer wieder um die erneute Aufnahme am Wiener Hof Herzog Leopolds VI.
1201 ff.	Walther im Dienst unterschiedlicher Fürsten: Landgraf Hermann von Thüringen, Markgraf Dietrich von Meißen, vielleicht Ludwig I. von Bayern.
1201	Innozenz III. erkennt Otto IV. als König an und bannt Philipp von Schwaben und seine Partei. Am 3.7. verkündigt der Kardinallegat Guido von Praeneste im Kölner Dom feierlich die Entscheidung.
1202 ff.	Philipp von Schwaben gewinnt im Thronstreit mehr und mehr die Oberhand. Am 6.1.1205 wird er schließlich zu Aachen vom Erzbischof von Köln (der vorher die Opposition angeführt hatte) erneut, nunmehr im vollen Umfang rechtsgültig, gekrönt. 1206 wird Otto IV. besiegt, er zieht sich in sein Braunschweiger Erbland zurück.
12.11.1203	Einziges urkundliches Zeugnis für Walther von der Vogelweide. Wolfger von Erla, Bischof von Passau, schenkt dem Sänger (*cantor*) in Zeiselmauer bei Wien fünf lange Schilling (Solidi) für einen Pelzrock: *Walthero cantori de Vogelweide pro pellicio. V so. longos* (der bayerische »lange« Schilling hatte den Wert von 30 Pfennigen, sonst üblich waren 12 Pfennige).
um 1205/06	Wolfram von Eschenbach erwähnt Walther im ›Parzival‹ (v. 297,24 f.) im Zusammenhang mit dem Thüringer Hof als bekannten Sangspruchdichter.
21.6.1208	Ermordung König Philipps in Bamberg. Otto IV. wird nun auch von der staufischen Partei anerkannt und am 11.11.1208 nochmals zum König gewählt.
4.10.1209	Otto IV. wird in Rom durch Papst Innozenz III. zum Kaiser gekrönt, gerät jedoch umgehend in politischen Gegensatz zum Papst.
18.11.1210	Otto IV. und sein Anhang werden gebannt.
um 1210	Walther wird im ›Tristan‹ (v. 4798–4815) Gottfrieds von Straßburg als führender Minnesänger seiner Zeit gefeiert.
September 1211	Der Staufer Friedrich II. wird (erneut) zum deutschen König gewählt.
1212	Otto IV. bricht den Angriff auf Sizilien ab und eilt nach

	Deutschland zurück. Er wird auf dem Hoftag von Frankfurt am 18.3. von Walther im Auftrag von Fürsten mit Sangsprüchen begrüßt. In der Folge verfasst Walther im Dienst Ottos IV. eine Reihe von Sprüchen gegen den Papst. Friedrich II. kommt im September nach Deutschland, er wird im Dezember gewählt und gekrönt. Die staufische Partei fällt von Otto ab. Wann Walther zu Friedrich II. übergeht, ist unklar.
27.7.1214	Schlacht bei Bouvines. Otto IV. wird vom französischen König Philipp II. August besiegt. Damit ist seine Macht gebrochen. Er stirbt, fast unbeachtet, am 19.5.1218 auf der Harzburg.
um 1215	Wolfram von Eschenbach verweist im ›Willehalm‹ (v. 286,19) auf Walthers ›Spießbratenspruch‹ (in der vorliegenden Ausgabe Nr. 11).
1216	Der italienische Kleriker Thomasin von Zirclaere stellt in seinem mittelhochdeutschen Lehrgedicht ›Der welsche Gast‹ (v. 11191 ff.) fest, Walther (der nicht namentlich genannt wird) habe mit seinen Antipapststrophen Tausende vom rechten Weg abgebracht.
Juli 1216	Tod Papst Innozenz' III.
1220	Friedrich II. verlässt Deutschland und kehrt über Rom, wo er am 22.11. durch Papst Honorius III. zum Kaiser gekrönt wird, in sein Erbreich Sizilien zurück. Reichsverweser für seinen im April zum deutschen König gewählten unmündigen Sohn Heinrich (VII.) (1211–1242) wird Erzbischof Engelbert von Köln (ermordet 1225). Möglicherweise in diesem Jahr (vielleicht schon früher) erhält Walther von Friedrich II. ein Lehen.
1220 ff.	Walther im Umkreis Erzbischof Engelberts und Heinrichs (VII.).
1227	Papst Gregor IX. bannt Friedrich II., da er das bereits 1215 gegebene, später mehrfach erneuerte Versprechen, einen Kreuzzug durchzuführen, nicht eingehalten hat. Neue antipäpstliche Sprüche Walthers. In der Folge Propagandadichtungen für den Kreuzzug.
1228/29	5. Kreuzzug durch Friedrich II., der sich nach erfolgreichen

Verhandlungen mit dem Sultan am 18.3.1229 zum König von Jerusalem krönen lässt.

um 1230 Tod Walthers. Sein Begräbnisplatz im Grashof (Lusamgärtchen) des Neumünsters zu Würzburg ist durch den Juristen und Kleriker Michael de Leone (um 1300–1355) einigermaßen gut bezeugt. Michael de Leone überliefert auch die in gereimten lateinischen Hexametern abgefasste Grabinschrift:

Pascua qui volocrum viuus Walthere fuisti.
Qui flos eloquij. qui Palladis os obiisti.
Ergo quod aureolam probitas tua possit habere.
Qui legit. hic dicat. Deus istius miserere.

(Walther, der du als Lebender die Weide der Vögel gewesen bist, / die Blume der Beredsamkeit, der Mund der Pallas, du bist gestorben. / Damit nun deine Rechtschaffenheit den himmlischen Kranz erlangen möge, / so spreche, wer dies liest: Gott erbarme sich seiner!)

Sangsprüche

Sprüche für und an König Philipp von Schwaben

1 Ich saz ûf eime steine
und dahte bein mit beine,
dar ûf sastẹ ich den ellenbogen,
ich hetẹ in mîne hant gesmogen
mîn kinnẹ und ein mîn wange.
dô dâht ich mir vil ange,
wie man zer welte solte leben.
dekeinen rât kondẹ ich gegeben,
wie man driu ding erwurbe,
der deheines niht verdurbe.
diu zwei sint êrẹ und varnde guot,
daz dickẹ ein ander schaden tuot.
daz dritẹ ist gottes hulde,
der zweir ubergulde.
die woltẹ ich gernẹ in einen schrîn.
jâ leider des enmac niht sîn,
daz guot und weltlichẹ êre
und gottes hulde mêre
zesame in ein herze komen.
stîgẹ und wege sint in benomen,
untriuwẹ ist in der sâze,
gewalt vert ûf der strâze.
fridẹ und reht sint sêre wunt.
diu driu enhabent geleites niht, diu zwei enwerden ê gesunt.

L. 8,4.* *Ton:* Reichston.
Überlieferung: **A** 43; B 18; C 1.
Edition: ediert nach A, eine Besserung nach *BC.
Lesarten: S. 233. *Kommentar:* S. 268 f.

* Anmerkung: L. steht für Lachmann. Die nach wie vor wissenschaftlich maßgebliche Zählung der Strophen Walthers geht auf die 1827 erstmals erschienene Ausgabe seiner Gedichte von Karl Lachmann zurück. Da Lachmann keine eigene Zählung der Texteinheiten benutzte, wurden und werden die Strophen nach der Seiten- und der Zeilenzahl in seiner Ausgabe von 1827 zitiert. Die Angabe 8,4 bedeutet: die Strophe fand sich in Lachmanns Ausgabe auf S. 8, sie begann dort mit Zeile 4.

1 Ich saß auf einem Stein,
die Beine übereinandergeschlagen,
darauf hatte ich den Ellbogen gesetzt,
in meine Hand geschmiegt
mein Kinn und die eine Wange.
Ich dachte sehr ernsthaft darüber nach,
wie man in der menschlichen Gesellschaft leben solle.
Ich wusste keinen Rat,
wie man drei Werte erwerben könne,
ohne dass einer von ihnen zugrunde ginge.
Zwei davon sind Ansehen und Besitz,
die einander oft im Weg stehen.
Der dritte ist die Gnade Gottes,
die die beiden anderen überglänzt.
Die wollte ich gern in ein und demselben Schrein haben.
Zu meinem Leidwesen ist das aber ausgeschlossen,
dass Besitz und gesellschaftliches Ansehen
und dazu noch Gottes Gnade
gemeinsam in ein Herz kommen.
Stege und Wege sind ihnen verwehrt,
Verrat lauert im Hinterhalt,
auf der Straße herrscht Gewalt.
Friede und Recht sind todwund.
Die drei haben kein freies Geleit, bevor diese zwei nicht gesunden.

2 Ich hôrtẹ ein wazzer diezen
unde sach die vische fliezen,
ich sach, swaz in der welte waz,
velt, walt, loup, rôr unde graz,
swaz chriuchet unde vliuget
und bein zer erden biuget –
daz sach ich, unde sag iu daz:
der dekeinez lebet âne has.
daz wilt und daz gewurme,
die strîtent starke sturme,
same tuont die vogel under in.
wan daz si habent einen sin:
si endûhten sich ze *nihte*,
si schuofen starc *gerihte*.
si kiesent künige unde reht,
si sezzent hêrren unde kneht.
ôwê dir, tiusche zunge,
wie stêt dîn ordenunge,
daz nû diu muggẹ ir kunec hât
und daz dîn êrẹ alsô zergât!
bekêrâ dich, bekêre,
die *cirkel* sint ze hêre,
die armen künege dringent dich:
Philippe setze ein weisen ûf, und heiz si treten hinder sich!

L. 8,28 *Ton:* Reichston.
Überlieferung: **A** 44; B 20; C 3.
Edition: ediert nach A, Besserungen nach C.
Lesarten: S. 233. *Kommentar:* S. 268 f.

2 Ich hörte das Wasser rauschen
und sah die Fische schwimmen,
ich sah all das, was auf Erden lebt,
in Feld, Wald, Laub, Schilf und Gras,
was kriecht und fliegt
und den Fuß auf die Erde setzt –
das sah ich, und ich sage euch folgendes:
keines von denen lebt ohne Feindschaft.
Die Wildtiere und die Kriechtiere
liegen miteinander in heftigem Krieg,
ebenso die Vögel.
Nur in einer Hinsicht sind sie sich einig:
sie kämen sich nichtig vor,
wenn sie nicht ein starkes Regiment geschaffen hätten.
Sie wählen Könige und eine Rechtsordnung,
sie setzen Herren ein und Knechte.
Weh dir, deutsches Volk,
wie steht es mit deiner Ordnung,
dass heutzutage zwar die Mücke ihren König hat,
dass aber dein Ansehen dahinschwindet!
Besinne dich, besinn dich,
die Königskronen erheben sich zu hoch,
die Vasallenkönige bedrängen dich:
setze Philipp die Kaiserkrone auf, und befiehl ihnen zurückzutreten.

3 Ich sach mit mînen ougen
man und *wîbe* tougen,
dâ ich gehôrte und gesach,
swas iemen tet, swaz ieman sprach.
ze Rộme hôrtẹ ich liegen
und zwêne künige triegen.
dâ von huob sich der meiste strît,
der ê wart oder *iemer* sît.
dô sich begunden zweien
pfaffen unde leien.
dâ was ein nôt vor aller nôt,
lîb und sêle lag dâ tôt.
die pfaffen stritten sêre,
doh wart der leien mêre.
diu swert legten si dâ nider,
si griffen an die stôle wider.
si bienen, die si wolten,
und niht, den si solten.
dô stôrte man diu gotes hûs.
dô hôrtẹ ich verrẹ in einer klûs
vil michel ungebêre.
dâ weindẹ ein klôsenêre,
er klagte gote sîne leit:
›ô wê, der bâbest ist ze jung, hilf, hêrre, dîner kristenheit!‹

L. 9,16. *Ton:* Reichston.
Überlieferung: **C** 2; B 19; A 45 (Z. 1–4 fehlen).
Edition: Vorlage *BC, ediert nach C mit wenigen Besserungen.
Lesarten: S. 233. *Kommentar:* S. 268 f.

3 Ich sah mit meinen Augen
die Heimlichkeiten von Männern und Frauen,
dort hörte und sah ich
alles, was einer tat, alles, was einer sagte.
In Rom hörte ich, wie gelogen
und wie zwei Könige betrogen wurden.
Daraus erwuchs der größte Krieg,
der je begonnen wurde oder künftig sein wird.
Da entzweiten sich
Kleriker und Laien.
Da herrschte schrecklichste Kampfesnot,
Leib und Seele lagen tot darnieder.
Die Kleriker kämpften heftig,
doch wurde die Zahl der Laien immer größer.
Die Schwerter legten sie weg
und griffen wieder zur Stola.
Sie bannten die, die sie bannen wollten,
und nicht den, den sie hätten bannen müssen.
Da zerstörte man die Kirchen.
Ich hörte in einer entfernten Einsiedelei
großes Wehklagen.
Der Klausner weinte dort,
er klagte Gott seine Kümmernisse:
›O weh, der Papst ist zu jung, hilf, Herr, deiner Christenheit!‹

4 Dô Friderîch ûz Oesterrîch alsô gewarp,
das er an der sêle genas und im der lîp erstarp,
dô fuort er *mînen* krenechen trit in die erde.
dô gieng ich schlîchent als ein pfâwe, swar ich gie,
das houbet hanht ich nider unz ûf mîne knie.
nû riht ich es ûf nâch vollem werde:
ich bin wol ze fiure komen,
mich hât das rîch und ouch diu krôn an sich genomen –
wol ûf, swer tanzen welle nâch der gîgen!
mir ist mîner swêre buos,
êrste wil ich eben setzen mînen fuos
und wider in ain hôhgemuote *stîgen*.

L. 19,29. *Ton:* Erster Philippston.
Überlieferung: **B** 111.
Lesarten: S. 233. *Kommentar:* S. 269.

5 Diu krônẹ ist elter danne der künig Philippes sî.
dâ mugent ir alle schouwen wol ein wunder bî,
wie sị ime der smit sô ebne habe gemachet.
sîn keiserlîches houbet zimt ir alsô wol,
daz si ze rehte nieman guoter scheiden sol.
ir deweders dâ daz ander niht enswachet.
si lachent beidẹ ein ander an,
daz edel gesteine wider den jungen süessen man:
die ougenweide sehent die fürsten gerne!
swer nû des rîches irre gê,
der schouwe, wem der weise ob sîme nakel stê.
der stein ist aller fürsten leitesterne!

L. 18,29. *Ton:* Erster Philippston.
Überlieferung: **C** 291 [309]; B 109.
Lesarten: S. 233. *Kommentar:* S. 270 f.

4 Als Friedrich von Österreich es erreichte,
dass seine Seele gerettet wurde, was ihn allerdings sein irdisches Leben kostete,
da nahm er meinen stolzen Kranichtritt mit ins Grab.
Damals schlich ich herum, wo immer ich ging, wie ein Pfau,
den Kopf ließ ich hängen bis auf die Knie.
Nun richte ich ihn auf, wie es mir zukommt:
ich habe ein gutes Zuhause erlangt,
König und Reich haben mich aufgenommen –
wohlan, wer tanzen will zur Fidel!
Ich bin von meinem Kummer befreit,
jetzt will ich meinen Fuß fest aufsetzen
und wieder in den Freudenhimmel aufsteigen.

5 Die Krone ist älter als der König Philipp.
Da könnt ihr alle das Wunder erkennen,
dass der Schmied sie passend für ihn angefertigt hat.
Sein kaiserliches Haupt passt so gut zu ihr,
dass kein Gutwilliger sie von Rechts wegen voneinander trennen darf.
Keines von beiden schwächt das andere.
Sie lachen beide einander an,
die Edelsteine und der junge herrliche Mann.
Diese Augenfreude sehen die Fürsten gern!
Wer jetzt nicht weiß, wer der König ist,
der sehe nach, wem die Kaiserkrone über dem Nacken steht.
Diese Krone ist der Leitstern aller Fürsten!

Wiener Hofton
(Melodie zu Nr. 7, 8, 37, 38, 40, 55–58, 60–63)

Überlieferung: t Bl. 734r unter der Überschrift: *Her walthers von der vogelweide hoff wyse oder wendelwys.*

Kommentar (vgl. zur Terminologie S. 266 f.): Kanzone der Form AABB', die beiden Teile des Abgesangs umfassen v. 7–10 (B) und v. 11–15 (B'). Zusammenhänge zwischen den Melodiezeilen ergeben sich aus den mit griechischen Buchstaben angegebenen Bezeichnungen. Dabei sind β_1 β_2 β_3 β_4 Varianten von β, δ' ist eine geringfügig veränderte Form von δ, η hat Ähnlichkeit mit β_2.

6 Es gieng eines tages, als unser hêrre wart geborn
von einer maget, die er im ze muoter hât erkorn
ze Megdeburg der künig Philippes schône.
dâ gieng eins keisers bruoder und eins keisers kint
in einer wât, swie doch die namen drîge sint.
er truog des rîches zepter und die krône.
er trat vil lîsẹ, im was niht gâch,
im sleich ein hôh geborne küniginne nâch,
rôsẹ âne dorn, ein tûbe sunder gallen.
diu zuht was niener anderswâ:
die Duringẹ und die Sahsen dienten alsô dâ,
daz es den wîsen muoste wol gevallen.

L. 19,5. *Ton:* Erster Philippston.
Überlieferung: C 292 [310]; B 108.
Lesarten: S. 233. *Kommentar:* S. 270 f.

7 Künig Constantîn, der gab sô vil
(als ich es iu bescheiden wil)
dem *stuol* ze Rôme: sper, kriuzẹ unde krône.
zehant der engel lûte schrê:
›ôwê, ôwê, zem dritten wê!
es stuont diu kristenheit mit zühten schône,
der ist ein gift nû gevallen,
ir honec ist worden zeiner gallen.
daz wirt der werlte her nâch vil leit!‹
alle fürsten lebent nû mit êren,
wan der hoehste ist geswachet.
daz hât der pfaffen wal gemachet.
daz sî dir, süesser got, gekleit.
die pfaffen wellent leien reht verkêren:
der engel hât uns wâr geseit.

L. 25,11. *Ton:* Wiener Hofton.
Überlieferung: C 306 [322].
Lesarten: S. 233. *Kommentar:* S. 271.

6 Es schritt, an dem Tag, an dem unser Herr geboren wurde
von einer Jungfrau, die er sich zur Mutter erwählt hatte,
zu Magdeburg der König Philippus herrlich einher.
Da ging eines Kaisers Bruder und eines Kaisers Sohn
in einem einzigen Ornat, trotz der Dreifalt der Personen.
Er trug des Reiches Szepter und die Krone.
Er schritt voll Würde, ohne Hast,
ihm folgte die Königin aus erhabenem Geschlecht,
eine Rose ohne Dorn, eine Taube ohne Galle.
Nirgendwo sonst gab es solch feinen Anstand:
Thüringer und Sachsen leisteten ihren Hofdienst dort auf eine Art,
dass es den Weisen gut gefallen musste.

7 König Konstantin, der schenkte
(ich will euch davon berichten)
dem römischen Stuhl zu viel: Lanze, Kreuz und Krone.
Sogleich schrie der Engel laut:
›O weh, o weh, zum dritten Mal oweh!
Die Christenheit stand in herrlicher Ordnung,
auf die ist nun Gift gefallen,
ihr Honig ist zu Galle geworden.
Die Menschheit wird deshalb später großes Leid erdulden müssen!‹
Alle Fürsten leben heute in vollem Ansehen,
nur der Höchste ist geschwächt.
Schuld ist die Wahl der Kleriker.
Das sei dir, heiliger Gott, geklagt.
Der Klerus will das Laienrecht verbiegen:
der Engel hat uns die Wahrheit prophezeit.

8 Nû wachet! uns gêt zuo der tac,
gegen dem wol angest haben mag
ein ieglîch kristen, juden unde heiden.
wir hân der zeichen vil gesehen,
dar an wir sîne kunft wol spehen,
als uns diu schrift mit wârheit hât bescheiden.
diu sunne hât ir schîn verkêret,
untriuwẹ ir sâmen ûs gerêret
allenthalben zuo den wegen.
der vater bî dem kindẹ untriuwe vindet,
der bruoder sînem bruoder liuget,
geistlîch orden in kappen triuget,
die uns ze himel solten stegen.
gewalt gêt ûf, reht vor gerihte swindet.
wol ûf! hie ist ze vil gelegen!

L. 21,25. *Ton:* Wiener Hofton.
Überlieferung: C 297 [315]; B 39; D 243.
Lesarten: S. 234. *Kommentar:* S. 271 f.

8 Erwacht! Uns naht der Tag,
vor dem Angst haben kann
jeder Christ, Jude und Heide.
Wir haben viele Vorzeichen gesehen,
an denen wir sein Kommen genau erkennen können,
wie die Heilige Schrift uns wahrheitsgemäß belehrt hat.
Die Sonne hat sich verfinstert,
die Treulosigkeit hat ihren Samen ausgestreut
auf allen Wegen.
Der Vater erkennt beim Kind Treulosigkeit,
der Bruder lügt seinem Bruder etwas vor,
in seinem Amtsgewand betrügt uns der Klerus,
der uns doch den Weg zum Himmel bahnen sollte.
Gewalt erhebt sich, das Recht gilt nichts vor Gericht.
Auf! Hier wird zu viel geschlafen!

Zweiter Philippston
(Melodie zu Nr. 9, 11, 46)

Überlieferung: Z Bl. 2vb unter der Überschrift *Meister walter.*

9 Philippe, künig hêre,
si gebent dir alle *heiles* wort
und wolten liep nâch leide.
nû hâstû guot und êre,
daz ist wol zweier künige hort:
die gib der milte beide!
diu milte lônet sam diu sât,
diu wünneklîche wider gât,
dar nâch man si geworfen hât.
wirf von dir milteklîche!
swelch künig der milte geben kan,
si gît im, daz er nie gewan.
wie Alexander sich versan:
der gab und gab – dô gab sị im elliu rîche.

L. 16,36. *Ton:* Zweiter Philippston.
Überlieferung: **C** 124 [129]; B 24; A 94.
Edition: nach C, Besserungen nach A.
Lesarten: S. 234. *Kommentar:* S. 272 f.

10 Philippes künig, die nâhe spehenden zîhent dich,
dûn sîst niht dankes milte. des bedunket mich,
wie dû da mitte verliesest michels mêre.
dû möhtest gerner dankes geben tûsent pfunt
danne drîssec tûsent âne danc – dir ist niht kunt
wie man mit gâbẹ erwirbet prîs und êre.
denkẹ an den milten Salatîn:
der jach daz küniges hende durkel solten sîn,
sô wurden si erforht und ouch geminnet.
gedenkẹ an den künig von Engellant,
wie tiure man den lôste dur sîne milten hant.
ein schade ist guot, der zwêne frumen gewinnet.

L. 19,17. *Ton:* Erster Philippston.
Überlieferung: **C** 293 [311]; B 110.
Lesarten: S. 234. *Kommentar:* S. 272 f.

9 Philippus, erhabener König,
sie wünschen dir alle Glück
und erhoffen Freude nach Trübsal.
Jetzt verfügst du über Reichtum und Ansehen,
ausreichend für zwei Könige:
überlasse beides der Freigebigkeit!
Die Freigebigkeit belohnt wie die Saat,
die freudebringend in dem Maß aufgeht,
in dem man sie ausgeworfen hat.
Wirf freigebig weg!
Versteht ein König es, der Freigebigkeit zu schenken,
so gibt sie ihm zurück, was er sonst nie bekommen hätte.
Alexander wusste das:
der schenkte und schenkte – darauf schenkte sie ihm die ganze Welt.

10 Philippus, König, die Kritiker beschuldigen dich,
du seiest nicht aus freien Stücken freigebig. Deshalb scheint mir,
du verlierst damit weit mehr.
Dir wäre es möglich, lieber freiwillig tausend Pfund zu schenken
als dreißigtausend widerwillig – dir ist nicht geläufig,
dass man durch Generosität Ruhm und Ansehen erwirbt.
Denk an den freigebigen Saladin:
der behauptete, des Königs Hände sollten durchlässig sein,
dann würden sie gefürchtet, aber auch geliebt.
Denk an den König von England,
mit welcher Summe man den auslöste, weil er freigebig war.
Der Verlust zahlt sich aus, aus dem doppelter Nutzen erwächst.

11 Wir suln den kochen râten,
sît es in alsô hôhe stê,
daz si sich niht versûmen,
daz si der vursten brâten
snîden grôsser baz dannẹ ê,
doh diker eines tûmen.
ze Kriechen wart ein spis versnitten,
daz tet ein hant mit argen sitten,
si enmoht es niemer hân vermitten:
der brâte waz ze tünne.
des muoze der hêrre vür die tür.
die fürsten sâzen *ander* kür.
der nû daz rîchẹ alsô verlür,
dem stüende baz, daz er nie spis gewünne.

L. 17,11. *Ton:* Zweiter Philippston.
Überlieferung: C 363 [379]: A 95.
Lesarten: S. 234. *Kommentar:* S. 272 f.

11 Wir geben den Küchenmeistern den Rat –
da es sie sonst teuer zu stehen kommen kann –,
dass sie sich nicht säumen,
den Braten der Fürsten
größer zu schneiden als dies früher der Fall war,
mindestens dicker als Daumenbreite.
In Griechenland wurde ein Spießbraten tranchiert
von einer knausrigen Hand,
sie konnte nicht anders:
der Braten war zu klein.
Deshalb musste der Hausherr vor die Tür,
die Fürsten schritten zu einer neuen Wahl.
Wenn jemand jetzt das Reich auf diese Weise verlieren würde,
für den wäre es besser, würde er nie einen Spießbraten erlangen.

Sprüche an Kaiser Otto IV.

Ottenton

(Melodie zu Nr. 12, 19–21)

Überlieferung: Mel. p Bl. 175r unter der Überschrift: *Im Feinen ton Walters.*
Kommentar: Die Melodie zeichnet die Form AABB nicht genau nach. Die volle melodische Gleichheit der Abgesangsteile v. 7–9 und 10–12 wird durch die abweichende letzte Zeile vermieden. Daraus ergibt sich das Melodieschema AABB′.

12 *Hêrre* keiser, sît ir willekomen!
der künege namẹ ist ûch benomen,
des schînet ûwer crônẹ ob allen crônen.
ûwer hant ist creftẹ und guotes vol:
ir wellet ubel oder wol,
sô mac si beidiu rechen unde lônen.
darzuo sag ich ûch mêre:
die fursten sint ûch undertân,
si habent mit zuhten ûwer kunft erbeitet.
und ie der Mîssenêre!
der ịst iemer ûwer âne wân,
von gotte wurdẹ ein engel ê verleitet.

L. 11,30. *Ton:* Ottenton.
Überlieferung: **A** 80; B 8; C 11.
Lesarten: S. 234. *Kommentar:* S. 273f.

13 Hêr keiser, ich bin frônebotte
und bring ûch botschaft von gotte:
ir habt die *erdẹ, er hât* daz himelrîche.
er hiez ûch clagen, ir sît sîn voget,
in sînes sunes lande broget
diu heidenschaft ûch beiden *lasterlîche.*
ir muogent ime gerne rihten:
sîn sun der ist geheizen Crist,
er hiez ûch sagen, wiẹ erz verschulden welle.
nû lât in zuo *iu* phlihten.
er rihtet iu, dâ *er* vogt ist,
clagt ir joch uber den tievel ûz der helle.

L. 12,6. *Ton:* Ottenton.
Überlieferung: **A** 81; C 360 [376].
Lesarten: S. 234. *Kommentar:* S. 273f.

2 Herr Kaiser, seid willkommen!
Der Königstitel ist Euch genommen,
daher leuchtet Euere Krone über allen Kronen.
Euere Hand ist voll Macht und voll Reichtum:
ob Ihr Böses oder Gutes wollt,
sie kann beides: strafen und belohnen.
Dazu berichte ich Euch das Folgende:
die Fürsten sind Euch ergeben,
sie haben loyal auf Euere Ankunft gewartet.
Und gar der Meißner!
Der steht mit voller Aufrichtigkeit zu Euch,
eher würde ein Engel zum Abfall von Gott verführt.

13 Herr Kaiser, ich bin der Bote des Herrn
und bringe Euch Botschaft von Gott:
Ihr besitzt die Erde, er das Himmelreich.
Er erhebt Klage vor Euch, Ihr seid sein Gerichtsherr:
im Land seines Sohnes spielt
die Heidenschaft sich auf, zur Schande für Euch beide.
Ihr habt leicht die Möglichkeit, ihm zu seinem Recht zu verhelfen:
sein Sohn heißt Christus,
der ließ Euch mitteilen, wie er es vergelten will.
Schließt mit ihm einen Vertrag.
Er verhilft Euch dort zur Euerem Recht, wo er Gerichtsherr ist,
würdet Ihr auch Klage erheben gegen den Teufel aus der Hölle.

14 Hêr keiser, swennẹ ir Tiuschen fride
gemachet stête bî der wide,
sô bietent ûch die fremeden zungen êre.
die sult ir nemen ân arbeit
und suonen al die cristenheit:
daz tiuret ûch und muot die heiden sêre.
ir tragt zwei keisers ellen,
des arn tugent, des lewen craft:
die sint des *hêrren* zeichen an dem schilte.
die zwêne hergesellen –
wan woltens an die heidenschaft!
waz widerstüendẹ ir manheit und ir milte?

L. 12,18. *Ton:* Ottenton.
Überlieferung: **A** 82; C 361 [377].
Lesarten: S. 234. *Kommentar:* S. 273 f.

15 Nû sol der keiser hêre
vurbrechen dur sîn êre
des lantgrâven missetât.
wan er was doch zwâre
sîn vîent offenbâre –
die zagen truogen stillen rât,
sie swuorn hie, si swuorn dort
und pruoften ungetriuwen mort.
von Rôme fuor ir schelten.
ir dûf enmohte sich niht verheln,
si begunden under zwischen steln
und allẹ einander melden.
seht, diep stal diepe,
drô tet liebe.

L. 105,13. *Ton:* Meißnerton.
Überlieferung: C 366 [382]; A 108.
Edition: Vorlage *AC, ediert nach C mit einer Besserung nach A.
Lesarten: S. 234. *Kommentar:* S. 274.

4 Herr Kaiser, wenn Ihr den Deutschen
unter Androhung der Todesstrafe beständigen Frieden gemacht habt,
dann entbietet das Ausland Euch Anerkennung.
Die sollt Ihr umstandslos akzeptieren
und Ihr sollt der gesamten Christenheit den Frieden schenken:
das ehrt Euch, ärgert aber die Heiden sehr.
Ihr tragt kaiserliche Ehre zweifach,
die Mächtigkeit des Adlers, die Kraft des Löwen:
das sind die herrscherlichen Zeichen auf dem Schild.
Diese beiden Kampfgefährten –
wollten sie doch nur gegen die Heidenschaft antreten!
Was widerstände ihrer Tapferkeit und ihrem Großmut?

15 Jetzt und heute soll der erhabene Kaiser
um seiner Ehre willen
über das Vergehen des Landgrafen hinwegsehen.
Denn er war doch wahrhaftig
sein Feind in aller Offenheit –
die Feiglinge berieten sich im Verborgenen,
sie verschworen sich hier, sie verschworen sich dort
und stifteten treulose Gewalttat.
Ihre Schmähungen wurden von Rom inspiriert.
Ihre Diebereien konnten sie nicht heimlich betreiben,
sie begannen, sich gegenseitig zu bestehlen
und sich untereinander zu beschuldigen.
Seht, der Dieb bestahl den Dieb,
angesichts der Bedrohung wurden sie jedoch wieder freundlich.

16 Ich sach hie vor eteswenne den tag,
das unser lob waz gemein allen zungen.
swâ uns dẹhein lant iender nâhe lag,
daz gerte suonẹ oder es waz betwungen.
rîcher got, wie wir nâch êren dô rungen!
dô rieten die alten und tâten die jungen.
nû krumb die richter sint!
dis bîspel ist ze merkenne blint:
swas nû dâ von geschehe, meister, das vint.

L. 85,25. *Ton:* unikaler Ton.
Überlieferung: C 41.
Kommentar: S. 274.

17 Ich hân gemerket von der Seinẹ unz an die Muore,
von dem Pfâdẹ unz an die Trâbẹ erkennẹ ich ir aller fuore.
die meiste menige enruochet, wie sị erwirbet guot.
sol ichs alsô gewinnen, sô gâ slâfen, hôher muot!
guot was ie genême, iedoch sô gie diu êre
vor dem guote. nû ịst daz guot sô hêre,
daz es gewalteklîche *vor ir* zuo *den frowen* gât,
mit den fürsten zuo dem künige an ir rât.
sô wê dir, guot, wie roemisch rîche stât!
dû bist niht guot, dû habest dich an die schandẹ ein teil ze sêre.

L. 31,13. *Ton:* Unmutston.
Überlieferung: C 321 [337]; B 21; A 64.
Edition: Vorlage *BC, ediert nach C mit einer Besserung nach A.
Lesarten: S. 235. *Kommentar:* S. 275.

6 Früher habe ich es erlebt,
dass wir in allen Sprachen gerühmt wurden.
Alle umliegenden Länder
wollten Frieden oder sie wurden unterworfen.
Mächtiger Gott, wie sehr bemühten wir uns damals
um unsere Geltung!
Damals gaben die Alten Rat und die Jungen handelten.
Heuzutage aber sind die Regenten unfähig!
Diese Geschichte ist schwer zu verstehen:
Was daraus alles folgt, das, Ratekünstler, finde heraus.

17 Ich hab die Augen aufgemacht von der Seine bis zur Mur,
vom Po bis zur Trave kenne ich die Lebensweise aller.
Den meisten ist es gleichgültig, auf welche Weise sie zu
ihrem Hab und Gut kommen.
Soll ich es auf die gleiche Weise erwerben, dann gute Nacht
Lebensfreude!
Besitz war schon immer angenehm, doch die Ehre
stand über dem Gut. Heutzutage aber steht Besitz in
so hohem Rang,
dass er machtvoll vor der Ehre sich zu den Damen drängt,
mit den Fürsten in den königlichen Rat.
Weh dir, Gut, wie steht das Römische Reich denn da!
Du bist nicht gut, du orientierst dich etwas zu sehr
an der Schande.

18 ›Sît willekomen, hêrre wirt!‹, dem gruosse muos ich swîgen,
›sît willekomen, hêrre gast!‹, sô muos ich sprechen oder nîgen.
wirt und heim sint zwênẹ unschamelîche namen –
gast und herberge muos man sich dike schamen.
noch müesse ich geleben, daz ich den gast ouch grüesse,
sô daz er mir, dem wirte, danken müesse.
›sît hînaht hie, sît morgen dort‹: waz gougelfuorẹ ist daz!
›ich bin hein odẹr ich wil hein‹: daz troestet baz!
gast und schâch kumt selten âne has.
hêrre, büesset mir des gastes, daz iu got des schâches büesse!

L. 31,23. *Ton:* Unmutston.
Überlieferung: C 322 [338]; B 23; A 77.
Lesarten: S. 235. *Kommentar:* S. 275.

8 ›Willkommen, Herr des Hauses!‹, auf diesen Gruß muss ich schweigen,
›Willkommen, Herr Gast!‹, darauf muss ich antworten oder mich verneigen.
›Hausherr‹ und ›Heim‹ sind zwei Bezeichnungen, deren man sich nicht schämen muss.
›Gast‹ und ›Herberge‹ – darüber muss man oft Scham empfinden.
Könnte ichs noch erleben, dass auch ich den Gast begrüße,
so dass er mir, dem Hausherrn, danken muss.
›Heute nacht hier, morgen dort‹: was für ein Gauklerleben ist das!
›Ich bin zu Hause oder ich will nach Hause‹: das schenkt mehr Zuversicht!
›Gast‹ und ›Schach‹ sind so gut wie nie willkommen.
Herr, erlöst mich aus dem Gastsein, auf dass Gott Euch aus dem ›Schach‹ heraushelfe!

Sprüche gegen Papst Innozenz III. und den Klerus

19 Hêrrẹ bâbest, ich mag wol genesen,
wan ich wil iuch gehôrsam wesen.
wir hôrten iuch der cristenhait gebieten,
wes wir dem kaiser solten pflegen,
dô ir ime gâbent gottes segen,
das wir in hêrren hiessẹn und vor ime knieten.
ouch sult ir niht vergessen,
ir sprâchent: ›swer dich segene, der sî
gesegenet, swer dir fluoche, der sî verfluochet
mit fluoche volmessen.‹
durch got bedenkent iuch dâ bî,
ob ir der pfaffen êre iht geruochet!

L. 11,6. *Ton:* Ottenton.
Überlieferung: **B** 6; C 9.
Lesarten: S. 235. *Kommentar:* S. 275 f.

20 Dô gottes sun hie in erde gie,
dô versuohten in die juden ie.
alsô tâten sịụ aines tages mit dirre frâge:
siu frâgeten, obẹ ir frîes leben
dem rîchẹ iht zinses solte geben.
dô verstuont er wol ir huote und ir lâge.
er iesch ein münizîsen.
er sprach: ›wes bildẹ ist hinne ergraben?‹
›des kaisers‹, sprâchen dô die merkêre.
dô riet er den unwîsen,
das siu den kaiser liessen haben
sîn kaisers reht, und gotte, das gottes wêre.

L. 11,18. *Ton:* Ottenton.
Überlieferung: **B** 7; C 10; A 84.
Lesarten: S. 235. *Kommentar:* S. 276.

9 Herr Papst, ich kann die ewige Seligkeit erlangen,
denn ich will Euch gehorchen.
Wir hörten Euch der Christenheit befehlen,
was wir dem Kaiser zu leisten hätten,
damals, als Ihr ihm Gottes Segen erteiltet:
dass wir ihn Herr nennen und vor ihm knien sollten.
Ferner sollt Ihr nicht vergessen,
Ihr sagtet: ›Wer dich segne, der sei
gesegnet, wer dir flucht, der sei verflucht
mit schlimmstem Fluch.‹
Denkt um Gottes willen darüber nach,
falls Euch das Ansehen der Geistlichkeit kümmert.

0 Als Gottes Sohn hier auf Erden wandelte,
da versuchten ihn die Juden immer wieder.
So auch eines Tages mit folgender Frage:
sie fragten, ob sie als Freie
dem Kaiser Steuern zahlen sollten.
Er bemerkte ihre Hinterhältigkeit und ihre Falle.
Er verlangte einen Münzstempel.
Er sprach: ›Wessen Bild ist hier eingraviert?‹
›Des Kaisers Bild‹, sagten die, die ihn belauerten.
Da riet er den Narren,
dass sie dem Kaiser
sein Kaiserrecht ließen, und Gott, was ihm gebühre.

21 Got gît ze künige swen er wil,
darumbe wundert mich niht vil –
uns leien wundert umbe der pfaffen lêre.
si lêrten uns bî kurzen tagen,
daz wellentz uns nû widersagen.
nû tuons dur got und durh ir selber êre
und sagen uns bî ir triuwen,
an welher rede wir sîn betrogen,
volrechen uns die einen wol von grunde,
die alten *ode* die niuwen.
uns dunket, eines sî gelogen:
zwô zungen stânt unebnẹ in einem munde.

L. 12,30. *Ton:* Ottenton.
Überlieferung: C 362 [378]; A 83.
Lesarten: S. 235. *Kommentar:* S. 276.

22 Der stuol ze Rômẹ ist nû alrêst berihtet rehte
als hie vor bî einem zouberêre Gêrbrehte.
derselbe gab ze valle niht wan sîn eines leben,
sô hât sich dirre ze vallẹ und alle kristenheit *gegeben.*
alle zungen suln ze gotte schrîen wâfen
und ruofen imme, wie lange wellẹ er slâfen.
si widerwürkent sîniu werc und felschen sîniu wort,
sîn kamerêre stilt im sînen himelhort,
sîn suoner mordet hie und roubet dort,
sîn hirte ist ein wolf worden under sînen schâfen.

L. 33,21. *Ton:* Unmutston.
Überlieferung: C 327 [343]; B 26.
Edition: Vorlage *BC, ediert nach C.
Lesarten: S. 235. *Kommentar:* S. 276.

21 Gott setzt als König ein, wen immer er will,
darüber wundere ich mich nicht sehr –
uns Laien wundert die Lehre der Geistlichen.
Vor kurzem lehrten sie uns etwas,
das möchten sie uns gegenüber jetzt widerrufen.
Um Gottes und um ihres Ansehens willen
sollen sie uns nun aufrichtig sagen,
mit welcher Aussage wir betrogen sind,
sie sollen uns gründlich auseinandersetzen,
ob mit der alten oder der neuen.
Uns scheint, eine der beiden ist unwahr:
zwei Zungen passen schlecht in einen Mund.

22 Der römische Stuhl ist erst jetzt richtig besetzt
wie früher mit einem gewissen Zauberer Gerbrecht.
Der gab allerdings nur sein eigenes Leben der Hölle preis,
der jetzige hat sich selbst und die ganze Christenheit
der Hölle preisgegeben.
Alle Menschen sollen zu Gott aufschreien ›O weh!‹
und ihm zurufen, wie lange er das in aller Ruhe
mit ansehen wolle.
Sie hintertreiben seine Werke und verfälschen seine Worte,
sein Kämmerer stiehlt ihm seinen Gnadenschatz,
sein Mittler mordet hier und raubt dort,
sein Hirte ist zum Wolf geworden unter seinen Schafen.

23a Ahî, wie kristenlîche nû der bâbest lachet,
swannẹ er sînen Walhen seit: ›ich hâns alsô gemachet!‹
daz er dâ seit, des solt er niemer hân gedâht.
er gihet: ›ich hân zwênẹ Allaman under eine krône brâht,
daz si daz rîche stoeren unde wasten.
ie dar under *vüllen wir die* kasten.
ich hân sị an mînen stok gemennet, ir guot ist alles mîn,
ir tiutsches silber vert in mînen *welschen* schrîn.
ir pfaffen, essent hüenr und trinkent wîn
unde lânt die tiutschen vasten!‹

L. 34,4. *Ton:* Unmutston.
Überlieferung: **C** 328 [344].
Lesarten: S. 235. *Kommentar:* S. 276.

Andere Fassung

23b *Wie* cristenlîche doch der bâbest unser lachet,
swennẹ er sînen Walhen seit, wiẹrz hie habe gemachet.
daz er dâ redde, ern soldẹ ez niemer hân gedâht.
er giht: ›ich hân zwênẹ Alman under eine crône brâht,
daz siz rîche stoeren und brennen und *wasten.*
al die wîle vulle ich die kasten:
dort hân ich ẹz in den stok geleit, ir schatz wirt aller mîn,
tiusches silber vert in mînen *welschen* schrîn.
sô magerent si, sô veisten wir same diu swîn.
mîne pfaffen, *die* suln mir der tôrschen *leigen* guote mosten,
mîne pfaffen, die suln frezzen, *swelhen*, leigen heizen vasten,
mîne pfaffen, die suln rogel ezzen gegen der slahte masten,
mîne pfaffen, die suln obene predigen, nider halben *tasten.*‹

Überlieferung: **A** 68.
Lesarten: S. 235. *Kommentar:* S. 276.

3a Eiei, wie christlich der Papst jetzt lacht,
wann immer er zu seinen Welschen sagt: ›Ich habs so hingekriegt!‹
Was er da sagt, das hätte er nie denken dürfen.
Er sagt: ›Ich habe zwei Alemanni unter eine Krone gebracht,
damit sie das Reich verwirren und verwüsten.
In der Zwischenzeit füllen wir die Truhen.
Ich hab sie an meinen Opferstock getrieben, all ihr Hab und Gut gehört mir.
Ihr deutsches Silber wandert in meinen welschen Kasten.
Ihr Pfaffen, esst Hühner und trinkt Wein
und lasst die Deutschen fasten.‹

3b Wie christlich doch der Papst über uns lacht,
wann immer er zu seinen Welschen sagt, wie ers hingekriegt hat.
Was er da redete, das hätte er niemals gedacht haben dürfen.
Er sagt: ›Ich hab zwei Alemanni unter eine Krone gebracht,
damit sie das Reich verwirren und brandschatzen und verwüsten.
In der Zwischenzeit fülle ich die Truhen:
Dort habe ich es in den Opferstock gelegt, ihr gesamter Schatz wird mein,
deutsches Silber wandert in meinen welschen Kasten.
Sie magern ab, wir werden fett wie die Schweine.
Meine Pfaffen, die sollen mir die Güter der doofen Laien auspressen,
meine Pfaffen, die sollen fressen, schwelgen, den Laien befehlen zu fasten,
meine Pfaffen, die sollen Kaviar essen gegen das Zunehmen in der Schlachtzeit,
meine Pfaffen, die sollen oben predigen, unten fingern.‹

24 Sagent an, hêr Stoc, hât iuch der bâbest her gesendet,
daz *ir* in rîchet und uns Tiutschen ermet unde *pfendet*?
swennẹ im diu volle mâsse kumt ze Laterân,
sô tuot er einen argen list, als er ê hât getân.
er seit uns danne, wie daz rîche stê verwarren,
unz in erfüllent aber alle pfarren.
ich wêne, des silbers wênig kumet ze helfẹ in gottes lant,
grôssen hort zerteilet selten pfaffen hant.
her Stoc, ir sît ûf schaden her gesant,
daz ir ûs tiutschen liuten suochent toerinnen und narren.

L. 34,14. *Ton:* Unmutston.
Überlieferung: **C** 329 [345].
Lesarten: S. 235. *Kommentar:* S. 276.

25 Wir clagen allẹ und wissen doch niht, was uns wierret –
das uns der bâbest, unser vatter, alsus hât verierret.
nû gât er uns doch *harte* vatterlîche vor,
wir volgen ime nâch und komen niemer fuos ûs sînem spor.
nû merke, welt, was mir daran missevalle:
gîzet er, siu gîzent mit im alle,
liuget er, siu liegent alle mit im sîne lüge,
und triuget er, siu triegent mit ime sîne trüge.
nû merkent, wer mir das verkêren müge:
sus wirt der junge Jûdas mit dem alten dort ze schalle.

L. 33,11. *Ton:* Unmutston.
Überlieferung: **B** 25.
Lesarten: S. 236. *Kommentar:* S. 277.

4 Sagt, Herr Opferstock, hat Euch der Papst hergesandt,
damit Ihr ihn bereichert und uns Deutsche arm macht und ausplündert?
Jedes Mal, wenn ihm die gefüllte Kasse in den Lateran kommt,
wendet er einen üblen Kniff an, wie er das schon früher getan hat.
Er sagt uns dann, dass das Reich verwirrt sei,
bis alle Pfarreien ihn erneut vollgefüllt haben.
Ich glaube, dass wenig von dem Silber zur Hilfe ins Heilige Land kommt,
denn niemals verteilt die Hand eines Klerikers einen großen Schatz.
Herr Opferstock, Ihr seid hergesandt, um Schaden zu stiften,
nämlich unter den Deutschen Törinnen und Narren aufzutreiben.

5 Wir klagen alle und wissen doch nicht, was uns verführt –
dass uns nämlich der Papst, unser Vater, derart in die Irre geführt hat.
Er geht heutzutage auf sehr väterliche Weise vor uns her,
wir folgen ihm nach und treten keinen Fußbreit aus seiner Spur.
Aufgemerkt, Leute, was mir daran missfällt:
ist er habsüchtig, so sind sie alle mit ihm habsüchtig,
lügt er, so lügen alle auf seine Weise,
betrügt er, so betrügen alle auf seine Weise.
Passt auf, ob einer diese Behauptung widerlegen kann:
Durch solche Handlungen verrät der neue Judas sich nach dem Vorbild des alten.

26 Diu cristenhait *gelepte* nie sô gar nâch wâne.
die siu dâ lêren solten, die sint guoter *sinne* âne.
es wêr ze vil, und têt ein tumber laie das!
siu sündent âne vorhte, darumbẹ ist in got gehas,
siu wîsent uns zem himel – und varent siu zer helle,
siu sprechent, swer ir worten volgen welle
und niht ir werken, der sî âne zwîvel dort genesen.
die pfaffen solten kiuscher danne die laien wesen!
an welen buochen hânt siu das erlesen,
das sich sô maniger flîsset, wâ ẹr ein schônes wîp vervelle?

L. 33,31. *Ton:* Unmutston.
Überlieferung: **B** 27.
Lesarten: S. 236. *Kommentar:* S. 277.

27 Ir bischofẹ und ir edelen pfaffen, ir sît verleitet.
seht, wie iuch der bâbest mit des tievels stricken *seitet*!
saget ir uns, daz er sant Pêters slüssel habe,
sô saget, war umbẹ er sîne lêre von den buochen schabe.
daz man gotes gâbẹ iht koufe oder verkoufe,
daz wart uns verbotten bî der toufe.
nû lêretz in sîn swarzes buoch, daz im der helle *môr*
hât gegeben, und ûs im *liset* sîniu rôr.
ir kardenâl, ir teket iuwern kôr –
unser alter frône, der stêt under einer ubelen troufe.

L. 33,1. *Ton:* Unmutston.
Überlieferung: **C** 229 [355]; A 67.
Lesarten: S. 236. *Kommentar:* S. 277.

6 Die Christenheit lebte niemals so völlig ins Blaue hinein.
Jene, die sie belehren sollten, die sind ohne Verstand.
Es wäre zu viel, wenn ein ungelehrter Laie so handelte:
sie sündigen furchtlos, deshalb sind sie Gott verhasst,
sie zeigen uns den Weg zum Himmel – sie selbst aber fahren in die Hölle,
sie sagen, wer ihren Worten folgen wolle,
doch nicht ihren Werken, der werde ohne Zweifel erlöst.
Der Klerus sollte keuscher sein als die Laien!
In welchen Büchern haben sie das gelesen,
dass so mancher sich eifrig umtut, wie er eine schöne Frau verführen könne?

7 Ihr Bischöfe und ihr hochwürdigen Geistlichen, ihr seid verführt.
Seht, wie der Papst euch mit dem Netz des Teufels umgarnt!
Sagt ihr uns, dass er Sankt Peters Schlüssel bewahre,
so sagt uns auch, weshalb er dessen Bestimmungen aus den Büchern radiert.
Die Gabe Gottes zu kaufen oder zu verkaufen,
wurde uns bei der Taufe verboten.
Nun lehrt ihn das sein schwarzes Buch, das ihm der Schwarze aus der Hölle
gegeben hat, aus dem liest er seine Pfeifereien.
Ihr Kardinäle, ihr schützt Eueren Chor mit einem Dach,
bei uns aber steht der Altar des Herrn unter einer löcherigen Traufe.

28 Swelh herze sich bî disen zîten niht verkêret,
sît daz der bâbest selbe dort den ungelouben mêret,
dâ wont ein sêlig geist und gottes minne bî.
nû seht ir, waz der pfaffen werk und waz ir lêre sî.
ê *dô* waz ir lêre bî den werken reine,
nû sint sị aber anders sô gemeine,
daz wirs unrehte würken sehen, unrehte hoeren sagen,
die uns guoter lêre bilde solten tragen.
des mugen wir tumben leigen wol verzagen.
ich wên, aber mîn guoter clôsenêr clagẹ und sêre weine.

L. 34,24. *Ton:* Unmutston.
Überlieferung: C 340 [356]; A 69.
Lesarten: S. 236. *Kommentar:* S. 277.

8 Ein Herz, das in diesen Zeiten nicht vom rechten Weg abkommt,
da der Papst selbst dort, in Rom, die Ketzerei vermehrt,
in dem wohnen der Heilige Geist und Gottesliebe.
Achtet darauf, was die Werke der Kleriker sind und was ihre Lehre.
Einst war ihre Lehre so rein wie ihre Werke,
heute stimmen sie wiederum überein – freilich anders,
nämlich: wir sehen sie unrecht handeln, wir hören sie unrecht reden,
jene, die uns mit gutem Beispiel vorangehen sollten.
Darüber können wir ungelehrten Laien nur verzweifeln.
Ich glaube, mein guter Klausner klagt erneut und weint bitterlich.

Sprüche an und für Kaiser Friedrich II.

König-Friedrichs-Ton
(Melodie zu Nr. 29–33, 41, 51, 66, 69, 70)

Überlieferung: Z Bl. 2ra unter der Seitenüberschrift *Meister (walter)*.
Kommentar: Überliefert sind nur die letzten drei Melodiezeilen. Da es sich um eine »Gespaltene« Weise (ABA) handelt, lässt sich der Anfangsstollen rekonstruieren.

29 Ich hân hern Otten triuwe, er welle mich noch rîchen.
wie genam aber er mîn dienest ie sô trügelîchen?
ald was bestêt ze lônenne des künic Friderîchen?
mîn forderungẹ ist ûf in kleiner dannẹ ein bône,
es sî sô vil, ob er der alten sprüche wêre frô.
ein vatter lêrte wîlent sînen sun alsô:
›sun, diene manne boestem, daz dir manne beste lône.‹
hêr Otte, ich bins der sun, ir sît der boeste man,
wand ich sô rehte boesen hêrren nie gewan.
her künic, *sît ir* der beste, sît iuch got des lônes gan.

L. 26,23. *Ton:* König-Friedrichs-Ton.
Überlieferung: C 308 [324]; A 75; w^{xx} 3.
Lesarten: S. 236. *Kommentar:* S. 277.

30 Ich wolte hern Otten milte nâch der lenge messen,
dô hât ich mich an der mâssẹ ein teil vergessen.
wêr er sô milt sô langẹ, er hete tugende vil besessen.
vil schiere mas ich abe den lîp nâch sîner êre,
dô wart er vil gar ze kurz als ein verschrôten werk,
miltes muotes minre vil dannẹ ein getwerc,
und ist doch von den jâren, daz er niht wahset mêre.
dô ich dem künige brâhte daz mes, wie ẹr ûf schôz!
sîn junger lîp wart beide, michel unde grôs.
nû seht, wie er noch wahsẹ: erst ietzẹ uber in wol risen *gnôs*!

L. 26,33. *Ton:* König-Friedrichs-Ton.
Überlieferung: C 309 [325].
Lesarten: S. 236. *Kommentar:* S. 278.

9 Ich habe Herrn Ottos Versprechen, er wolle mich noch reich machen.
Wieso nahm er meinen Dienst an und betrog mich?
Andererseits: wieso ist König Friedrich verpflichtet, mich zu belohnen?
Mein Anspruch ihm gegenüber ist weniger als nichts,
es sei denn, er hätte Freude an alten Sprichwörtern.
Der Vater belehrte einst seinen Sohn:
›Sohn, diene dem schlechtesten Mann, damit der beste dich belohnt.‹
Herr Otto, ich bin der Sohn, Ihr seid der schlechteste Mann,
denn einen so von Grund auf schlechten Herrn habe ich sonst nie gehabt.
Herr König, seid Ihr der beste, da Gott Euch die Möglichkeit gibt, zu belohnen.

10 Ich wollte Herrn Ottos Freigebigkeit an seiner Körperlänge abmessen,
da habe ich mich ziemlich in der Proportion geirrt.
Wäre er so freigebig, wie er lang ist, hätte er viele Qualitäten.
Ganz rasch maß ich dann seine Körperlänge am Maßstab seines Ansehens,
da wurde er viel zu kurz, wie ein verschnittener Stoff,
was die Freigebigkeit betrifft, winziger als ein Zwerg –
dabei ist er doch in einem Alter, in dem er nicht mehr wächst.
Als ich den Maßstab dem jungen König anlegte, wie schoss der in die Höhe!
Seine Jünglingsgestalt wurde groß und hoch.
Seht, er kann noch wachsen: schon jetzt überragt er ihn wie ein Riese!

31 Von Rôme voget, von Pülle künic, lât iuch erbarmen,
daz man bî rîcher kunst mich lât alsus armen.
gernẹ woldẹ ich mich, möhtẹ es sîn, bî eigenem fiur erwarmen.
ahî, wiẹ ich danne sunge von den vogellînen,
von der heidẹ und von den bluomen, als ich wîlent sanc.
swelh schoene wîb mir gêbe dannẹ ir habedanc,
der liessẹ ich liljen unde rôsen ûs ir wengel schînen.
kumẹ ich spâtẹ und rîte fruo: ›gast, wê dir, wê!‹,
sô mac der wirt wol singen von dem grüenen klê.
die nôt bedenkent, milter künic, daz iwer nôt zergê!

L. 28,1. *Ton:* König-Friedrichs-Ton.
Überlieferung: **C** 319 [335]; A 76; B 30; w^{xx} 2; Z 23.
Lesarten: S. 236. *Kommentar:* S. 278.

32 Ich hân mîn lêhen, al die werlt, ich hân mîn lêhen!
nû enfürhtẹ ich niht den hornung an die zêhen
und wil alle boese hêrren dester minre vlêhen.
der edel künic, der milte künic hât mich berâten,
daz ich den sumer luft und in dem winter hitze hân.
mînen nâhgebûren dunkẹ ich verre bas getân –
si sehent mich niht mêr an in butzen wîs, als si wîlent tâten.
ich bin ze lange arn gewesen âne mînen danc,
ich was sô volle scheltens, daz mîn âten stanc:
daz hât der künic gemachet reine, und dar zuo mînen sanc.

L. 28,31. *Ton:* König-Friedrichs-Ton.
Überlieferung: **C** 314 [330].
Kommentar: S. 278.

31 Schirmherr Roms, König von Apulien, erbarmt Euch,
dass man mich trotz meines reichen Kunstvermögens
so arm sein lässt.
Ich wünschte sehr, mich, könnte es sein, an eigenem Herd
zu erwärmen.
Hei, wie ich dann von den Vögeln singen würde,
von der Heide und den Blumen, wie ich früher einmal
gesungen habe.
Würde eine schöne Frau sich dann bei mir bedanken,
der ließe ich Lilien und Rosen aus ihren Wangen
herausleuchten.
Komme ich spät an und reite früh wieder weg:
›Fremder, wehe dir, weh!‹,
da kann der Hauswirt schön vom grünen Klee singen.
Diese Notlage bedenkt, großmütiger König, damit Eure
Notlage vergeht!

32 Ich hab mein Lehen, hört Leute, ich hab mein Lehen!
Nun fürchte ich den Februarfrost nicht mehr an den Zehen
und will alle schlechten Herren kein bisschen mehr anbetteln.
Der edle König, der großzügige König hat mich versorgt,
dass ich im Sommer Luft und im Winter Hitze habe.
Meinen Nachbarn erscheine ich jetzt viel schöner –
sie betrachten mich nicht mehr als einen Bi-Ba-Butzemann
wie früher.
Ich bin zu lange arm gewesen gegen meinen Willen,
ich war so voll von Scheltreden, dass mein Atem roch.
Das hat der König bereinigt, und dafür mein Danklied.

33 Ir fürsten! die des küniges gerne *wêren* âne,
die volgen mîme râtẹ, ich enrâtẹ in niht nâch wâne.
welt ir, ich schikẹ in tûsent mîlẹ und dannoch mê für Trâne.
der helt wil Kristes reise varn – swer in des irret,
der hât wider got und al die kristenheit getân.
ir vîende, ir sult in sîne strâsse varn lân.
was ob er hie heimẹ iu niemer mê niht gewirret?
belîbẹ er dort, des got niht gebe, sô lachent ir –
komẹ er uns friunden wider hein, sô lachen wir.
der mêre warten beidenthalp, und hânt den rât von mir.

L. 29,15. *Ton:* König-Friedrichs-Ton.
Überlieferung: **C** 316 [332].
Lesarten: S. 236. *Kommentar:* S. 278.

34 Mehtiger got, dû bist sô lanc und bist sô breit, I
gedêhten wir dâ nâch, daz wir unser arebeit
niht verlurn! dir sint beidẹ ungemessen: maht und êwikeit.
ich weis bî mir wol, das ein ander ouch dar umbe trahtet,
sô ist es, als es ie waz unsern sinnen unbereit.
dû bist ze grôs, dû bist ze kleinẹ: es ist ungeahtet.
tumber gouch, der dar an betaget oder benahtet,
wil er wissen, daz nie wart gepredigt noch gpfahtet.

Rich, hêrre, dich und dîne muoter, der megede kint, II
an den die iuwers erbelandes vîende sint.
lâ dir den kristen zuo den heiden beide sîn als den wint,
wan si meinent dich mit ganzen triuwen kleine.
an dîner râche gegen in, hêrre vater, niht erwint!
dû weist wol, daz die heiden dich niht irrent alterseine:
die sint wider dich doch offenlîch unreine,
dise unreiner, die es mit in sô stille habent gemeine.

33 Ihr Fürsten! Die den König gern los wären,
die mögen meinen Rat befolgen, ich rate ihnen nicht irgendwas.
Wollt ihr, ich schicke ihn tausend Meilen und noch weiter
über Trani hinaus.
Der Held will auf den Kreuzzug gehen – wer ihn
daran hindert,
der handelt gegen Gott und die gesamte Christenheit.
Ihr Feinde, ihr sollt ihn seinen Weg gehen lassen.
Was ist, falls er euch hier zu Hause niemals mehr im Weg steht?
Bliebe er dort, was Gott verhüte, so lacht ihr –
kommt er wieder heim zu uns, seinen Anhängern, so lachen wir.
Auf den Ausgang der Angelegenheit mögen beide Parteien
warten: das ist mein Rat für euch.

34 Allmächtiger Gott, du bist so lang und bist so breit, I
würden wir dem nachsinnen, könnten wir nur hoffen,
unsere Anstrengung
nicht zu verschwenden! Deine Macht und Ewigkeit
sind unermesslich.
Ich weiß genau: wieviel einer sich auch damit beschäftigt,
so ist und war es stets für unseren Verstand nicht zu erfassen.
Du bist zu groß, du bist zu klein: es ist nicht auszumessen.
Einfältiger Narr, der darüber Tag und Nacht hinbringt,
etwas wissen zu wollen, was nie in einer Predigt verkündet,
noch in einem Dogma festgelegt wurde.

Räche, Herr, dich und deine Mutter, du Kind der Jungfrau, II
an denen, die eueres Erbreichs Feinde sind.
Mach dir nichts aus Christen und aus Heiden,
denn beide denken überhaupt nicht an dich.
Lass nicht ab, Herr und Vater, von deiner Rache gegen sie.
Du weißt genau, dass nicht allein die Heiden dich stören:
die stehen dir mit offenem Unglauben gegenüber,
jene aber sind noch ungläubiger, die insgeheim mit ihnen
gemeinsame Sache machen.

Botte, sage dem keiser sînes armen mannes rât, III
daz ich deheinen bessern weis, als es nû stât.
ob in guotes unde liute nieman erbeiten lât,
so var er baldẹ und kom uns schiere, lâze sich niht toeren,
irrẹ ouch etlîchen, der got und in geirret hât.
die rehten pfaffen warne, daz si niht gehoeren
den unrehten, die daz rîche wênent stoeren.
scheide si von in oder scheide sị alle von den koeren.

Soltẹ ich den pfaffen râten an den triuwen mîn, IV
sô sprêchẹ ir hant den armen zuo: ›sê, das ist dîn!‹
ir zunge sungẹ und liesse mengem man daz sîn,
gedêhten, daz ouch si dur got wâren almuosenêre:
dô gab in êrste gelt der künig Constantîn.
het er gewest, daz dâ von übel künftic wêre,
sô het er under kômen des rîches swêre.
wan daz si dô wâren kiuschẹ und ubermuote lêre.

Mîn alter klôsenêre, von dem ich *dô* sanc, V
dô uns der êrre bâbest alsô sêre twanc,
der fürhtet aber der *goteshûsẹ*, ir meister werden kranc.
er seit, ob si die guoten bannen und den übeln singen,
man swenkẹ in engegene den vil swinden widerswanc.
an pfrûnden und an kilchen mugẹ in misselingen:
der sî vil, die dar ûf ieze haben gedingen,
daz si ịr guot verdienen umb daz rîchẹ in liehten ringen.

I: L. 10,1; II: L. 10,9; III L. 10,17; IV: L. 10,25; V: L. 10,33.
Ton: Kaiser-Friedrichs-Ton.
Überlieferung: C 4–8; B 1–5.
Edition: Vorlage *BC, ediert nach C mit wenigen Besserungen nach B.
Lesarten: S. 237. *Kommentar:* S. 278 f.

Bote, berichte dem Kaiser den Rat seines Dieners, III
dass ich in der jetzigen Situation keinen besseren weiß.
Vorausgesetzt man lässt ihn nicht auf Geld und Leute warten,
so breche er rasch auf und komme bald zurück, er lasse sich nicht zum Narren machen,
dazu trete er einigen auf die Füße, die Gott und ihn behindert haben.
Die ehrlichen Geistlichen warne er, dass sie nicht
auf die ehrlosen hören, die glauben, das Reich verwirren zu können.
Er trenne sie von diesen oder er jage sie alle miteinander aus den Kirchen.

Dürfte ich den Klerikern einen ehrlichen Rat geben, IV
dann würde ihre Hand den armen Leuten bedeuten: ›Siehe, das gehört dir!‹
Ihre Zunge begnügte sich mit dem Gesang und ließe so manchem das Seine,
sie würden daran denken, dass auch sie nach Gottes Willen Almosenempfänger waren:
damals, als ihnen König Konstantin erstmals Besitz schenkte.
Hätte er gewusst, was daraus an Bösem folgen würde,
hätte er die Bedrängnis des Reiches verhindert.
Allerdings waren sie dazumal enthaltsam und frei von Überheblichkeit.

Mein alter Klausner, von dem ich früher sang, V
als uns der vorige Papst so in Bedrängnis brachte,
der fürchtet erneut für die Gotteshäuser, ihre Vorsteher würden schwach.
Er sagt, wenn sie die Guten bannen und für die Schlechten Messe singen,
dann trete man ihnen rasch und heftig entgegen.
An Pfründen und Kirchen könnten sie Einbußen erleiden:
Es gebe viele, die heute darauf hoffen,
ihren Besitz im Dienst des Kaisers in glänzender Rüstung zu gewinnen.

Sprüche an und über Fürsten

35 Ir fürsten, *tugendet* iwer sinne mit reiner güete,
sît gegen friunde senfte, gegen vîenden tragent hohgemüete.
sterket reht und danket gote der grôssen êren,
daz manig mensche sîn lîp, sîn guot muos iu ze dienste kêren.
sît milte, fridebêre, lât iuch in wirde schouwen,
sô lobent iuch die reinen, süessen frouwen.
scham, triuwe, êrebernde zuht sult ir gerne tragen,
minnet got und rihtet, swas die armen klagen.
geloubt niht, daz iu die lugenêre sagen
und volget guotem râte, sô muget ir in himelrîche bouwen.

L. 36,11. *Ton:* Fürstenspiegelton.
Überlieferung: **C** 333 [349].
Lesarten: S. 237. *Kommentar:* S. 279.

Herzog Leopold VI. von Österreich und der Wiener Hof

36 Drîe sorge hab ich mir genomen,
möht ich der einer zende komen,
sô wêre wol getân ze mînen dingen.
iedoh swas mir dâ von geschiht,
in scheid ir von ein ander niht,
mir mag an allen drîn noh wol gelingen.
gottes huldẹ und mîner frowen minne –
dar umbe sorgẹ ich, wie ịch die gewinne.
daz dritte hât sich mîn erwert unrehte manigen tag:
daz ist der wunneklîche hof ze Wiene.
in gehirme niemer, unz ich den verdiene,
sît er sô maniger tugende mit sô stêten triuwen pflag.
man sach Liupoltes hant dâ geben, daz si des niht erschrac.

L. 84,1. *Ton:* Leopoldston.
Überlieferung: **C** 34.
Kommentar: S. 279.

35 Ihr Fürsten, erhebt euer Denken zu wahrer Güte,
seid Freunden gegenüber sanftmütig, gegenüber Feinden hochgemut.
Stärkt das Recht und dankt Gott für das hohe Ansehen,
dass viele Menschen mit ihrem Leben, ihrem Besitz euch dienstbar sein müssen.
Seid freigebig, friedfertig, tretet würdevoll auf,
dann rühmen euch die reinen, edlen Damen.
Scham, Treue, ehrenvolles Verhalten sollt ihr bereitwillig an den Tag legen,
liebt Gott und bringt all das in Ordnung, worüber die armen Leute klagen.
Glaubt nicht, was die Lügner euch sagen,
und folgt aufrichtigem Rat, dann ist es möglich, dass ihr dereinst im Himmel wohnt.

36 Drei Sorgen beschäftigen mich,
brächte ich eine von ihnen zu einem glücklichen Ende,
so stünde es gut um mich.
Doch welche Folgen es womöglich für mich hat,
ich trenne sie nicht voneinander,
ich kann bei allen dreien noch erfolgreich sein.
Gottes Gnade und die Liebe meiner Dame –
ich sorge mich darum, wie ich die erlange.
Das dritte, das mit mir seit langem zu Unrecht nichts zu tun haben wollte,
das ist der Freudenhof zu Wien.
Ich ruhe nicht, bis ich mir den erdiene,
da er mit treuer Beständigkeit so viele Vorzüge bewahrt.
Man sah Leopolds Hand dort Geschenke verteilen, sie zuckte nicht zurück.

37 Ob ieman spreche, der nû lebe,
daz er gesêhe ie groesser gebe
als wir ze Wiene dur êre haben enpfangen?
man sach den jungen fürsten geben
als er niht lenger wölte leben.
dô wart mit guote wunders vil begangen.
man gab dâ niht bî drîssec pfunden,
wan silber, als es wêre funden
gab man hin und rîche wât.
ouch hies der fürste durh der gernden hulde
die *stelle von den malhen lêren*:
ors als ob es lember wêren
vil maniger dan gefüeret hât.
es engalt dâ nieman sîner alten schulde:
daz waz ein minneklîcher rât!

L. 25,26. *Ton:* Wiener Hofton.
Überlieferung: **C** 307 [323].
Lesarten: S. 237. *Kommentar:* S. 279.

7 Ob irgendein Zeitgenosse sagen kann,
er habe größere Geschenke gesehen
als wir sie in Wien der Ehre wegen im Empfang nehmen konnten?
Man sah den jungen Herzog schenken
als ob er nicht länger leben wollte.
Da wurden mit Geschenken Wundertaten vollbracht.
Man schenkte da nicht etwa nur dreißig Pfund,
ausschließlich Silber, als ob man es gefunden hätte,
schenkte man weg und prächtige Kleidung.
Dazu ließ der Fürst um der Gunst der Fahrenden willen
die Ställe von den Futtersäcken leer machen:
Pferde als ob sie Lämmer wären
haben nicht wenige von dort weggeführt.
Niemand brauchte dort für alte Schuld zu bezahlen:
das war ein freundliches Verhalten.

38 Mir ist verspert der sêlden tôr,
dâ stên ich als ein weise vor.
mich hilfet niht, swas ich dar an geklopfe.
wie möht ein wunder groesser sîn,
es regent beidenthalben mîn,
daz mir des alles niht enwirt ein tropfe?
des fürsten miltẹ ûs Oesterrîche
fröit dem süessen regen gelîche
beide liute und daz lant.
erst ein schoene, wol gezieret heide,
dar abe man bluomen brichet wunder.
und brêche mir ein blat dar under
sîn vil milterîchiu hant,
sô möhtẹ ich loben die süessen ougenweide.
hie bî sî er an mich gemant!

L. 20,31. *Ton:* Wiener Hofton.
Überlieferung: **C** 295 [313]; D 250.
Lesarten: S. 237. *Kommentar:* S. 279.

39 Herzogẹ ûz Ôsterrîche, lâ mich *bî* den liuten,
wunsche mir ze velde, niht ze walde, ich enkan niht riuten.
si sehent mich bî in gerne, alsô tuon ich *sie.*
dû wunschest underwîlen biddermanne, dû enweist niht wie.
wunsches dû mir von in, sô tuost dû mir leide.
vil sêlic sî der walt, darzuo diu heide!
diu muoze dir vil wol gezemen! wie hâst dû nû getân,
sît ich dir an dîn gemach gewunschet hân
und dû mir an mîn ungemach? lâ stân!
wis dû von in, lâ mich bî in, sô leben wir sanfte beide.

L. 35,17. *Ton:* Unmutston.
Überlieferung: **A** 72; C 331 [347].
Lesarten: S. 237. *Kommentar:* S. 279 f.

38 Das Tor zum Glück ist vor mir zugesperrt.
Wie ein Waisenknabe stehe ich davor.
Wieviel ich auch daran poche – es hilft mir nichts.
Ist ein größeres Wunder möglich,
es regnet links und rechts von mir –
aber kein einziger Tropfen fällt auf mich?
Die Freigebigkeit des Herzogs von Österreich
erquickt gleich dem milden Regen
Leute und Land.
Er ist eine schöne, reich geschmückte Heide,
von der man zahllose Blumen pflückt.
Würde mir ein einziges Blatt davon
seine so gebefreudige Hand abpflücken,
so könnte ich diesen freudvollen Anblick rühmen.
Mit diesen Worten sei er an mich erinnert!

39 Herzog von Österreich, lass mich bei den Leuten,
wünsche mich dorthin, wo sie ackern, nicht in den Wald,
roden kann ich nicht.
Die Leute sehen mich gern bei sich, ebenso sehe ich
sie gerne.
Manchmal wünschst du einem brauchbaren Mann etwas,
was du selbst nicht überschaust.
Wünschst du mich weg von den Leuten, so tust
du mir weh.
Heide und Wald sollen gepriesen sein!
Für dich passen die gut! Was hast du jetzt getan,
da ich dir gewünscht habe, was dir angenehm ist
und du mir, was mir unangenehm ist? Lass das sein!
Sei du weg von ihnen, lass mich bei ihnen, dann leben
wir beide gemütlich.

40 Der hof ze Wiene sprach ze mir:
›Walther, ich solte lieben dir,
nû leidẹ ich dir – daz müesse got erbarmen!
mîn wirde diu waz wîlent grôs,
dô lebte niender mîn genôs
wan künic Artûses hof. sô wê mir armen!
wâ nû ritter unde frowen,
die man bî mir solte schowen?
seht, wie jâmerlîch ich stê!
mîn dach ist fûl, sô risent mîne wende,
mich enminnet nieman leider.
golt, silber, ros und darzuo kleider,
die gab ich unde hât ouch mê.
nû hab ich weder schappel noch gebende
noch frowen zeinem tanzẹ, ôwê!‹

L. 24,33. *Ton:* Wiener Hofton.
Überlieferung: **C** 305 [321]; D 249.
Lesarten: S. 237. *Kommentar:* S. 280.

41 Herzogẹ ûz Oesterrîchẹ, es ist iu wol ergangen
und alsô schône, daz uns muos nâh iu belangen.
sît gewis, swennẹ ir uns komet, ir werdent *hôch* enpfangen.
ir sît wol wert, daz wir die gloggen gegen iu liuten,
dringen und schouwen als ein wunder komen sî.
ir komet uns beide sünden unde schanden vrî.
des suln wir man iuch loben, und die frowen suln iuch triuten.
dis liehte lob wol füeget heimẹ unz ûf daz ort!
sît uns hie biderbe für daz ungefüege wort,
daz ieman spreche, ir soldet sîn beliben mit êren dort.

L. 28,11. *Ton:* König-Friedrichs-Ton.
Überlieferung: **C** 359 [375]; A 78.
Lesarten: S. 237. *Kommentar:* S. 280.

0 Der Wiener Hof sagte zu mir:
›Walther, ich sollte dir gefallen,
jetzt aber bin ich dir zuwider – möge Gott sich erbarmen!
Mein Ansehen war früher groß,
da gab es keinen, der mir gleichkam
außer dem Hof von König Artus. Ach, ich Armer!
Wo sind nun Ritter und Damen,
die man bei mir sehen sollte?
Schaut, wie jammervoll ich dastehe!
Mein Dach ist morsch, meine Wände bröckeln,
leider liebt mich keiner.
Gold, Silber, Pferde, Kleider
verschenkte ich und ich hatte noch mehr davon.
Nun habe ich weder Blumenkränze noch Kopfschmuck
noch Damen zum Tanz, oweh!‹

41 Herzog von Österreich, Euch ist es gut ergangen
und so glücklich, dass wir Sehnsucht nach Euch haben.
Seid gewiss, wann immer Ihr zu uns kommt, Ihr werdet ehrenvoll empfangen.
Ihr habt es verdient, dass wir bei Euerer Ankunft die Glocken läuten,
uns drängen und schauen, als ob ein Wunder eingetroffen sei.
Ihr kommt zu uns frei von Sünden und Schanden.
Dafür werden wir Männer Euch rühmen, die Damen werden Euch lieben.
Dieses glänzende Lob rechtfertigt zu Hause bis ins letzte!
Erweist Euch als tüchtig, damit keiner das harte Wort
ausspricht, Ihr hättet dort auf dem Feld der Ehre bleiben sollen.

42 In nomine domini wil ich beginnen, sprechet âmen
– daz ist guot für ungelücke und für des tiufels sâmen –,
daz ich gesingen müessẹ in dirre wîsẹ alsô:
swer höveschen sanc und fröide stoere, daz der werde unfrô.
ich hân wol und hovelîchen her gesungen.
mit der hövescheit bin ich nû verdrungen,
daz die unhovelîchen nû ze hove genêmer sint dannẹ ich.
daz mich êren solde, daz unêret mich.
herzogẹ ûz Oesterrîch, fürste, nû sprich!
dûne wendest michs alleine, sô verkêrẹ ich mîne zungen.

L. 31,33. *Ton:* Unmutston.
Überlieferung: C 323 [339]; A 62; B 32.
Lesarten: S. 237 f. *Kommentar:* S. 280.

43 Nû wil ich mich des scharpfen sanges ouch genieten.
dâ ich mit vorhten ie bat, dâ wil ich nû gebieten.
Ich sihe wol, das man hêrren guot und wîbes gruos
gewalteklîch und ungezogenlîch erwerben muos.
singẹ ich mînen höveschen sanc, sô klagent sis Stollen.
dêswâr ich gewinne ouch lîhte knollen.
sît si die schalkheit wellen, ich gemachẹ in vollen kragen.
zẹ Oesterrîch lerndẹ ich singen unde sagen,
dâ wil ich mich alrêrst beklagen.
vindẹ ich an Liupolt höveschen trôst, sô ịst mir mîn muot entswollen.

L. 32,7. *Ton:* Unmutston.
Überlieferung: C 324 [340]; A 63.
Edition: nach C, eine Besserung nach A.
Lesarten: S. 238. *Kommentar:* S. 280.

.2 In nomine domini will ich beginnen, sagt Amen
– das ist gut gegen Unglück und gegen die Saat des Teufels –,
damit ich auf diese Melodie folgendes singen kann:
alle, die höfischen Gesang und höfische Freude ruinieren,
sollen freudlos werden.
Ich habe bisher gut und auf höfische Manier gesungen,
mit meiner höfischen Art bin ich aber nun verdrängt,
so dass die Unhöfischen am Hof beliebter sind als ich.
Was mir Ehre eintragen sollte, das verunehrt mich.
Herzog von Österreich, Fürst, rede jetzt!
Einzig du kannst verhindern, dass ich meine Sprache
ins Gegenteil verkehre.

.3 Jetzt will auch ich mir einen schneidenden Ton zulegen.
Dort, wo ich sonst ängstlich gebeten habe, da will ich
nun befehlen.
Ich erkenne, dass man die Gabe der Herren und die
Freundlichkeit der Frauen
gewaltsam und mit ungehobeltem Benehmen erringen muss.
Singe ich meinen höfischen Gesang, beklagen sie sich
bei Stolle.
Wahrhaftig, davon schwillt meine Zornesader.
Da sie Grobheit wünschen, stopfe ich ihnen den Hals.
In Österreich erlernte ich das Singen und Dichten,
dort will ich mich zuerst beschweren.
Finde ich bei Leopold die Sicherheit seines Hofes, schwillt
mein Zorn wieder ab.

Landgraf Hermann von Thüringen und der thüringische Hof

44 Der in den ôren siech von ungesühte sî,
das ist mîn rât, der lâs den hof ze Dürịngen frî,
wan kumet er dar, dêswâr er wirt ertoeret.
ich hân gedrungen unz ich niht mê gedringen mag.
ein schar vert ûs, diu ander în, naht und tag.
grôs wunder ist, das ieman dâ gehoeret.
der lantgrâvẹ ist sô gemuot,
das er mit stolzen helden sîne hab vertuot,
der iegeschlîcher wol ein kenpfe wêre.
mir ist sîn hôhe fuor wol kunt:
und gultẹ ein fuoder guotes wînes tûsent pfunt,
dâ *stüent* doch niemer ritters becher lêre.

L. 20,4. *Ton:* Erster Philippston.
Überlieferung: **B** 112.
Lesarten: S. 238. *Kommentar:* S. 280 f.

45 Ich bin des milten lantgrâven ingesinde.
es ist mîn sitte, daz man mich iemer bî den tiursten vinde.
die andern fürsten alle sint vil miltẹ, iedoh
sô stêteclîchen niht – er waz *ez* ê und ist es noh.
dâ von kan er baz dan sie dermitte gebâren.
er enwil dekeiner lûne vâren.
swer hiure schallet und ist hin ze jâre boesẹ als ê,
des lob grüenet unde valwet sô der klê.
der Durnge bluome schînet dur den snê,
sumer unde winter blüet sîn lob als in den êrsten jâren.

L. 35,7. *Ton:* Unmutston.
Überlieferung: **C** 341 [357]; **A** 70.
Lesarten: S. 238. *Kommentar:* S. 281.

4 Wer ohrenkrank ist,
das rate ich, der meide den Thüringerhof,
denn kommt er dorthin, wird er vollends verrückt.
Ich habe mich ins Gedränge gestürzt bis ich
nicht mehr konnte.
Ein Trupp bricht auf, der andere kommt herein, Tag und Nacht.
Es ist ein großes Wunder, dass da überhaupt noch einer
gesunde Ohren hat.
Der Landgraf legt es drauf an,
mit stolzen Helden seine Habe durchzubringen,
von denen jeder ohne weiteres ein Schaufechter sein könnte.
Mir ist sein üppiger Lebensstil bestens vertraut:
selbst wenn ein Fuder guten Weines tausend Pfund
kosten würde,
stünde dort nie der Becher eines Ritters leer.

5 Ich gehöre zum Gefolge des freigebigen Landgrafen.
Es ist meine Gewohnheit, dass man mich stets
bei den Edelsten findet.
Die andern Fürsten sind sehr freigebig, jedoch
nicht so beständig: er war es früher und ist es heute noch.
Deshalb versteht er sich besser darauf als sie.
Er gibt keiner Laune nach.
Wer heuer großtut und nächstes Jahr so geizig ist wie früher,
dessen Ruhm grünt und welkt wie der Klee.
Die Blüte der Thüringer leuchtet aus dem Schnee heraus,
Sommer und Winter blüht sein Ruhm wie in seinen
ersten Jahren.

Herzog Ludwig I. von Bayern

46 Mir hât ein liet von Franken
der stolze *Mîssenêre* brâht.
daz vert von Ludewîge.
ich kan ims niht gedanken
sô wol als er mîn hât gedâht,
wan daz ich tiefẹ im nị̂ge.
köndẹ ich, swas ieman guotes kan,
daz teiltẹ ich mit dem werden man,
der mir sô hôher êren gan –
got müessẹ ouch im die sînen iemer mêren!
zuo fliessẹ im aller sêlden flus,
niht wildes mîde sînen schus.
sînes hundes louf, sîns hornes dus
erhellẹ im und erschellẹ im wol nâch êren.

L. 18,15. *Ton:* Zweiter Philippston.
Überlieferung: C^1 104 [109]; **C^2** 125a [131] (in C ist die Strophe zweimal überliefert!); A 98; Z 27 (nur Z. 1–4).
Lesarten: S. 238 *Kommentar:* S. 281 f.

6 Aus Franken hat mir eine Strophe
der stolze Meißner mitgebracht:
die kommt von Ludwig.
Ich weiß nicht, wie ich ihm danken soll,
dass er so wohlwollend an mich gedacht hat,
außer dass ich mich tief vor ihm verneige.
Wüsste ich alles Gute, das es gibt,
würde ich es dem edlen Mann zukommen lassen,
der mir so große Ehre gönnt –
Gott möge ihm die seine in alle Zukunft vermehren!
Alles Glück fließe ihm zu,
kein Wild entgehe seinem Schuss.
Der Lauf seines Hundes, der Ton seines Horns
halle und erschalle ihm, wie es seiner Ehre angemessen ist.

Markgraf Dietrich von Meißen

47 Der Mîssenêre solde
mir wandeln, ob er wolde.
mînen dienst lâz ich alles varn,
niwan mîn lob aleine,
daz in mîn lob iht meine,
daz kan ich schône wol bewarn.
lob ich in, sô lob er mich,
des andern alles, des wil ich
in minneklîch erlâzen.
sîn lob daz muos ouch mir gezemen
oder ich wil mînes her wider nemen
ze hovẹ und an der *strâzen*,
sô ich nû *genuoge*
warte sîner vuoge.

L. 105,27. *Ton:* Meißnerton.
Überlieferung: C 367 [383]; A 109.
Lesarten: S. 238. *Kommentar:* S. 282 f.

7 Der Meißner sollte
den Willen aufbringen, mich zu würdigen.
Auf die Belohnung für meinen Dienst verzichte ich ganz und gar,
aber nicht auf meine Anerkennung.
Ich kann gut darauf verzichten,
ihm mein Lob zu spenden.
Lobe ich ihn, so lobe er mich auch –
alles andere will ich
ihm liebenswürdig erlassen.
Sein Lob muss mir angemessen sein,
andernfalls will ich das meine
am Hof und in der Öffentlichkeit wieder zurücknehmen.
Ich warte nun schon lange genug darauf,
dass er sich anständig benimmt.

48 Ich hân dem Mîssenêre
gevuoget manig êre –
baz dannẹ er nû gedenke mîn!
waz sol diu rede beschoenet?
möht ich in hân gekroenet,
diu krône wêre hiute sîn!
het er mir dô gelônet baz,
ich dientẹ im aber etewas:
noh kann ich schaden vertrîben.
er ịst aber sô gevüege niht,
daz er mir biete wandels *iht*.
dâ lâzen wirs belîben –
wan vil verdirbet,
des man niht enwirbet.

L. 106,3. *Ton:* Meißnerton.
Überlieferung: C 368 [384]; A 110.
Lesarten: S. 238. *Kommentar:* S. 282 f.

Erzbischof Engelbert von Köln

49 Von Kölne werder bischof, sint von schulden frô!
ir hânt dem rîche wol gedienet und alsô,
daz iuwer lop dâ ẹnzwischen stîget unde ṣweibet hô.
sî iuwer werdekeit dekeinen boesen zagen swêre,
fürsten meister, daz sî iu als ein unnütze drô.
getriuwer *küniges* pflegêre, ir sît hôher mêre,
keisers êren trôst baz dannẹ ie kanzelêre,
drîer künigẹ und einlif tûsent megde kamerêre.

L. 85,1. *Ton:* Kaiser-Friedrichs-Ton.
Überlieferung: C 38.
Lesarten: S. 238. *Kommentar:* S. 283.

8 Ich habe dem Meißner
viel Ehre zukommen lassen –
auf bessere Weise als er nun auf mich bedacht ist.
Was rede ich lange herum?
Hätte ich ihn krönen können,
wäre die Krone heute sein!
Hätte er mich damals besser belohnt,
würde ich ihm aufs neue dienen:
ich weiß noch immer, wie man Schaden vertreibt.
Er besitzt jedoch nicht so viel Anstand,
dass er mir das anbietet, was mir zusteht.
Lassen wir es auf sich beruhen –
viel von dem geht verloren,
um das man sich nicht bemüht.

9 Edler Bischof von Köln, Ihr dürft Euch freuen!
Ihr habt Kaiser und Reich trefflich gedient und auf eine Weise,
dass Euer Ruhm mittlerweile wächst und auf seinem Höhepunkt steht.
Falls Euer Ansehen irgendeinem schäbigen Schuft zuwider sein sollte,
Oberhaupt der Fürsten, so betrachtet das als eine unerhebliche Bedrohung.
Getreuer Vormund des Königs, Ihr seid hoch gerühmt,
Beschützer des kaiserlichen Ansehens, mehr als je ein Reichskanzler davor,
der Heiligen drei Könige und der Elftausend Jungfrauen Kämmerer.

50 Swes leben ich lobe, des tôt den wil ich iemer klagen.
sô wê im, der den werden fürsten habẹ erslagen
von Kölne! ô wê, daz in diu erde mac getragen!
in kan im nâh sîner schulde kein marter vinden:
im wêrẹ al ze senftẹ ein eichîn wit umbe sînen kragen.
ich wil sîn ouch niht brennen noch zerliden noch schinden
noch mit dem rade zerbrechen noch ouch dar ûf binden.
ich warte alles, ob diu hellẹ in lebende welle slinden.

L. 85,9. *Ton:* Kaiser-Friedrichs-Ton.
Überlieferung: **C** 39.
Kommentar: S. 283.

Wen ich im Leben rühme, dessen Tod will ich
allzeit beklagen.
Fluch über ihn, der den edlen Fürsten ermordet hat,
den von Köln! O weh, dass die Erde ihn tragen kann!
Ich weiß keine Marter, die seiner Schuld angemessen wäre,
ein aus Eichenreisern gedrehter Strick um seinen Hals
wäre allzu angenehm.
Ich will auch nicht, dass er verbrannt oder zerrissen wird
oder dass man ihm die Haut abzieht
noch ihn mit dem Rad zerbricht oder ihn darauf flicht.
Ich warte einfach darauf, ob die Hölle ihn lebendig verschlingt.

Persönliches

51 Vil wol gelopter got, wie selten ich dich prîse,
sît ich von dir beide wort hân unde wîse.
wie getar ich sô gevreveln under dîme rîse?
ich entuon diu rehten werk, ich enhân die wâren minne
ze mînem ebenkristen, hêrre, noch ze dir.
sô holt enwart ich ir dekeinem nie sô mir.
vrône Krist, vater und son, dîn geist berihte mîne sinne!
wie soldẹ ich den geminnen, der mir übel tuot?
mir muos der iemer lieber sîn, der mir ist guot.
vergib mir anders mîne schuldẹ, ich wil noch haben den muot.

L. 26,3. *Ton:* König-Friedrichs-Ton.
Überlieferung: C 318 [334]; A 74; B 28; Z 17 (nur Z. 8–10); w^{xx} 4 (nur Z. 1–3); t 1.
Melodie: Z (unvollständig; hier abgedruckt S. 59).
Edition: Vorlage *AC, ediert nach C mit einigen Besserungen nach A.
Lesarten: S. 238 f. *Kommentar:* S. 283.

52 Man seit mir ie von Tegersê,
wie wol daz hûs mit êren stê:
dar umbe kêrtẹ ich mêr dan eine mîle von der strâsse.
ich bin ein wunderlîcher man,
daz ich mich selben niht entstân
und mich *dâ vür* sô vil an frömede liute lâsse.
ich schilte sîn niht, wan got genâdẹ uns beiden.
ich nam dâ wasser,
alsô nasser
muost ich von des münches tische scheiden.

L. 104,23. *Ton:* unikaler Ton.
Überlieferung: C 123 [128].
Kommentar: S. 283 f.

,1 Hochgerühmter Gott, wie selten preise ich dich,
obwohl ich doch beides, meine Dichtkunst und meine Singkunst, von dir habe.
Wie wage ich es, so vermessen zu sein unter deinem Szepter?
Ich tue keine guten Werke, ich habe nicht die wahre Liebe
weder zu meinem Mitchristen, Herr, noch zu dir.
Keinen liebte ich je so sehr wie mich selbst.
Herr Christus, Vater und Sohn, dein Geist führe mich auf die rechte Bahn!
Wie aber soll ich den lieben, der mir Böses antut?
Mir muss der stets lieber sein, der gut zu mir ist.
Vergib mir im übrigen meine Schuld, aber bei dieser Meinung will ich bleiben.

,2 Man berichtete mir von Kloster Tegernsee stets,
dass dieses Haus in vollem Ansehen bestens dastehe.
Dorthin wandte ich mich und machte einen Umweg von mehr als einer Meile.
Ich bin schon ein sonderbarer Mann,
dass ich mich selbst nicht verstehe,
sondern mich stattdessen auf fremde Leute verlasse.
Ich tadle das nicht, Gott schenke uns beiden Gnade. –
Ich nahm dort nur Wasser in Empfang,
so begossen,
musste ich vom Tisch des Mönches weggehen.

53 Mir hât her Gêrhart Azze ein pfert
erschossen z'Îsenache.
daz klagẹ ich dem, den er bestât:
der ịst unser beider voget.
es waz wol drîer marke wert!
nû hoerent frömde sache,
sît daz es an ein gelten gât,
wâ mit er mich nû zoget.
er seit von grôsser swêre,
wie mîn pfert mêre
dem rosse sippe wêre,
daz im den vinger *abe*
gebissen hât ze schanden.
ich swer mit beiden handen,
daz si sich niht erkanden.
ist ieman, der mir *stabe*?

L. 104,7. *Ton:* Atzeton.
Überlieferung: **C** 122 [127].
Lesarten: S. 239. *Kommentar:* S. 284.

54 ›Rît ze hove, Dietrîch!‹
›hêrrẹ, in mac.‹ ›waz irret dich?‹
›ich hân niht rosses, das ich dar gerîte.‹
›ich lîhe dir eins und wilt dû daz.‹
›hêrre, gerîtẹ als deste bas.‹
›nû stant alsô, noch eine wîle bîte!
weder rittest gerner eine guldîn katzen
alder einen wunderlîchen Gerhart Atzen?‹
›semir got, und êsse es höi, es wêr ein frömdes pfert.
im gênt diu ougen umbẹ als einem affen,
er ist als ein guggaldei geschaffen.
den selben Atzen gebent mir her, sô bin ich wol gewert.‹
›nû krümbe dîn bein, rît selbẹ har hein, sît dû Atzen hâst gegert!‹

L. 82,11. *Ton:* Leopoldston.
Überlieferung: **C** 30.
Kommentar: S. 284.

3 Mir hat Herr Gerhard Atze ein Pferd
erschossen in Eisenach.
Deshalb erhebe ich Klage bei dem, dessen Vasall er ist:
der ist unser beider Gerichtsherr.
Es war gewiss drei Mark wert!
Nun hört eine seltsame Geschichte,
da es nun um die Entschädigung geht,
womit er mich hinhält.
Er erzählt von großer Widerwärtigkeit,
dass nämlich mein edles Pferd
mit jenem Ross verwandt sei,
das ihm den Finger
abgebissen habe, so dass er verstümmelt ist.
Ich schwöre mit beiden Händen,
dass die beiden sich nicht einmal kannten.
Ist einer da, der mir den Eid abnimmt?

4 ›Reit an den Hof, Dietrich!‹
›Ist unmöglich, Herr.‹ ›Was hindert dich?‹
›Ich hab kein Pferd, um dorthin zu reiten.‹
›Ich leih dir eins, wenn du willst.‹
›Herr, dann bin ich gut beritten.‹
›Dann bleib noch einen Moment stehen!
Würdest du lieber eine goldene Katze reiten
oder einen komischen Gerhard Atze?‹
›Gott steh mir bei, selbst wenn es Heu fräße, wäre das doch ein sonderbares Pferd.
Die Augen rollt er wie ein Affe,
er sieht aus wie ein Kuckuck.
Gebt mir diesen Atze her, dann bin ich gut bedient.‹
›Nun bewege die Beine, reite auf dir selbst heim, da du den Atze haben wolltest.‹

Religiöse und lehrhafte Sprüche

55 Swer âne vorhte, hêrre got,
wil sprechen diniu zehen gebot
und brichet diu: daz ist niht rehtiu minne.
dich heisset vatter maniger vil,
swer mîn ze bruoder niht enwil,
der sprichet diu starken wort ûs krankem sinne.
wir wahsen ûs gelîchem dinge,
spîse frumẹt uns, diu wirt ringe,
sô si dur den munt gevert.
wer kan den hêrren von dem knehte gescheiden,
swâ ẹr ir gebeine blôsses fünde,
het er ir joch lebender künde,
sô gewürme daz fleisch verzert?
im dienent kristen, juden unde heiden,
der elliu lebendiu wunder nert.

L. 22,3. *Ton:* Wiener Hofton.
Überlieferung: C 298 [316]; D 244.
Lesarten: S. 239. *Kommentar:* S. 285.

56 Was wunders in der werlte vert!
wie manig gâbẹ ist uns beschert
von dem, der uns ûs nihte hât gemachet!
dem einen gît er schoenen sin,
dem andern guot und den gewin,
daz er sich mit sîn selbes guote swachet.
armen man mit guoten sinnen
sol man für den rîchen minnen,
ob er êren niht engert.

5 Jeder, der ohne Furcht, Herr Gott,
willig ist, deine zehn Gebote aufzusagen,
in Wirklichkeit die dann aber bricht: das ist nicht wahre Gottesliebe.
Viele nennen dich Vater,
wer mich aber nicht zum Bruder haben will,
der spricht die starken Worte aus schwächlichem Verstand heraus.
Wir sind aus dem gleichen Stoff gemacht,
Speise nährt uns, sie wird wertlos,
wenn sie durch den Mund geht.
Wer wüsste Herr und Knecht dort zu unterscheiden,
wo er ihre blanken Gebeine fände,
hätte er sie als Lebende auch gekannt,
wenn Würmer das Fleisch verzehrt haben?
Ihm dienen Christen, Juden und Heiden,
der alle lebenden Wesen nährt.

6 Wie viel Wunderbares gibt es auf der Welt!
Wie viele Gaben sind uns beschert worden
von dem, der uns aus Nichts gemacht hat!
Dem einen schenkt er guten Verstand,
dem anderen Besitz und davon den Nutzen,
sich mit seinem eigenen Besitz zu schaden.
Den armen Mann mit gutem Verstand,
soll man mehr als den Reichen lieben,
falls der nicht auf sein Ansehen bedacht ist.

jâ enist es niht wan gottes huldẹ und êre,
dar nâch diu welt sô sêre vihtet.
swer sich ze guotẹ alsô verpflihtet,
daz er beider wirt entwert,
der enhabẹ ouch hie noch dort niht lônes mêre,
wan sî eht guotes hie gewert.

L. 20,16. *Ton:* Wiener Hofton.
Überlieferung: **C** 294 [312]; D 245.
Lesarten: S. 239. *Kommentar:* S. 285.

57 Swer houbetsündẹ und schande tuot
mit sîner wissende umbe guot,
sol man den für einen wîsen nennen?
swer guot von disen beiden hât,
swers an im weis und sichs verstât,
der sol in zeinem tôren bas erkennen.
der wîse minnet niht sô sêre
alsam die gottes huldẹ und êre.
sîn selbes lîb, *wîb* unde kint,
diu lât er, ê er disiu zwei verliese.
er tôrẹ, er dunket mich niht wîse,
und ouch, der sîn êre prîse.
ich wêne, si beide tôren sint.
er gouch, swer für diu zwei ein anders kiese:
er ist an rehten witzen blint.

L. 22,18. *Ton:* Wiener Hofton.
Überlieferung: **C** 299 [317]; D 246.
Lesarten: S. 239. *Kommentar:* S. 285.

Ja, es gibt nichts außer Gottes Gnade und Ansehen,
um das die Menschheit mit aller Kraft ringt.
Jeder, der so sehr am Besitz hängt,
dass er diese beiden Werte verliert,
der soll weder auf Erden noch im Himmel weiteren Lohn bekommen,
denn er hat seinen Besitz eben auf Erden erhalten.

7 Wenn einer Todsünde und Schandtat,
um Besitz zu erringen, bewusst begeht,
soll man den als weise bezeichnen?
Wenn einer aufgrund derartiger Handlungen Besitz erworben hat:
wer das durchschaut und erkennt,
der soll ihn eher als Narren einstufen.
Der Weise liebt nichts so innig
wie die Gnade Gottes und das Ansehen.
Sein eigenes Leben, Weib und Kind
gibt er lieber auf, ehe er diese beiden Schätze verliert.
Jener ist ein Narr, er kommt mir nicht weise vor,
aber auch der nicht, der dessen Ansehen rühmt.
Ich glaube, beide sind Narren.
Der ist ein Tor, der statt der beiden genannten Werte etwas anderes wählt:
ihm fehlt die wahre Einsicht.

58 Mit sêlden müessẹ ich hiutẹ ûf stên,
got hêrrẹ, in dîner huote gên
und rîten, swar ich in dem lande kêre.
Krist hêrre, lâssẹ an mir werden schîn
die grôssen kraft der güete dîn
und pflige mîn wol dur dîner muoter êre,
als ir der heilig engel pflêge
und dîn, dô dû in der krippen lêge,
junger mensch und alter got,
dêmüetic vor dem esel und vor dem rinde.
und doch mit sêlderîcher huote
pflac dîn Gabrîêl, der guote,
wol mit triuwen sunder spot:
als pfligẹ ouch mîn, daz an mir iht erwinde
daz dîn vil göttelîch gebot.

L. 24,18. *Ton:* Wiener Hofton.
Überlieferung: C 304 [320]; D 248.
Lesarten: S. 239. *Kommentar:* S. 285.

59 Der anegenge nie gewan
und anegenge machen kan,
der kan wol ende machen und ânẹ ende.
sît daz alles stêt in sîner hende,
wer wêre danne lobes sô wol wert?
der sî der êrstẹ in mîner *wîse*,
sîn lop gêt für allem *prîse*.
daz lob ist sêlig, des er gert.

58 Glücklich möge ich heute aufstehen,
Gott, Herr, unter deiner Obhut gehen
und reiten, wohin im Land ich mich auch wende.
Herr Christus erweise an mir
die große Fülle deiner Güte
und nimm dich meiner freundlich an um des Ruhmes deiner Mutter willen,
so wie sich ihrer der heilige Engel annahm
und deiner, als du in der Krippe lagst,
junger Mensch und alter Gott,
voll Demut vor dem Esel und dem Rind.
Dennoch nahm sich mit segensreichem Schutz
der gnädige Gabriel deiner an
in ernsthafter Treue:
so nimm auch du dich meiner an, damit nicht unerfüllt bleibe
dein wahrhaft göttliches Gebot.

59 Der nie einen Anfang hatte,
aber Anfang bewirken kann,
der weiß auch Ende und Endlosigkeit zu machen.
Da das alles in seiner Hand liegt,
wer sonst wäre des Lobes würdig?
Er sei der erste in meinem Lied,
sein Lob steht über allem Lobpreis.
Das Lob, das er verlangt, ist gesegnet.

Nû loben wir die süessen maget, II
der ir sun niemer niht versaget.
si ịst des muoter, der von hellẹ uns lôste.
daz ist uns ein trôst vor allem trôste,
daz man dâ ze himel ir willen tuot.
nû dar die alten mit den jungen,
daz ir werde lob gesungen!
si ịst guot ze lobenne, si ist guot.

Ich solt iuch engele grüessen ouch, III
wan das ich bin niht gar ein gouch:
waz habt ir der heiden noch zerstoeret?
sît iuch nieman siht noch nieman hoeret,
sagent, waz hânt ir noch dar zuo getân?
möhtẹ ich got stillẹ als ir gerechen,
mit *wem* solt ich mich besprechen?
ich woltẹ iuch hêrren ruowen lân.

Her Michahêl, her Gabrîêl, IV
her tiufels vîent Raphahêl,
ir pflegent wîsheit, sterkẹ und arzenîge,
darzuo hânt ir engel koere drîge,
die mit willen leistent iuwer gebot.
welt ir mîn lob, sô sint bescheiden
und schadent aller êrst den heiden.
lobt ich iuch ê, daz wêrẹ ir spot.

L. I: 78,24; II: 78,32; III: 79,1; IV: 79,9 *Ton:* Bognerton.
Überlieferung: C 274–277 [292–295].
Lesarten: S. 239. *Kommentar:* S. 285 f.

Nun wollen wir die heilige Jungfrau rühmen, II
deren Sohn ihr niemals etwas abschlägt.
Sie ist die Mutter dessen, der uns aus der Hölle erlöste.
Das ist unsere Zuversicht vor aller Zuversicht,
dass man dort im Himmel ihren Willen erfüllt.
Nun wohlauf, alt und jung,
ihr Lob werde gesungen!
Sie ist gut zu loben, denn sie ist gut.

Ich sollte dazu euch Engel grüßen, III
nur: ich bin doch kein Narr –
wie viele Heiden habt ihr denn vernichtet?
Da euch niemand sieht und niemand hört,
sagt, was habt ihr dafür schon geleistet?
Könnte ich Gott heimlich, wie ihr das könnt, rächen,
mit wem sollte ich mich da besprechen?
Ich wollte euch Herren unbehelligt lassen.

Herr Michael, Herr Gabriel, IV
Herr Teufelsfeind Raphael,
ihr verfügt über Weisheit, Stärke, Heilkunst,
dazu habt ihr drei Engelschöre,
die bereitwillig euere Befehle erfüllen.
Wollt ihr mein Lob, so seid klug
und schadet erst einmal den Heiden.
Würde ich euch vorher loben, so würden die spotten.

60 Sô wê dir, Welt, wie übel dû stêst,
waz dinge dû alzan begêst,
die von dir sint ze lîdennẹ ungenême.
dû bist vil nâch gar âne scham.
got weis wol, ich bin dir gram,
dîn art ist elliu worden widerzême.
was êren hâst uns her behalten?
nieman sicht dich fröiden walten
als man ir doch wîlent pflac.
wê dir, wes habent diu milten herzẹ engolten?
für die lopt man die argen rîchen!
Welt, dû stêst sô lasterlîchen,
daz ich es niht betiuten mac.
triuwẹ und wârheit sint vil gar bescholten.
daz ist ouch aller êren slac.

L. 21,10. *Ton:* Wiener Hofton.
Überlieferung: C 296 [314]; D 242.
Lesarten: S. 239. *Kommentar:* S. 286.

61 Jung man, in swelher aht dû bist,
ich wil dich lêren einen list:
dû lâ dir niht ze wê sîn nâch dem guote,
lâ dirs ouch niht z'unmêre sîn.
und volgest dû der lêre mîn,
sô wis gewis, es frumt dir an dem muote.
die rede wil ich dir bas bescheiden:
lâst dû dirs ze sêre leiden,
zergât es, sô ịst dîn fröide tôt.

O weh, Welt, wie schlimm steht's um dich,
welche Sachen du noch immer machst –
was du einen erleiden lässt, das erträgt man nur widerwillig.
Du bist nahezu ohne Scham.
Gott weiß, dass ich zornig auf dich bin,
dein ganzes Wesen ist uns verhasst.
Welchen Glanz hast du uns bewahrt?
Niemand sieht dich für Freuden sorgen,
so wie man sich einst um sie bemühte.
Weh dir, wofür haben jene bezahlt, die ein freigebiges
Herz haben?
Statt ihrer rühmt man die reichen Geizhälse!
Welt, du stehst so schändlich da,
dass ich es nicht beschreiben kann.
Treue und Wahrheit sind vollkommen erniedrigt –
ein tödlicher Schlag für jeden höfischen Glanz!

Junger Mann, von welchem Stande du auch immer bist,
ich will dich eine Weisheit lehren:
sei nicht zu gierig nach Besitz,
lass ihn dir aber auch nicht zu gleichgültig sein.
Folgst du meinem Rat,
so sei sicher, es nützt dir.
Ich will dir diese Worte genauer auseinandersetzen:
ist dir Besitz allzu sehr zuwider
und verlierst du ihn, so ist deine Freude tot.

wilt aber dû daz guot ze sêre minnen,
dû maht verliesen sêlẹ und êre.
dâ von volge mîner lêre:
legẹ ûf die wâgẹ ein rehtes lôt
und wigẹ ouch dar mit allen dînen sinnen
als es diu mâssẹ uns ie gebôt.

L. 22,33. *Ton:* Wiener Hofton.
Überlieferung: **C** 300 [318]; B 38; D 247.
Lesarten: S. 239 f. *Kommentar:* S. 286.

62 Die vetter hânt ir kint erzogen,
dar an si beide sint betrogen,
si brechent dike Salomônes lêre.
der sprichet: swer den besmen spar,
daz der den sun versûme gar.
des sint si ungebachen und ânẹ êre.
hie vor dô was diu welt sô schoene,
nû ist si worden alsô hoene.
des enwas niht wîlent ê.
die jungen hânt die alten sô verdrungen
und spottent alse dar der alten.
es wirt iu selben noh behalten,
beitent, untz iuwer jugent zergê:
swas ir nû tuont, daz rechent iuwer jungen.
daz weis ich wol, und weis noch mê.

L. 23,26. *Ton:* Wiener Hofton.
Überlieferung: **C** 302 [318a]; D 240.
Lesarten: S. 240. *Kommentar:* S. 286.

Liebst du jedoch den Besitz zu sehr,
so verlierst du möglicherweise Seele und Ansehen.
Deshalb folge meinem Rat:
lege das richtige Gewicht auf die Waage
und wäge mit deinem ganzen Verstand ab,
wie es uns das rechte Maß schon immer geboten hat.

2 Die Väter haben ihre Kinder derart erzogen,
dass beide betrogen sind,
oft missachteten sie den Salomonischen Rat.
Der sagt: wenn einer die Rute spart,
so vernachlässigt er den Sohn vollkommen.
Daher sind sie unfertig und ehrlos.
Früher war die Welt so schön,
nun ist sie so verächtlich geworden.
Das war sie früher nicht.
Die Jungen haben die Alten beiseitegeschoben
und noch dazu spotten sie über sie.
Es steht euch selbst noch bevor,
wartet nur, bis euere Jugend vorbei ist.
Was immer ihr jetzt tut – euere Jungen werden das rächen.
Das und noch mehr weiß ich genau.

63 Wer zieret nû der êren sal?
der jungen ritter zuht ist smal,
sô pflegent die knehte gar unhövescher dinge
mit worten und mit werken ouch.
swer zühte hât, der ist ir gouch.
nemet war, wie gar unfuoge für sich dringe!
hie vor dô berte man die jungen,
die dâ pflâgen vrecher zungen.
nû ist es ir werdekeit!
si schallent und scheltent reine frowen.
wê ir hiuten und ir hâren,
die niht kunnen frô gebâren
sunder wîbe herzeleit!
dâ mac man sünde bî der schande schowen,
die maniger ûf sich selben leit.

L. 24,3. *Ton:* Wiener Hofton.
Überlieferung: C 303 [319]; D 241.
Lesarten: S. 240. *Kommentar:* S. 286.

64 Wer sleht den lewen, wer sleht den risen,
wer uberwindet jenen und disen?
daz tuot jener, der sich selber twinget
und alle sîne lit in huote bringet,
ûs der wildẹ in stêter zühte habe.
geligeniu zuht und schame vor gesten
mugen wol ein wîlẹ erglesten.
der schîn nimt drâte ûf und abe!

L. 81,7. *Ton:* Bognerton.
Überlieferung: C 286 [304].
Kommentar: S. 286.

63 Wer schmückt heutzutage den Saal der Ehren?
Das Benehmen der jungen Ritter ist dürftig,
die Knappen treiben ganz unhöfische Sachen
mit Worten und auch im Handeln.
Wer sich benimmt, ist für sie ein Narr.
Seht, wie das schlechte Benehmen sich ausbreitet!
Früher züchtigte man die Jungen,
die freche Reden führten.
Heute brüsten sie sich damit!
Sie lärmen herum und beleidigen edle Damen.
Durchprügeln und kahl scheren sollte man sie,
die nicht fröhlich sein können,
ohne Frauen zu erniedrigen!
Hier kann man Sünde und Schande sehen,
die viele sich selbst zuziehen.

64 Wer erschlägt den Löwen, wer erschlägt den Riesen,
wer überwindet jenen und diesen?
Das ist einer, der sich selbst bezwingt
und alle seine Glieder in Gewalt hat,
sie aus der Zügellosigkeit in den Hafen dauerhafter Selbstbeherrschung führt.
Äußerliches Wohlverhalten und anständiges Benehmen vor Fremden
können zeitweise Glanz erzeugen.
Ihr Licht flackert auf und wieder ab!

65 Nieman kan mit gerten I
kindes zuht beherten.
den man z'êron bringen mag,
dem ist ein wort als ein slag.
dem ist ein wort als ein slag,
den man z'êron bringen mag.
kindes zuht beherten
nieman kan mit gerten.

Hüetent iuwerre zungen, II
daz zimt wol dien jungen.
stôz den rigel für die tür,
lâ dekein boes wort darfür.
lâ dekein boes wort darfür,
stôs den rigel für die tür.
daz zimt wol dien jungen:
hüetent iuwer zungen.

Hüetent iuwere ougen III
offenbâr und tougen,
lânt si guote sitte spehen
und die boesen übersehen.
und die boesen übersehen,
lât si guote sitte spehen
offenbâr und tougen.
hüetent iuwere ougen!

Hüetent iuwere ôren IV
oder ir sint tôren.
lânt ir boesiu wort dar în,
das gunêret iu den sin.
das gunêret iu den sin,
lânt ir boesiu wort dar în
oder ir sint tôren.
hüetent iuwere ôren!

5 Niemand kann mit Ruten I
die Erziehung der Kinder verstetigen.
Ist es möglich, einen zu einem ehrenhaften Menschen zu machen,
so ist für den ein einziges Wort wie ein Schlag.
Für den ist ein einziges Wort wie ein Schlag,
bei dem es möglich ist, ihn zu einem ehrenhaften Menschen zu machen.
Die Erziehung der Kinder verstetigen
kann mit Ruten niemand.

Habt acht auf euere Zungen, II
das gehört sich für junge Leute.
Verriegle den Mund fest,
lass kein schlimmes Wort heraus.
Lass kein schlimmes Wort heraus,
verriegle den Mund fest.
Das gehört sich für junge Leute:
Habt acht auf euere Zungen.

Habt acht auf euere Augen III
in der Öffentlichkeit und im privaten Bereich,
lasst sie auf gute Sitte achten
und schlechte negieren.
Lasst sie schlechte negieren
und auf gute Sitte achten
in der Öffentlichkeit und im privaten Bereich.
Habt acht auf euere Augen!

Habt acht auf euere Ohren IV
oder ihr seid Narren.
Lasst ihr schlimme Wörter ein,
so entehrt ihr eueren Geist.
Es entehrt eueren Geist,
lasst ihr schlimme Wörter ein
oder ihr seid Narren.
Habt acht auf euere Ohren!

Hüetent wol der drîer V
leider al ze frîer.
zungen, ougen, ôren sint
dike schalchhaft, z'êren blint.
dike schalchhaft, z'êren blint
zungen, ougen, ôren sint,
leider al ze frîer.
hüetent wol der drîer!

*

Nieman ritter wessen mag VI
drîssec jâr und einen tag,
im gebreste muotes,
lîbes alder guotes.
lîbes alder guotes
im gebreste muotes
drîssec jâr und einen tac
nieman ritter wesen mag.

L. I: 87,1; II: 87,9; III: 87,17; IV: 87,25; V: 87,33; VI: 88,1. *Ton:* unikaler Ton.
Überlieferung: C 47–52 (die Strophen IV und V in umgedrehter Reihenfolge); a Bl. 232v (nur Str. I, 14).
Lesarten: S. 240. *Kommentar:* S. 286 f.

Habt acht auf diese drei, V
die leider allzu unkontrollierbar sind.
Zunge, Augen, Ohren sind
oft zum Bösen geneigt, blind gegenüber der Ehrenhaftigkeit. 4
Oft zum Bösen geneigt, blind gegenüber der Ehrenhaftigkeit
sind Zunge, Augen, Ohren,
leider allzu unkontrollierbar.
Habt acht auf diese drei.

*

Niemand kann Ritter sein VI
dreißig Jahre und einen Tag,
wenn es ihm an Mut,
an der äußeren Erscheinung oder am Besitz fehlt.
Fehlt es ihm an der äußeren Erscheinung oder am Besitz 5
oder am Mut,
so kann niemand dreißig Jahre und einen Tag
Ritter sein.

66 Got weis wol, mîn lob wêrẹ iemer *hovestête*,
dâ man eteswenne lobelîche tête
mit gebêrde, mit gewisser rede, mit rête.
mir griulet, sô mich lachent an die *lechelêre*,
den diu zunge *honeget* und daz herze gallin hât.
friundes lachen sol sîn âne missetât,
süesse als der âbentrôt, der kündet lûter mêre.
nu tuo mir *lachelîchẹ* oder lachẹ aber anderswâ!
swes munt mich triegen wil, der habe sîn lachen dâ,
von dem nêmẹ ich ein wârez nein für zwei gelogeniu jâ.

L. 30,9. *Ton:* König-Friedrichs-Ton.
Überlieferung: C 317 [333]; B 36; Z 22; t 5; o 4 (in veränderter Form).
Lesarten: S. 240. *Kommentar:* S. 287.

67 Swâ der hôhe nider gât
und ouch der nider an hôhen rât
gezuket wird, *dâ* ist der hof verirret.
wie sol ein unbescheiden man
bescheiden, des er niht enkan?
sol er mir büessen, des mir niht enwirret?
des stênt die hôhen vor den kemenâten,
sô suln die nideren umbe daz rîche râten.
swâ den gebrichet an der kunst, seht, dâ tuont si niht mê
wan daz sis umbe werfent an ein triegen:
daz lêrent si die fürsten unde liegen.
die selben brechent uns diu reht und stoerent unser ê.
nû sehent, wie diu krône lige und wie diu kilche stê!

L. 83,14. *Ton:* Leopoldston.
Überlieferung: C 32.
Lesarten: S. 240. *Kommentar:* S. 287.

6 Gott weiß, mein Lob würde dauerhaft dem Hof gewidmet,
an dem man wenigstens gelegentlich lobenswert handelte,
im Benehmen, mit verlässlicher Rede, bei Ratschlägen.
Mich graust's, wenn die Heuchler mich anlachen,
deren Zunge honigsüß ist – das Herz aber voll Galle.
Das Lachen des Freundes soll ohne böse Hintergedanken sein,
freundlich wie das Abendrot, das eine erfreuliche Botschaft verkündet.
Handle mir gegenüber so, wie dein Lachen es mir verheißt, oder aber lache anderswo.
Wenn ein Mund mich täuschen will, der behalte sein Lachen für sich,
von dem nähme ich ein aufrichtiges Nein lieber als zwei verlogene Ja.

7 Dort, wo der Hochgeborene abgewertet,
wo aber der Mann von niederer Geburt in den engsten Rat
gezogen wird, da ist der Hof auf dem Irrweg.
Wie soll ein Mann, der nichts weiß,
Bescheid geben über etwas, wovon er nichts versteht?
Soll er das in Ordnung bringen, was mich überhaupt nicht bekümmert?
Die Leute von hoher Geburt stehen vor den Beratungszimmern,
die niedrig Geborenen sollen über das Reich beraten.
Wo immer es denen an Wissen fehlt, seht, da tun sie nichts weiter
als ihre Zuflucht beim Betrug zu nehmen:
den lehren sie die Fürsten – und das Lügen.
Sie brechen unser Recht und zerstören unser Gesetz.
Schaut her, wie die Krone darniederliegt und wie es um die Kirche steht!

68 Ich muoz verdienen swachen has,
ich wil die hêrren *lêren* daz,
wies iegeslîchen rât wol mugen erkennen.
der guoten rête, der sint drî,
drîẹ ander boese stênt dâ bî
zer linggen hant. lât iu die sehse nennen:
vrum und gotes huldẹ und weltlîch êre –
daz sint die guoten, wol im, der siu lêre!
den möht ein keiser nemen *wol* an sînen hôhsten rât.
die andern heissent schade, sündẹ und schande.
dâ erkennẹ si bî, ders ê niht erkande:
wan hoeret an der rede wol, wie ẹs umbe daz herze stât.
daz anegengẹ ist selten guot, das boeses ende hât!

L. 83,27. *Ton:* Leopoldston.
Überlieferung: C 33.
Lesarten: S. 240. *Kommentar:* S. 287.

69 Durchsüesset und geblüemet sint die reinen frowen,
es wart nie niht sô wüneklîches an ze schowen
in lüften *noch* ûf erde noch in allen grüenen ouwen.
Liljen *unde* rôsenbluomen, swâ die liuhten
in meien touwen durh daz gras, und kleiner vogelîn sanc:
daz ist gegen solher wünebernden *fröide* kranc,
swâ man ein schoene frowen *siht*. das kan trüeben muot erfiuhten
und leschet alles trûren an der selben stunt,
sô lieblîch lachet in liebẹ ir süesser rôter munt
und strâlẹ ûs spilnden ougen schiessen in mannes herzen grunt.

L. 27,17. *Ton:* König-Friedrichs-Ton.
Überlieferung: C 311 [327].
Lesarten: S. 241. *Kommentar:* S. 287.

8 Man darf es mir nicht verdenken,
dass ich die Herren darüber belehren will,
wie sie einzelne Ratschläge genau einordnen können.
Gute Ratschläge gibt's drei,
daneben drei schlechte
zur Linken. Lasst euch die sechs aufzählen:
nützliches Handeln und Gottes Gnade und Ansehen in der Welt –
das sind die guten, wohl dem, der sie lehrt!
Den könnte der Kaiser gut und gern in seinen engsten Rat berufen.
Die anderen heißen Schaden, Sünde und Schande.
Daran erkenne der sie, der sie nicht längst kennt:
Man hört den Worten genau an, wie es um das Herz steht.
Der Anfang ist niemals gut, der ein schlimmes Ende nimmt.

9 Voll Süße und voller Blüten sind die reinen Damen,
nie wurde etwas ähnlich Wundervolles gesehen,
weder in Lüften noch auf der Erde noch in allen grünen Auen.
Lilien und Rosen, wo immer die glänzen
im Maientau aus dem Gras heraus, dazu der Gesang der kleinen Vöglein:
das ist nichts gegen solch wunderbare Freude,
eine edle Dame zu erblicken. Das kann trüben Sinn erfrischen
und lässt zugleich alle Trauer erlöschen,
wenn liebevoll voll Freude ihr süßer roter Mund lächelt
und Blitze aus glänzenden Augen in das Innerste des männlichen Herzens schießen.

70 Vil süessiu frowe hôhgelopt mit reiner güete,
dîn kiuscher lîp gît *vreudeberndes* hôhgemüete,
dîn munt ist rôter danẹ ein liehte rôsẹ in touwes blüete.
got hât gehôhet und gehêret reine frowen,
das man in wol sol sprechen und dienen zaller zît.
der werlde hort mit wunneklîchen vreuden *lît*
an in, ir lob ist lûter unde clâr, man sol sie schowen.
für trûren und für ungemüetẹ ist niht sô guot
als an ze sehen ein schône frowe wol gemuot,
swenne sị ûs herzengrundẹ ir friundẹ ein lieblîch lachen tuot.

L. 27,27. *Ton:* König-Friedrichs-Ton.
Überlieferung: **C** 312 [328].
Lesarten: S. 241. *Kommentar:* S. 287.

71 Diu minne lât sich nennen dâ,
dar si doch niemer komen wil.
si ist dem tôren in dem munde zam
und in dem herzen wilde.
nû hüetet ir iuch, reinen wîb,
vor kinden bergent iuwer jâ,
sône wirt es niht ein kindes spil.
minnẹ und kintheit sint ein ander gram.
vil dikẹ in schoenem bilde
siht man leider valschen lîp.
ir solt ê spehen, war umbe, wie, wennẹ und
wâ rehtẹ und weme
ir iuwer minneklîches jâ sô teilet mitte, daz es gezeme.
sich, minne, sich: swer alsô spehe, der sî dîn kint,
sô man, sô wîb – die andern dû vertrîb!

L. 102,1. *Ton:* König-Heinrichs-Ton.
Überlieferung: **C** 110 [115]: a 30.
Lesarten: S. 241. *Kommentar:* S. 287.

70 Süßeste, hochgerühmte Dame, voll der reinen Güte,
deine Sanftmut schenkt freudige Hochgestimmtheit,
dein Mund ist röter als eine strahlende Rose, die im Tau erblüht.
Gott hat reine Damen erhöht und geadelt,
so dass man Gutes über sie sagen und ihnen allzeit dienen soll.
Der Inbegriff wundervoller Freuden wohnt
in ihnen, ihr Lob ist rein und klar, man soll sie ansehen.
Gegen Trauer und Trübsal hilft nichts besser
als der Blick auf eine frohgestimmte, schöne Dame,
wann immer sie ihre Freunde aus Herzensgrund liebevoll anlacht.

71 Die Liebe lässt sich auch dort zitieren,
wohin sie in Wirklichkeit nie kommen will.
Sie ist im Mund des Narren fügsam,
seinem Herzen bleibt sie fremd.
Seid wachsam, ihr reinen Frauen,
verbergt euer ›ja‹ vor unerfahrenen Jungen,
dann wird es nicht zum kindlichen Spiel.
Liebe und Kindlichkeit sind einander abgeneigt.
Sehr oft sieht man in schöner äußerer Hülle
leider falschen Kern.
Ihr sollt vorher prüfen warum, wie, wann und wo zurecht und wem
ihr euer liebendes ›ja‹ mitteilt, so dass es angemessen ist.
Schau, Liebe, schau: wer so prüft, der soll dein Kind sein,
ob Mann oder Frau – die anderen verjage!

72 Diu Minnẹ ist weder man noch wîb,
si hât noch sêle noch den lîb,
si gelîchet sich dekeinem bilde,
ir nam ist kunt, si selbẹ ist aber wilde,
und enkan doch nieman âne sie
der gotes hulden niht gewinnen
[*Zeile fehlt*]
si kam in valsches herze nie.

L. 81,31. *Ton:* Bognerton.
Überlieferung: C 289 [307].
Kommentar: S. 287.

2 Die Liebe ist weder Mann noch Frau,
sie hat weder Seele noch Körper,
sie gleicht keiner Gestalt,
ihr Name ist geläufig, sie selbst ist aber unbegreiflich,
und doch weiß niemand ohne sie
Gottes Gnade zu gewinnen
[*Zeile fehlt*]
in ein falsches Herz kam sie nie.

Lieder

73 Wol mich der stunde, daz ich si erkande, I
diu mir den lîb und den muot hât betwungen,
sît daz ich die sinne sô gar an sie wande,
der si mich hât mit ir güete verdrungen.
daz ich von ir gescheiden niht *kan*,
daz hât ir schoenẹ und ir güete gemachet
und ir rôter munt, der sô lieplîchen lachet.

Ich hân den muot und die sinne gewendet II
an die reinen, die liẹben, die guoten.
daz muos uns beiden wol werden volendet,
swes ich getar in ir hulden gemuoten.
swaz ich fröiden zer werldẹ ie gewan,
daz hât ir schoenẹ und ir güete gemachet
und ir rôter munt, der so lieblîchen lachet.

I: L. 110,13; II: L. 110,20.
Überlieferung: C 353, 354 [369, 370].
Lesarten: S. 241. *Kommentar:* S. 289.

73 Gepriesen sei die Stunde, in der ich die kennenlernte, I
die mein Leben und meine Seele eingenommen hat,
seit ich all mein Denken ihr zugewandt habe –
durch ihre Vollkommenheit hat sie es mir geraubt.
Dass ich nicht weiß, wie ich mich von ihr lösen kann,
das haben ihre Schönheit und ihre Vollkommenheit bewirkt
und ihr roter Mund, der so voller Liebe lacht.

Ich habe Sinn und Verstand II
der Reinen, Lieben, Edlen zugewandt.
Das alles möge für uns beide gut werden,
was ich mir erlaube, von ihrer Freundlichkeit zu erwarten.
Alle Freuden, die mir auf Erden jemals zuteil wurden,
die haben ihre Schönheit und ihre Vollkommenheit bewirkt
und ihr roter Mund, der so voller Liebe lacht.

74 Müestẹ ich noch geleben, daz ich die rôsen I
mit der minneklîchen solde lesen,
sô wold ich mich sô mit ir erkôsen,
daz wir iemer friunde müesten wesen.
wurde mir ein kus noh zeiner stunde
von ir rôten munde,
sô wêrẹ ich an fröiden wol genesen.

Was sol lieblich sprechen, was sol singen, II
waz sol wîbes schoene, waz sol guot,
sît man nieman siht nâch fröide ringen,
sît man übel âne vorhte tuot?
sît man triuwe, milte, zuht und êre
wil verpflegen sô sêre,
sô verzagt an fröide maniges muot.

I: L. 112,3; II: L. 112,10.
Überlieferung: C 381, 382 [397, 398].
Kommentar: S. 290.

4 Dürfte ich es noch erleben, die Rosen I
mit der Schönen zu pflücken,
dann würde ich so mit ihr flüstern,
dass wir fortan Liebende sein müssten.
Bekäme ich einmal einen Kuss
von ihrem roten Mund,
dann würde mir alle Freude zuteil.

Wozu liebevolles Reden, wozu Gesang, II
wozu weibliche Schönheit, wozu Besitz,
da man keinen mehr sieht, dem es um Freude zu tun ist,
da man furchtlos Übeltaten begeht?
Da man Treue, Großzügigkeit, Benehmen und Ansehen
vollständig aufgeben will,
verlieren viele die Hoffnung auf Freude.

75 Frowe, lânt iu niht verdriessen I
mîner rede, ob si gefüege sî.
möht ichs wider iuch geniessen,
sô wêrẹ ich dien besten gerne bî.
wissent, daz ir schoene sît,
hânt ir, als ich mich verwêne,
güete bî der wolgetêne,
waz danne an iu einer êren lît!

›Ich wil iu ze redenne gunnen, II
sprechent, swaz ir went, ob ich niht tobe.
daz hânt ir mir an gewunnen
mit dem iuwerm minneklîchem lobe.
in weis, ob ich schoene bin,
gerne hetẹ ich wîbes güete –
lêrent mich, wie ịch die behüete,
schoener lîp der toug niht âne sin.‹

Frowe, daz wil ich iu lêren, III
wie ein wîb der welte leben sol:
guote liute sult ir êren,
minneklîch ansehen unde grüessen wol.
eime sult ir iuwern lîp
geben für eigen umb den sînen.
frowe, woltent ir den mînen,
den gêbẹ ich um ein sô schoene wîb.

›Beidẹ an schouwen unde an grüezen, IV
swaz ich mich dar an versûmet hân,
daz wil ich vil gerne büessen.
ir hânt hovelîch an mir getân.
tuont durh mînen willen mê:
sît niht wan mîn redegeselle.
in weis nieman, dem ich welle
nemen den lîp – es têtẹ im lîhte wê.‹

Herrin, ärgert Euch nicht I
über meine Worte, wenn sie denn gehörig sind.
Könnte ich dadurch bei Euch etwas erreichen,
würde ich gern den Besten zugezählt.
Wisst: Ihr seid schön,
besitzt Ihr, wie ich glaube,
außer dem Aussehen auch weibliche Vollkommenheit:
wie viel Ehre verkörpert Ihr alleine dann!

›Ihr dürft von mir aus reden, II
sagt alles, was Ihr wollt, ich bin doch nicht spröde.
Diese Erlaubnis habt Ihr mir
mit Eurem liebenswürdigen Kompliment abgewonnen.
Ich weiß nicht, ob ich schön bin,
weibliche Vollkommenheit hätte ich gern –
belehrt mich, wie ich die bewahre,
Schönheit ohne Klugheit taugt nichts.‹

Herrin, ich will Euch lehren, III
wie die Frau sich in Gesellschaft verhalten soll:
edle Menschen sollt Ihr achten,
sie liebenswürdig ansehen und freundlich grüßen.
Einem sollt Ihr Euch schenken,
ihn dafür für Euch nehmen.
Herrin, wolltet Ihr mich nehmen,
ich würde mich für eine so schöne Frau hingeben.

›Was das Ansehen und Grüßen betrifft, IV
so will ich alles, was ich dabei versäumt habe,
gern wieder gutmachen.
Ihr wart stets ritterlich zu mir.
Ich möchte, dass Ihr auch künftig so handelt:
seid nichts weiter als mein Gesprächsfreund.
Ich weiß keinen, den ich
nehmen wollte – es könnte ihm ja weh tun.‹

Frowe, lânt mich es alsô wâgen! V
ich bin dike komen ûz grôsser nôt,
unde lânt es iuch niht betrâgen,
stirbẹ aber ich, sô bin ich sanfte tôt.
›hêrre, ich wil noch langer leben!
lîhtẹ ist iu der lîp unmêre,
waz bedorftẹ ich solher swêre,
solt ich mînen lîp umb iuwern geben?‹

I: L. 85,34; II: L. 86,7; III: L. 86,15; IV: L. 86,23; V: L. 86,31.
Überlieferung: **C** 42–46; E 78–82; A 7–9 (nur Str. I–III unter Liutold von Seven).
Lesarten: S. 241. *Kommentar:* S. 290.

76 Mich hât ein wunneklîcher wân I
und ouch ein lieber friundes trôst
in senelîchen kumber brâht.
sol der mit fröidẹ an mir zergân,
sône wirdẹ ichs anders niht erlôst,
es enkomẹ als ich mirs hân erdâht
umb ir vil minneklîchen lîb,
diu mir enpfrömdet elliu wîb,
wan daz ich sị alle durh si êren muos.
jône ger ich anders lônes niht
von ir dekeiner wan ir gruos.

›Mit valschelôser güete lebt II
ein man, der mir wol iemer mac
gebieten *allez* swaz er wil.
sîn staete mir fröide gebt.
wan ich sîn vil schônẹ enpflag,
daz kumt von grôsser liebe vil!
mir ist an im, des muos ich jehen,
ein schoenes wîbes heil geschehen.
diu sêlde wirt uns beiden schîn:
sîn tugent hât im die besten stat
erworben in dem herzen mîn.‹

Herrin, lasst mich das riskieren! V
Ich bin schon häufig großer Bedrängnis entkommen,
lasst es Euch nicht zu schwer werden,
sterbe ich dabei, so habe ich einen angenehmen Tod.
›Herr, ich will noch länger leben!
Vielleicht hängt Ihr nicht am Leben,
wozu soll aber ich mir solches Leid zufügen,
mich um Euretwillen hinzugeben?‹

6 Eine wundervolle Hoffnung, I
dazu eine angenehme Ermutigung durch die Geliebte
haben mich in Liebessehnsucht versetzt.
Soll die sich in Freude verwandeln,
so gibt es keinen anderen Weg der Erlösung
als dass es kommt, wie ich es mir ausgedacht habe
im Hinblick auf ihre liebenswürdige Person.
Sie lässt mir alle Frauen gleichgültig werden,
doch muss ich ihretwillen sie alle verehren.
Eine andere Belohnung verlange ich
von keiner, ausgenommen Freundlichkeit.

›In aufrichtiger Redlichkeit lebt II
ein Mann, dem es jederzeit möglich ist,
all das von mir zu verlangen, was er möchte.
Seine Beständigkeit schenkt mir Freude.
Dass ich mich seiner mit übergroßer Freundlichkeit annahm,
beruht auf meiner übermächtigen Zuneigung.
Durch ihn ist mir – wie ich zugeben muss –
das größte Glück zuteilgeworden, das einer Frau
widerfahren kann.
Wir nehmen beide unser Glück wahr:
sein Wesen hat ihm die beste Stelle
in meinem Herzen errungen.‹

Die mîne fröide hât ein wîb III
gemachet stêtẹ und *mich erlôst.*
von schulden al die wîlẹ ich lebe
genâde suoch ich an ir lîp:
enpfâhẹ ich wunneklîchen trôst,
der mac wol heissen friundes gebe.
ein mannes heil mir dâ geschah,
dâ si mit rehten triuwen sprach,
ich müestẹ ir herzen nâhe sîn.
sus darf es nieman wunder nemen
ob âne sorge lebt das herze mîn.

I: L. 71,35; II: L. 72,9; III: L. 72,20.
Überlieferung: C 252–254 [270–272]; A 28–30.
Lesarten: S. 241. *Kommentar:* S. 290.

77 Sumer unde winter beide sint I
guotes mannes trôst, der trôstes gert.
er ist rehter fröide gar ein kint,
der ir niht von wîbe wirt gewert.
dâ von sol man wissen das,
daz man elliu wîb sol êren,
und iedoch die besten bas.

Sît das nieman âne fröide toug, II
sô woltẹ ouch ich vil gerne fröide hân
von der mir mîn herze nie geloug,
es ensagte mir ir güetẹ ie sunder wân.
swennẹ es diu ougen sante dar,
seht, sô brâhtens im diu mêre,
daz es fuor in sprüngen dar.

Eine Frau hat meine Lebensfreude III
dauerhaft gemacht und sie hat mich erlöst.
Aus gutem Grund suche ich lebenslang
ihre Zuneigung:
erhalte ich eine freudvolle Zusage,
so ist das eine wahre Liebesgabe.
Das Glück, das einem Mann begegnen kann, widerfuhr mir
dort, wo sie in völliger Aufrichtigkeit sagte,
ich müsse ihrem Herzen nahe sein.
So braucht sich niemand zu wundern,
wenn mein Herz sorglos schlägt.

7 Sommer und Winter – beide sind I
die Hoffnung des edlen Mannes, der Hoffnung begehrt.
Der kennt die wahre Freude nicht,
der sie nicht von einer Frau erhält.
Deshalb soll man wissen,
dass man alle Frauen ehren soll,
doch die edelsten am meisten.

Da ohne Freude niemand etwas wert ist, II
wollte auch ich sehr gern Freude erlangen
von der, über die mein Herz mich nie belog,
deren Vollkommenheit es mir vielmehr mit völliger Gewissheit verkündete.
Wann immer es die Augen dorthin richtete,
seht, so brachten sie ihm die Botschaft,
dass es in Freudensprüngen dorthin ging.

In weis niht wol, wie ẹs darumbe sî: III
sin gesach mîn ouge lange nie.
sint ir mînes herzen ougen bî,
sô daz ich âne ougen sihe sie?
dâ ịst doch ein wunder an geschehen.
wer gab im daz sunder ougen,
daz es si zaller zît mag sehen?

Welt ir wissen, was diu ougen sîn, IV
dâmit ich si sihe dur elliu lant?
es sint die gedenke des herzen mîn,
dâ mitte sihẹ ich dur mûrẹ und ouch dur want.
nû hüeten, swie si dunke guot,
sô sehent si doch mit vollen ougen
herze, willẹ und al der muot.

Wirdẹ ich iemer ein sô sêlig man, V
daz si mich âne ougen sehen sol?
siht si mich in ir gedanken an,
sô vergiltet si mir mîne wol.
mînen willen gelte mir,
sende mir ir guoten willen –
mînen den habe iemer ir!

I: L. 99,6; II: L. 99,13; III: L. 99,20; IV: L. 99,27; V: L. 99,34.
Überlieferung: C 96–100 [101–105].
Kommentar: S. 290 f.

Ich weiß nicht genau, wie es dabei zugeht: III
Mein Auge hat sie lange nicht gesehen.
Sind die Augen meines Herzens bei ihr,
so dass ich sie ohne Augen sehe?
Da ist ein Wunder geschehen.
Wer schenkte dem Herzen die Gabe, dass es ihm ohne Augen
jederzeit möglich ist, sie zu sehen?

Wollt ihr wissen, was die Augen sind, IV
mit denen ich sie von überall her sehe?
Es sind meine Herzensgedanken,
damit sehe ich durch Mauer und Wand.
Soll man sie bewachen, wie man will,
so sehen sie doch mit durchdringenden Augen
mein Herz, mein Wille und alles Verlangen.

Werde ich je so glücklich, V
dass auch sie mich ohne Augen sehen wird?
Blickt sie in Gedanken zu mir,
so belohnt sie mich für die meinen.
Meine Zuneigung vergelte sie mir,
sie sende mir ihre ehrliche Zuneigung –
die meine gehöre ihr in alle Zukunft!

78 Ich fröidehelfelôser man, I
warumbe machẹ ich menegen vrô,
der mir ez niht gedanken kan?
ôwê, wie tuont die friunde sô?
jâ friunt! waz ich von friunden sage!
het ich dekeinen, der vernêmẹ och mîne clage.
nû enhân ich friunt, nû enhân ich rât,
nû tuo mir swie dû wellest, minneclîchiu Minne,
sît nieman mîn genâde hât.

Vil minneclîchiu Minnẹ, ich hân II
verlorn von dir mînen sin.
dû wilt gewalteclîchen gân
in mînem herzen ûz und in.
wie kundẹ ich âne sin genesen?
dû wonest an sîner stat, dâr inne solte wesen.
dû sendest in, dû weist wol war,
dâ mac er leider niht erwerben, frowe Minne.
ôwê, dû soltest selbe dar!

Gnâde, frowe Minnẹ, ich wil III
dir umbe diese boteschaft
gevuogen dînes willen vil.
wis wider mich nû tugenthaft.
ir herzẹ ist rehter fröiden vol,
mit liuterlîcher reinecheit gezieret wol.
erdringest dû dâ dîne stat,
sô lâ mich în, daz wir si mit ein ander sprechen.
mir missegie dô ịchs eine bat.

Gnêdiclîchiu Minne, lâ! IV
ôwê, wes tuost dû mir sô wê?
dû twingest hie, nû twingẹ och dâ,
und sich, wâ ez dir widerstê.

8 Ohne Freude, ohne Beistand: I
warum mache ich viele froh,
die keine Ahnung haben, wie sie mir danken können?
O weh, was machen meine Freunde nur?
Ja, Freunde! Was erzähle ich von Freunden!
Hätte ich einen, der würde auch meine Klage verstehen.
Ich habe jetzt keine Freunde, ich habe jetzt keine Hilfe,
jetzt mach mit mir, was du willst, du gütige Liebe,
da niemand sich meiner erbarmt.

Du überaus gütige Liebe, ich habe II
durch dich meinen Verstand verloren.
Du willst herrschaftlich
in meinem Herzen aus und ein gehen.
Wie könnte ich ohne Verstand überleben?
Du residierst dort, wo eigentlich er sein sollte.
Du sendest ihn, du weißt genau wohin,
dort kann er zu meinem Kummer nichts ausrichten, Dame Liebe.
O weh, du solltest selbst dorthin.

Erbarmen, Herrin Liebe, ich will III
dir für diesen Botendienst
viele deiner Wünsche erfüllen.
Sei jetzt freundlich zu mir!
Ihr Herz ist voll wahrer Freuden,
mit lauterer Reinheit schön geschmückt.
Erzwingst du dir dort eine Wohnung,
so lass mich ein, damit wir gemeinsam mit ihr reden.
Mir misslang das damals, als ich allein sie angefleht habe.

Gnadenreiche Liebe, hör auf! IV
Ach, warum tust du mir so weh?
Du drängst hier, dränge nun auch dort,
und achte drauf, wo du Widerstand erfährst.

nû wil ich sehen, obe dû noch tügest,
dû endarft niht jehen, daz dû in ir herzẹ enmügest.
ez wart nie sloz sô menecvalt,
daz *eht* dir widerstüende, *diebe* meinsterinne.
tuon ûf! sist wider dich ze balt.

Frô Sêlde teilet umbe sich V
und kêret mir den ruggen zuo.
nû enwil si niht erbarmen mich,
waz welt ir, daz ich des nû tuo?
si stêt ungerne gegen mir,
louf ich hin umbẹ, ich bin doch iemer hinder ir:
si wil mich niht an gesehen.
ich wolte, daz ir ougen an ir nakke stuonden:
sô muost ez ânẹ ir danc geschehen.

Wer gab dir, Minne, den gewalt, VI
daz dû sô gewaltich bist?
dû twingest beide junc und alt,
dâ vur kan nieman dekeinen list.
nû lobẹ ich got, sît dîniu bant
mich sulent twingen, daz ich sô rehte hân erkant,
wâ dienest werdeclîchen lît.
dâ von kum ich niemer – gnâdẹ, frowe küniginne,
lâ mich dir leben mîne zît!

I: L. 54,37; II: L. 55,8; III: L. 55,17; IV: L. 55,26; V: L. 55,35; VI: L. 56,5.
Überlieferung: A 18–23; B 83 (nur Str. V); C 191–195, 202 [197–201, 209] [Strophenfolge: IV II III V VI, getrennt davon I]; E 152–156 (Str. VI fehlt); F 18, 19; 24, 25 [Strophenfolge: I V, davon getrennt II IV].
Edition: ediert nach A, Besserungen nach C und E.
Lesarten: S. 242. *Kommentar:* S. 291.

Ich will jetzt sehen, ob du noch zu etwas fähig bist,
du brauchst nicht zu behaupten, dass du nicht in ihr Herz hinein kommst.
Ein so kompliziertes Schloss wurde nie hergestellt,
dass es dir widerstanden hätte, Meisterdiebin, du.
Schließ auf! Sie ist zu dreist gegen dich.

Fortuna verteilt um sich herum ihre Gaben, V
wendet mir aber den Rücken zu.
Will sie sich meiner nicht erbarmen,
was wollt ihr, dass ich deshalb unternehme?
Sie wendet mir ungern ihr Gesicht zu,
laufe ich um sie herum, so bin ich doch immer hinter ihr:
sie will mich nicht ansehen.
Ich wollte, dass ihre Augen auf ihrem Nacken stünden:
Dann müsste das gegen ihren Willen geschehen.

Wer schenkte, Liebe, dir die Macht, VI
so mächtig zu sein?
Du schlägst jung und alt in Bann,
niemand weiß dir zu entkommen.
Nun lobe ich Gott, da deine Fesseln
mich nun einmal in Bann schlagen sollen, dass ich so genau erkannt habe,
wo Liebesdienst Ansehen bringt.
Davon lasse ich niemals mehr ab – Gnade, Frau Königin,
lass mich meiner Lebtag in deinem Dienst verbleiben!

79 Ein niuwer sumer, ein niuwe zît, I
ein guot gedingẹ, ein herzelieber wân,
die liebent mir en widerstrît,
daz ich noch trôst ze fröiden hân.
noch fröwet mich ein anders bas
dannẹ aller vogellîne sanc:
swâ man noch wîbes güete mas,
dâ wart ir ie der habedanc.
daz meinẹ ich an die frowen mîn:
dâ muos noch mêre trôstes sîn.
si ịst noch schoener dannẹ ein schoene wîb,
die schoene machet lieber lîb.

Ich weis wol, daz diu liebe mag II
ein schoene wîb gemachen wol.
iedoch swelh wîb ie tugende pflag,
daz ist diu, der man wünschen sol.
diu liebe stêt der schoene bî
bas danne gesteine dem golde tuot:
nû jehet, waz danne besser sî,
hânt disiu beide rehten muot?
si hoehent mannes werdekeit!
swer ouch die süessen erbeit
dur si ze rehte kan getragen,
der mac von herzeliebe sagen.

Der blic gefröwet ein herze gar, III
den minniklîch ein wîb ansiht:
wie welt ir danne, daz der var,
dem ander lieb von ir beschiht?
der ist eht manger fröiden rîch,
sô jenes fröide gar zergât!
waz ist den fröiden ouch gelîch,
dâ liebes herzẹ in triuwen stât,

Ein neuer Sommer, eine neue Jahreszeit, I
gute Zuversicht, Herzensneigung
schmeicheln mir um die Wette,
so dass ich noch Hoffnung auf Freude habe.
Noch anderes erfreut mich mehr
als aller Vogelgesang:
wo immer man weibliche Vollkommenheit bewertete,
da erhielt stets sie den Siegespreis.
Das beziehe ich auf meine Dame:
da muss es noch mehr Hoffnung geben.
Sie ist noch schöner als eine nur schöne Frau,
ihre Schönheit beruht auf Anmut.

Ich weiß genau, dass Anmut II
eine schöne Frau verschönen kann.
Die Frau jedoch, die stets um Vollkommenheit bemüht war,
die soll man begehren.
Anmut bringt die Schönheit
mehr zur Geltung als eine Goldfassung Edelsteine.
Nun sagt, was noch besser sein kann,
wenn zu diesen beiden auch noch ein vollkommenes Wesen kommt?
Alle miteinander erhöhen den Wert des Mannes!
Jeder, der die Mühsal der Werbung
um sie in rechter Weise zu ertragen weiß,
der kann von Herzensneigung sprechen.

Der Blick erfreut das Herz dessen zutiefst, III
den eine Frau voll Liebe ansieht.
Was glaubt ihr, wie es dem geht,
dem noch andere Freude von ihr widerfährt?
Der ist wahrhaft freudenreich,
während die Freude des anderen wieder vergeht!
Was gleicht den Freuden, die sich dort finden,
wo ein liebevolles Herz treu verharrt

in schoenẹ, in kiuschẹ, in reinen sitten?
swelh sêlig man daz hât erstritten,
ob er daz vor den frömden lobet,
sô wissent, daz er niht entobet.

Was sol ein man, der niht engert IV
gewerbes umb ein reine wîb?
si lâssẹ in iemer ungewert,
es tiuret doch wol sînen lîp.
er tuot dur einer willen sô,
daz er den andern wol behaget –
sô tuot in ouch die eine frô,
ob im diu ander gar versaget.
dar an gedenkẹ ein sêlig man,
dâ lît vil sêldẹ und êren an.
swer guotes wîbes minne hât,
der schamt sich aller missetât.

I: L. 92,9; II: L. 92,21; III: L. 92,33; IV: L. 93,7.
Überlieferung: C 70–73 [70, 71, 71!, 72]; i und i^2 (nur Str. IV); s^1 (nur Str. IV, 9–12), s^2 (nur Str. IV).
Lesarten: S. 242 f. *Kommentar:* S. 291.

80 Si wunderwol gemachet wîp, I
daz mir noch werdẹ ir habedanc!
ich setzẹ ir minneclîchen lîp
vil werdẹ in mînen hôhen sanc.
gern ich in allen dienen sol,
doch habẹ ich mir dise ûzerkorn.
ein ander weiz die sînen wol,
die lobẹ er âne mînen zorn –
habẹ ime wîse unde wort
mit mir gemeine. lobẹ ich hie, sô lobẹ er dort!

in Schönheit, Keuschheit, Reinheit?
Hat ein glücklicher Mann das errungen
und rühmt er das vor Dritten,
so wisst, dass er nicht den Verstand verloren hat.

Was taugt ein Mann, der sich nicht IV
um eine reine Frau bemüht?
Auch wenn sie ihn nicht belohnt,
steigt doch sein Ansehen.
Er handelt um der einen willen so,
dass er bei den anderen Gefallen findet –
dann macht ihn doch eine froh,
auch wenn die andere ihn rundum abweist.
Daran denke der glückliche Mann,
darin liegen viel Glück und Ehre.
Besitzt einer die Liebe einer edlen Frau,
dann schämt er sich aller unrechten Taten.

Diese wundervolle Frau – I
möge mir ihr Dank noch zuteilwerden!
Ich räume ihrer reizenden Erscheinung
in meinem Liebeslied einen Ehrenplatz ein.
Gerne würde ich ihnen allen dienen,
doch habe ich mir gerade diese erwählt.
Ein anderer kennt die Seine,
ich hab nichts dagegen, wenn er die rühmt –
er benutze ruhig meine Melodie und meinen Text.
Rühme ich hier, so rühme er dort.

Ir houbet ist sô wunnenrîch II
alsẹ ez mîn himel welle sîn.
wem soldẹ ez anders sîn gelîch?
ez hât doch himelischen schîn!
dâ liuhtent zwêne sternen abe,
dâ muozẹ ich mich noch innẹ ersehen –
daz si mirs alsô nâhe habe! –,
sô mohte ein wunder wol geschehen:
ich junge, unde tuot si daz,
und wirt mir gernden siechen seneder suhte baz.

Got hât ir wengel hôhen vlîz, III
er streich sô tiure varwe dar,
sô reine rôt, sô reine wîz,
hie roeseloht, dort lilien var.
obẹ ichz vor sunden tar gesagen,
sô sêhe ich si gerner an
danne himel oder himelwagen.
ôwê, waz lob ich tumber man?
mache ich si mir ze hêr,
vil lîhte wirt mîns mundes lop mîns herzen sêr.

Si hât ein küssen, daz ist rôt, IV
gewunnẹ ich daz für mînen munt,
sô stûnt ich ûf ûz dirre nôt
und wêrẹ och iemer mê gesunt.
dem si daz an sîn wengel leget,
der wonet dâ gerne nâhe bî.
ez smeket, sô mans iender reget
alsam ez alles balsame sî.
daz sol si lîhen mir:
sô dicke, sô si ẹz wider wil, so gib ich ẹz ir.

Ihr Haupt ist so wundervoll II
als wäre es mein Himmel.
Wem soll es sonst gleichen?
Es strahlt wahrhaftig himmlischen Glanz aus!
Da leuchten zwei Sterne herunter,
darin muss ich mich noch spiegeln –
brächte sie mir die doch nahe genug! –,
dann könnte ein Wunder geschehen:
tut sie's, so werde ich wieder jung
und ich, krank vor Verlangen, werde von meiner quälenden
Sehnsucht geheilt.

Auf ihre Wänglein hat Gott viel Sorgfalt verwandt, III
er malte sie mit kostbarer Farbe,
reines Rot, reines Weiß,
hier rosenrot, dort lilienweiß.
Würde ich mich, ohne Angst vor Sünde, trauen,
so würde ich sagen:
ich würde sie lieber ansehen
als den Himmel und den Sternenwagen.
Ach, was rühme ich, ich Einfaltspinsel?
Erhebe ich sie gar zu hoch über mich,
so wird das Lob aus meinem Mund sehr leicht zu
meiner Herzensqual.

Sie besitzt ein rotes Kissen / ein Küssen, IV
dürfte ich das an meinen Mund bringen,
so stünde ich auf aus meiner Drangsal
und wäre allzeit gesund.
Wem sie das an sein Wänglein legt,
der schmiegt sich freudig an.
Es duftet, wenn man es berührt,
als wäre es reiner Wohlgeschmack.
Das soll sie mir ausleihen:
sooft sie es zurückhaben will, gebe ich es ihr.

Ir kel, ir hendẹ, ietweder fuoz, V
daz ist ze wunsche wol getân.
obẹ ich dâ entswischent loben muoz,
sô wênẹ ich mê beschowet hân.
ich hêt ungerne ›decke blôz!‹
gerüefet, dô ịch si nacket sach.
si sach mîn niht, dô si mich schôz –
daz stichet noch, als ez dô stach!
ich lobe die reinen stat,
dâ die vil minneclîch ûz einem bade trat.

I: L. 53,25; II: L. 54,27; III: L. 53,35; IV: L. 54,7; V: L. 54,17.
Überlieferung: **A** 89–93 (Strophenfolge: I III IV V II); C 186–190 [192–196] (Strophenfolge: I II V III IV); D 251–255 (Strophenfolge: I–V); N 1–5 (Strophenfolge wie D; über Str. I, 1 f. linienlose Neumen); Br 1–5 (fragmentarisch, zahlreiche Lücken; Strophenfolge: I II IV III V).
Edition: ediert nach A mit einigen Besserungen nach C und D, Strophenfolge nach DN.
Lesarten: S. 243 f. *Kommentar:* S. 291 f.

81 Ob ich mich selben rüemen sol, I
sô bin ich des ein höbischer man,
daz ich so manigẹ unfuoge dol,
sô wol als ich gerechen kan.
ein klôsenêr, ob ers vertrüege? ich wênẹ, er nein.
hêt er die stat als ich si hân,
bestüendẹ in dannẹ ein zornelîn,
es wurdẹ unsanfte widertân,
swie sanftẹ ichs alsô lâze sîn.
das und ouch mê vertragẹ ich doch dur ettewas.

Ihr Hals, ihre Hände, jeder Fuß, V
das alles ist vollkommen.
Falls ich etwas dazwischen preisen muss,
so glaube ich, ich habe noch mehr gesehen.
Ich hätte ungern ›Zudecken!‹
gerufen, als ich sie nackt sah.
Sie sah mich nicht, als sie mich verwundete –
das sticht heute noch so, wie es damals stach!
Ich preise den herrlichen Ort,
an dem die Schönste dem Bad entstieg.

81 Darf ich mich selbst rühmen, I
so bin ich in der Hinsicht höfisch-vornehm,
dass ich mir so manche Ungezogenheit gefallen lasse,
obwohl ich weiß, wie man sich rächt.
Ob ein Klausner das hinnähme? Ich glaube nicht.
Hätte er die Möglichkeit wie ich
und packte ihn dann ein auch nur mäßiger Zorn,
er würde unsanft zurückschlagen,
während ich das unterlasse. 9
Das, und noch mehr, ertrage ich aus einem bestimmten Grund.

Frowẹ, ir sît schoenẹ und sît ouch wert, II
den zwein stêt wol genâde bî.
waz schadit iu, daz man iuwer gert?
jô sint ie doch gedanke vrî!
wân unde wunsch, daz woldẹ ich alles ledic lân:
höfeschent mîne sinne dar,
was mac ich, gebents iu mînen sanc?
des nement ir lîhte niender war,
sô hân ichs doch vil hôhen danc.
treit iuch mîn lob ze hove, das ist mîn werdekeit.

Frowẹ, ir habt mir geseit alsô, III
swer mir beswêre mînen muot,
daz ich ouch den mache frô –
er schame sich lîhtẹ und werde guot.
diu lêre, ob si mit triuwen *sî, daz* schînẹ an iu.
ich fröwẹ iuch, ir beswêret mich,
des schamt iuch, ob ichs reden getar.
lât iuwer wort niht velschen sich
und werdet guot, sô habt ir wâr.
vil guot sît ir, dâ von ich guot von güete wil.

Frowẹ, ir habet ein werdes tach IV
an iuch gesloufet – den reinen lîp.
wan ich nie besser kleit gesach.
ir sît ein wol gekleidet wîb.
sin und sêlde sint gesteppet wol darin.
getrageniu wât ich nie genan,
dise nêmẹ ich als gernẹ ich lebe.
der keiser wurde ir spilman
umb alsô wunneclîche gebe.
dâ, keiser, spil! nein, hêrre keiser, anders wâ!

I: L. 62,6; II: L. 62,16; III: L. 62,26; IV: L. 62,36.
Überlieferung: B 90–93; C 222–225 [229–232].
Edition: Vorlage *BC, ediert nach C, einige Besserungen nach B.
Lesarten: S. 244. *Kommentar:* S. 292.

Herrin, Ihr seid schön und dazu angesehen. II
Zu diesen beiden Eigenschaften passt gut freundliches Entgegenkommen.
Was schadet es Euch, wenn man Euch begehrt?
Die Gedanken sind doch frei!
Traum und Wunsch wollte ich völlig freien Lauf lassen:
machen meine Gefühle Euch den Hof,
was kann ich dafür, wenn sie meine Lieder Euch widmen?
Vielleicht bemerkt Ihr das gar nicht,
dennoch ernte ich damit großen Lohn.
Macht mein Lob Euch am Hof bekannt, so gewinne ich dort Ansehen.

Herrin, Ihr habt mir geraten, III
jeden, der mir das Herz schwer macht,
fröhlich zu stimmen –
er schämt sich dann vielleicht und wird gut.
Ob dieser Rat aufrichtig gemeint ist, das zeige sich bei Euch selbst.
Ich mache Euch froh, Ihr betrübt mich.
Ich erlaube mir zu sagen: schämt Euch dafür!
Straft Eure Worte nicht lügen
und werdet gut, dann habt Ihr recht.
Ihr seid sehr gut, deshalb will ich ein Gutteil vom Guten haben.

Herrin, Ihr habt ein edles Äußeres IV
angelegt – Eure Schönheit.
Denn ein besseres Kleid habe ich nie gesehen.
Ihr seid eine gutgekleidete Frau.
Verstand und Glück sind herrlich eingestickt.
Getragene Kleidung habe ich nie akzeptiert,
diese aber würde ich für mein Leben gern nehmen.
Selbst der Kaiser würde Spielmann
für eine so wundervolle Gegengabe.
Hier, Kaiser, spiel auf! Nein, Herr Kaiser, anderswo!

82 Die mir in dem winter vroide hânt benomen, I
si heizen wîp, si heizen man,
disiu sumerzît, diu *müezẹ* in baz bekomen.
ôwê, daz ich niht vluochen kan!
leider ich enkan niht mêre
wan daz ubel wort: unsêlic – neinâ! daz wêrẹ alze sêre.

Zwêne herzelîche vlüeche kan ich ouch, II
die vluochent nâch dem willen mîn:
hiure muozens beide esel und den gouch
hoeren ê sị enbizzen sîn.
wê in denne, den vil armen!
wess ich, obe siz noch gerûwe, ich wolte mich dur got erbarmen.

Wan sol sîn gedultic wider ungedult – III
daz ist den schamelôsen leit.
swen die boezen hazzent âne sîne schult,
daz kumet von sîner frumecheit.
troestet mich diu guotẹ alleine,
diu mich wol getroesten mac, so gebẹ ich umbẹ ir nîden cleine.

Ich wil al der welte swern ûf ir lîp, IV
den eit sol si wol vernemen:
sî mir ieman lieber, maget oder wîp,
diu helle muoze mir gezemen.
hât si nû deheine triuwe,
sô getrûwet si dem eide und enstêt mîns herzen riuwe.

32 Die mir im Winter die Freude geraubt haben, I
ob Frauen, ob Männer –
dieser Sommer möge ihnen besser bekommen.
O weh, dass ich nicht weiß, wie man flucht.
Zu meinem Leidwesen kenne ich nichts sonst
als das böse Wort: Verdammt! – Doch nein!,
das wäre allzu heftig.

Zwei Flüche, die von Herzen kommen,
kann ich außerdem, II
die verfluchen in meinem Sinn:
heute müssen sie Esel und Kuckuck
vor dem Frühstück hören.
Weh ihnen dann, den Ärmsten!
Wüsste ich, dass es ihnen noch leidtäte, wollte ich mich um
Gottes willen erbarmen.

Man soll geduldig sein gegen Unduldsamkeit – III
das ärgert die Schamlosen.
Wenn die Bösen einen hassen, ohne dass er schuld hat,
so liegt das an seiner Tüchtigkeit.
Schenkt die Edle mir Hoffnung,
so kümmert deren Missgunst mich nicht.

Ich will vor aller Welt bei ihrem Leben schwören – IV
sie soll diesen Eid aufmerksam zur Kenntnis nehmen – :
falls mir irgendeine, ob Mädchen oder Frau, lieber ist,
dann zur Hölle mit mir!
Meint sie es irgendwie gut mit mir,
so glaubt sie diesem Eid und versteht meine Herzensqual.

Hêrren unde vriunt, nû helfent an der zît: V
daz ist ein ende, ez ist alsô.
ich enbiutẹ iu mînen minneclîchen strît.
jô enwirt ich niemer rehte vrô:
mînes herzen tiefe wunde,
diu muoz iemir offen stên, si enküsse mich mit friundes munde.
mînes herzen tiefe wunde,
diu muoz iemir offen stên, si enheiles ûf und ûz von grunde.
mînes herzen tiefe wunde,
diu muoz iemir offen stên, sine werde heil von Hiltegunde.

I: L. 73,23; II: L. 73,29; III: L. 73,35; IV: L. 74,4; V: L. 74,10.
Überlieferung: **A** 116–120; C 369–371 [385–387] (Str. I, II, V). 260, 261 [278, 279] (Str. III, IV; neben Str. IV ein Verweiszeichen auf Str. II); E 55–57 (Str. I, II, V,1–6).
Edition: Vorlage *AC, ediert nach A, wenige Besserungen nach C und E.
Lesarten: S. 244. *Kommentar:* S. 292 f.

83 Lange swîgen, des hât ich gedâht, I
nû muoz ich singen aber alsẹ ê.
darzuo habent mich guote liute brâht,
die mugen mir wol gebieten mê.
ich sol singen unde sagen
und swes si gern, daz sol ich tuon: sô suln si mînen kumber clagen.

Hoeret wunder, wie mir ist geschên II
von mîn selbes arebeit:
mich enwil ein wîp niht an gesên.
die brâht ich in die werdecheit,
daz ir muot sô hôhe stât.
jôn weiz si niht, swennẹ ich mîn singen lâze, daz ir lop zergât.

Herren und Freunde, helft rechtzeitig, V
ich bin wahrhaftig am Ende.
Ich lege euch meine Liebesangelegenheit vor.
Niemals mehr werde ich wirklich froh:
Meines Herzens tiefe Wunde,
die muss allzeit offenstehen, küsst sie mich nicht
mit liebendem Mund.
Meines Herzens tiefe Wunde,
die muss allzeit offenstehen, heilt sie mich nicht von Grund auf.
Meines Herzens tiefe Wunde,
die muss allzeit offenstehen, wird sie nicht geheilt
von Hildegunde.

83 Ich hatte mir vorgenommen, lange zu schweigen. I
Jetzt muss ich wieder singen wie früher.
Dazu haben edle Leute mich veranlasst,
denen es möglich ist, noch mehr von mir zu verlangen.
Ich soll erneut singen und reden,
und was sie möchten, das werde ich tun. Dafür sollen sie
mein Leid beklagen.

Hört, was mir Sonderbares widerfahren ist II
als Lohn für meine Mühe:
eine gewisse Frau will mich nicht anschauen.
Der habe ich zu solchem Ansehen verholfen,
dass sie voller Hochmut ist.
Sie begreift leider nicht, wenn ich je mit meinem Singen
aufhöre, dass dann ihr Ruhm vergeht.

Hêrre, waz si vlüeche lîden sol, III
swennẹ ich nû lâze mînen sanc!
alle die nû loben, daz weiz ich wol,
die schelten dannẹ ânẹ mînen danc.
tûsent herzen wurden vrô
von ir gnâden, des engeltent si lîhte, scheidẹ ich mich von ir alsô.

Sô mich dûhte, daz si wêre guot, IV
wer waz ir bezzer dô dannẹ ich?
dêst ein ende, swaz si mir getuot,
sô mac si wol verwaenen sich.
nimet si mich von dirre nôt,
ir leben hât mînes lebennes êre – sterbet si mich, sô ist si tôt.

Soldẹ ich in ir dienste werden alt, V
die wîle junget si niht vil.
sô ịst mîn hâr vil lîhtẹ alsô gestalt,
daz sị einen jungen danne wil.
sô helfẹ ûch got, hêrre junger man,
sô rechet mich und gânt ir alten hût mit sumerlatten an.

I: L. 72,31; II: L. 72,37; III: L. 73,5; IV: L. 73,11; V: L. 73,17.
Überlieferung: **A** 111–115; C 255–259 [273–277]; E 83–87 (Strophenfolge: I II V IV III).
Edition: Vorlage *AC, ediert nach A, einige Besserungen nach C.
Lesarten: S. 244. *Kommentar:* S. 293.

Herrgott, welche Flüche werden über sie hereinbrechen, III
wenn ich jetzt mein Singen aufgebe.
Alle, die sie jetzt noch loben – dessen bin ich sicher –,
die werden sie dann gegen meinen Willen schmähen.
Zahllose Herzen wurden fröhlich
durch sie, die müssen ohne weiteres dafür bezahlen, wenn ich mich so von ihr trenne.

Als ich glaubte, sie sei edel, IV
wer war ihr damals nützlicher als ich?
Schluss damit, alles, was sie mir antut,
dessen kann sie sich auch von mir gewärtigen.
Befreit sie mich von diesem Kummer,
so steht ihr Leben durch mein Leben in Ehre – tötet sie mich, so ist sie tot.

Würde ich in ihrem Dienst alt, V
wird sie in dieser Zeit nicht viel jünger.
Mein Haar hat sich dann wahrscheinlich so verfärbt,
dass sie lieber einen Jungen will.
Mit Gott, Herr Jüngling,
rächt mich dann und gerbt ihr das alte Fell mit jungen Reisern.

Das Preislied

84 Ir sult sprechen willekomen, I
der ûch mêre bringet, daz bin ich.
allez daz ir habt vernomen,
dêst gar ein wint – nû vrâget mich!
ich wil aber miete,
wirt mîn lôn icht guot,
ich sage vil lîhte, daz ûch sanfte tuot.
seht, waz man mir êren biete.

Ich wil tûschen vrowen sagen II
solichiu mêre, daz si deste baz
al der welte suln behagen:
âne grôze miete tuon ich daz.
waz woldẹ ich ze lône?
si sint mir ze hêr!
sô bin ich gevuogẹ und bitte sị ihtes mêr
wan daz si mich gruozen schône.

Ich hân lande vil gesehen III
und nam der besten gerne war.
ubel muoze mir geschehen,
kündẹ ich ie mîn herze bringen dar,
daz im *wol* gevallen
wolte fremeder sitte.
waz hulfe mich, obe ich unrehte stritte?
tiuschiu zuht gât vor in allen.

4 Heißt mich willkommen, I
ich bin der, der euch Neuigkeiten bringt.
Alles, was ihr bisher gehört habt,
das ist gar nichts – fragt jetzt mich!
Ich will freilich bezahlt werden.
Bekomme ich eine anständige Belohnung,
so berichte ich euch ganz gewiss etwas, was euch guttut.
Seht zu, welche Verehrung man mir zukommen lässt.

Ich will den deutschen Damen II
eine solche Neuigkeit verkünden, dass sie
der ganzen Welt noch besser gefallen werden:
ohne eine großartige Belohnung tu ich das.
Welchen Lohn sollte ich wollen?
Sie stehen zu hoch über mir!
Ich bin höflich und bitte sie um nichts weiter
als dass sie freundlich zu mir sind.

Ich habe viele Länder gesehen III
und habe mich gern nach den Besten umgesehen.
Schlimmes müsste mir widerfahren,
könnte ich mein Herz je dazu bewegen,
dass ihm
ausländische Gebräuche gut gefallen wollten.
Was brächte es mir, Falsches zu behaupten?
Deutsche Lebensart übertrifft sie alle.

Von der Elbẹ unz an den Rîn IV
her wider unz an der Unger lant
dâ mugen wol die besten sîn,
die ịch in der welte hân erkant.
kan ich rehte schowen
guot gelâz und lîp,
sem mir got, sô swuor ich wol, daz hie diu wîp
bezzer sint dannẹ anderswâ vrowen.

Tiusche man sint wol gezogen, V
reht als engel sint diu wîp getân.
swer si schiltet, derst gar betrogen,
ich enkan sîn anders niht verstân.
tugent und reine minne,
swer die suochen wil,
der sol komen in unser lant, dâ ịst wunne vil.
lange muozẹ ich leben darinne!

Der ich vil gedienet hân VI
und iemer gerne dienen wil,
diu ịst von mir vil unerlân –
iedoch sô tuot si leides mir sô vil.
si kan *mir sêren*
daz herze und den muot.
nû vergebes ir got, daz sị an mir missetuot.
her nâch mac si sichs bekêren.

I: L. 56,14; II: L. 56,22; III: L. 56,30; IV: L. 56,38; V: L. 57,7; VI: L. 57,15.
Überlieferung: **A** 57–61; **C** 196–201 [203–208] [Strophenfolge: I II V III IV VI, Str. VI nur hier]; E 101–104 [Strophenfolge: I II IV V III]; L Bl. 54^{v}, nur Str. I, v. 1–7; U^{xx} 7–10, nur Str. I, II, IV, V (fragmentarisch und großenteils unleserlich).
Edition: Vorlage *AC, ediert nach A mit Besserungen nach C, Str. VI nach C.
Lesarten: S. 245. *Kommentar:* S. 293 f.

Von der Elbe bis zum Rhein IV
und herunter bis zum Ungarnland
leben die Besten,
die ich auf der Welt kennengelernt habe.
Kann ich
gutes Benehmen und Schönheit richtig beurteilen,
bei Gott, so würde ich schwören, dass hier die Frauen samt und sonders
noble Damen anderswo übertreffen.

Deutsche Männer sind hochgebildet, V
die Frauen sind wahre Engel.
Wer sie kritisiert, hat keine Ahnung,
oder ich verstehe nichts davon.
Edle Wesensart und wahre Liebe,
will die einer suchen,
der komme in unser Land, da gibt es viel Freude.
Lange möchte ich darin leben!

Die, der ich beharrlich gedient habe VI
und weiterhin gern dienen will,
die wird von mir nicht freigegeben –
dennoch macht sie mir so großen Kummer.
Sie weiß,
wie sie mir Herz und Sinn verwundet.
Gott vergebe ihr, was sie mir an Schlechtem zufügt.
Danach mag sie sich eines Besseren besinnen.

Liebe, höfische Kultur, Zeitkritik

85 Saget mir ieman, waz ist minne? I
weiz ich des ein teil, ich westez gerne mê.
der sich baz dennẹ ich versinne,
der bescheide mich, durch waz sie tuo sô wê.
minnẹ ist minne, tuot si wol.
tuot si wê, sône heizzẹ ich sie nit rehte minne.
sus enweiz ich, wie sie danne heizen sol.

Ob ich rehte râten kunne, II
waz die minne sî, sô sprechent denne jâ.
minne ist zweier herczen wunne –
teilent sie die glîch, sô ist die minne dâ.
sols aber ungeteilet sîn,
sô kan siẹ ein herczẹ aleine niht enthalten.
ôwê, wöldes dû mir helfen, frauwe mîn!

Frauwẹ, ich tragẹ ein teil zuo swêre – III
wöllest dû mir helfen, sô hilf mir an der zît.
sî aber ich dir gar ummêre,
sô sprich endelîche, sô lâz ich den strît
unde wirdẹ ein ledic man.
dû maht aber einez rehte wizzen, *frauwe*,
daz dich lüczel ieman baz geloben kan.

(Ich wil alsô singen immer, IV
daz sie denne sprechent: er gesanc nie baz!
des gedankest dû mir nimmer:
daz verwîzzẹ ich dir alrêst. sô denne daz:
weistu, wie sie wünschent dir:
daz sie sêlig sî, von der man uns sô singet!
sich, frauwe, den gemeinen wunsch hâst auch von mir.)

Sagt mir jemand, was Liebe ist? I
Wenn ich davon auch schon einiges weiß, so wüsste ich doch
gern mehr darüber.
Wer mehr davon versteht als ich,
der belehre mich, wodurch sie so weh tut.
Liebe ist Liebe, wenn sie einem guttut.
Tut sie weh, nenne ich sie nicht zu Recht Liebe.
In diesem Fall weiß ich nicht, wie sie dann genannt werden soll.

Falls ich richtig zu raten weiß, II
was Liebe ist, so stimmt mir zu.
Liebe ist die Freude zweier Herzen –
teilen sie die in gleiche Teile auf, so ist die Liebe da.
Soll sie aber ungeteilt bleiben,
so kann ein Herz allein sie nicht fassen.
O weh, wolltest du mir helfen, Herrin.

Herrin, ich allein trage zu schwer – III
möchtest du mir helfen, so hilf mir beizeiten.
Bin ich dir aber völlig gleichgültig,
so sag das ein für alle Mal, dann gebe ich den Kampf auf
und werde ein freier Mann.
Über eines musst du, Herrin, dir aber im klaren sein:
dass keiner dich besser zu rühmen versteht.

(Ich will fortan so singen, IV
dass sie sagen: besser hat er nie gesungen.
Dafür dankst du mir niemals:
das werfe ich dir vor. Dazu kommt noch:
weißt du, was sie dir wünschen:
möge die glückselig sein, über die man uns so singt!
Sieh, Herrin, diesen allgemeinen Wunsch verdankst du
ebenfalls mir.)

Kan mîn frauwe süezze siuren? V
wil sie, daz ich ir gebe liep ümme leit?
sol ich sie darümme tiuren,
daz sie sich kêrẹ an mîn unwerdekeit?
sô kan ich unrehte spehen.
wê, waz sprichẹ ich, ôrlôser und augen âne?
swen die minne blendet, wie mac der gesehen?

I: L. 69,1; II: L. 69,8; III: L. 69,15; IV: L. 191,1; V: L. 69,22.
Überlieferung: A 10–13 (Strophenfolge: III V II I; Str. IV fehlt); C 240–243 [248–251] (Strophenfolge: V I II III; Str. IV fehlt); **E** 157–161 (Strophenfolge I–V); F 45–49 (I–V); O 13–16 (II–V; Str. I fehlt durch Blattverlust); s 29^{3} (nur Str. I).
Edition: die Überlieferung gliedert sich in die beiden Gruppen EFO und AC. Grundlage der Edition ist E, es sind jedoch zahlreiche Besserungen nach den übrigen Hss. nötig.
Lesarten: S. 245 f. *Kommentar:* S. 294 f.

86 Aller werdecheit ein vüegerinne, I
daz sît ir zewâre, frowe Mâzze.
er sêlic man, der iuwer lêre hât!
der endarf sich iuwer niender inne
weder ze hove schamen noch an der strâze.
dur daz suochẹ ich, frowe, iuwern rât,
daz ir mich ebene werben lêret.
wirb ich nider, wirb ich hôhe, ich bin versêret.
ich waz vil nâch ze nidere tôt,
nû bin ich aber ze hôhe siech –
unmâzẹ enlât mich âne nôt.

Nidere minne heizet, diu sô swachet, II
daz der muot nâch kranker liebe ringet.
diu minne tuot unlobelîche wê.
hôhe minne reizet unde machet,
daz der muot nâch hôher wirdẹ ûf swinget –
diu winket mir nû, daz ich mit ir gê.

Weiß meine Dame Süßes sauer zu machen? V
Will sie, dass ich ihr Freude schenke für Leid?
Soll ich sie deshalb rühmen,
dass sie mich dafür herabsetzt?
Dann habe ich kein richtiges Urteil.
Wehe, was sag ich, taub und blind wie ich bin?
Wie kann der sehen, den die Liebe blind macht?

86 Schöpferin all dessen, was Wert hat, I
das seid wahrhaftig Ihr, Dame Bescheidung.
Glücklich der, der durch Eure Schule ging!
Der braucht sich Euer nirgends,
weder am Hof noch in der Öffentlichkeit, zu schämen.
Deshalb erbitte ich, Herrin, Eure Hilfe,
dass Ihr mich lehrt, von gleich zu gleich zu werben.
Werbe ich nach unten, werbe ich nach oben, komme ich zu Schaden.
Ich war fast tot, als ich mich nach unten bemühte,
jetzt wiederum bin ich bei meiner Bemühung nach oben krank –
mein Mangel an Bescheidung macht mir Kummer.

Liebe nach unten heißt die, die einen so schwach macht, II
dass der Sinn nach gemeiner Lust ringt.
Diese Liebe schmerzt, ohne Ehre einzubringen.
Liebe nach oben verlockt und bewirkt,
dass der Sinn sich zu hoher Ehre aufschwingt –
die winkt mir jetzt, mit ihr zu gehen.

mich wundert, wes diu mâze beitet.
kumpt diu herzeliebe, ich bin iedoch verleitet:
mîn ougen hânt ein wîp ersehen –
swie minneclîch ir rede sî,
mir mac doch schade von ir geschehen.

I: L. 46,32; II: L. 47,5.
Überlieferung: **A** 4, 5; B 157, 158; C 157, 158 [163, 164]; E 184, 185; F 16, 17.
Lesarten: S. 246. *Kommentar:* S. 295.

87 Sô die bluomen ûz dem graze dringent I
same si lachent gegen der spilden sunnen,
in einem meien an dem morgen vruo,
und die cleinen vogellîn wol singent
in ir besten wîse, die si kunnen –
waz wunne mac sich dâ genôzen zuo?
ez ist wol halb ein himelrîche!
suln wir sprechen, waz sich deme gelîche,
sô sagẹ ich, waz mir dikke baz
in mînen ougen hât getân
und tête och noch, gisêhe ich daz.

Swâ ein edeliu schône frowe reine, II
wol gecleidet unde wol gebunden,
dur kurzewîle zuo vil liuten gât,
hovelîchen, hôchgemuot, niht eine,
ein wênic umbe sehendẹ under stunden,
alsam der sunne gegen den sternen stât:
der meie bringẹ uns al sîn wunder,
waz ist denne dâ sô wunneclîches under
als ir vil minneclîcher lîp?
wir lâzen alle bluomen stân
und kapphen an daz werde wîp.

Ich verstehe nicht, weshalb die Bescheidung wartet.
Kommt erst die Herzensneigung, dann bin ich in die Irre geführt:
ich habe eine Frau gesehen –
wie liebenswürdig ihre Rede auch immer ist,
es ist gleichwohl möglich, dass mir Schaden durch sie erwächst.

7 Wenn die Blumen aus dem Gras sprießen I
als lachten sie der funkelnden Sonne entgegen
früh an einem Maimorgen
und wenn die kleinen Vöglein schön singen
in ihrer schönsten Melodie –
welche Freude kann sich damit vergleichen?
Das ist ein halbes Himmelreich!
Sollen wir sagen, was dem gleichkommt,
so sage ich, was mir oft noch besser
gefallen hat
und noch gefallen würde, wenn ich es sähe.

Wo immer eine edle, vornehme Dame, II
festlich gekleidet, perfekt frisiert
um der Kurzweil willen in Gesellschaft geht,
höfisch, frohgestimmt, mit Gefolge,
bisweilen ein wenig um sich blickend
wie die Sonne vor den Sternen:
Der Mai schenke uns alle seine Wunder,
was ist da so Herrliches dabei
wie ihre liebenswürdige Erscheinung?
Wir lassen alle Blumen stehen
und starren auf diese edle Frau.

Nû wol dan, welt ir die wârheit schouwen, III
gên wir zuo des meien hôchgezîte!
der ist mit aller sîner crefte komen.
seht an in und seht an werde frowen,
wẹders dâ daz ander uberstrîte.
daz bezzer teil, daz hân ich mir genomen.
ôwê, der mich dâ weln hieze,
daz ich dâ daz eine dur daz ander lieze,
obẹ ich ze rehte danne kür:
herr Meiẹ, ir mûzent merze sîn,
ê ich mîne frowen dâ verlür!

I: L. 45,37; II: L. 46,10; III: L. 46,21.
Überlieferung: **A** 1–3; B 66–68; C 155, 156, 159 [161, 162, 165]; E 182, 183, 186 (in CE ist zwischen Str. II und III das tongleiche Lied ›Aller werdekeit ein vüegerinne‹ [Nr. 86] eingeschoben); N 6, 7^{1-3}; F 14, 15 (nur Str. II und III).
Edition: nach A, einige Besserungen nach den übrigen Hss.
Lesarten: S. 246 f. *Kommentar:* S. 295.

88 Die zwîvelêre sprechent, es sî alles tôt, I
es lebe nû niemen, der iht singe.
mugen si doch erkennen die gemeinen nôt,
wie al diu welt mit sorgen ringe.
kumt sanges tac, man gehoeret singen unde sagen:
man kan noch wunder!
ich hôrtẹ ein kleines vogellin daz selbe klagen,
daz tet sich under:
›ich singe niht, es welle tagen!‹

Nun wohlan, wollt ihr die Wahrheit sehen, III
gehen wir zum Fest des Mai!
Der ist mit all seiner Macht gekommen.
Seht ihn an und seht edle Damen an,
welches von beiden das andere übertrifft.
Ich habe mir das bessere Teil genommen.
Ach, hieße mich dort einer wählen,
dass ich das eine wegen des anderen lassen müsste,
ob ich dann die rechte Wahl träfe:
Herr Mai, von mir aus könntet Ihr der März sein,
bevor ich meine Dame dort aufgäbe.

38 Die Schwarzseher behaupten, es sei alles tot, I
heute lebe niemand, der etwas singt.
Sie können doch die allgemeine Notlage erkennen,
dass alle Welt mit Sorgen kämpft.
Kommt der Tag des Gesangs, so hört man singen und dichten:
man kann noch jede Menge davon!
Ich hörte ein kleines Vöglein dasselbe beklagen,
das versteckte sich:
›Ich singe nicht bevor der Tag anbricht!‹

Ich wânde, daz si wêre missewende frî, II
nû sagent si mir ein ander mêre.
si jehent, daz niht lebendiges âne wandel sî,
sô ịst ouch mîn frowe wandelbêre.
ich kan aber niht erkennen, waz ir missestê,
wan ein vil kleine:
si schadet ir vîent niht – und tuot ir friunden wê.
lât si daz eine:
swie vil ich suoche, ich vinde niht mê.

Der alsô guotes wîbes gert als ich dâ ger, III
wie vil der tugende haben solde!
nû hab ich leider niht, dâ mittẹ ich si gewer,
wan ob sị ein wênic nemen wolde.
zwô tugende hab ich, der si wîlent nâmen war:
schamẹ unde triuwe.
die schadent nû beide sêre. nû schaden alsô dar!
ich bin niht niuwe:
dem ich dâ gan, dem gan ich gar.

Die schamelôsen scheltent guoten wîben mînen sanc IV
und jehent, daz ich ir übel gedenke.
nû pflihten alle wider mich und haben danc,
er sî ein zage, der dâ wenke.
ob tiutschen wîben ieman ie gesprêche bas?
das ich scheide
die guoten und die boesen: seht, daz ist ir has.
lobtẹ ich die beide
gelîche wol – wie stüende das?

Ich glaubte, sie sei fehlerlos, II
nun erfahre ich etwas anderes.
Man behauptet, nichts Lebendes sei makellos,
also ist meine Dame nicht ohne Makel.
Ich kann nicht erkennen, was ihr nicht gut ansteht,
ausgenommen eine winzige Kleinigkeit:
sie schadet ihren Feinden nicht – und verletzt ihre Freunde.
Lässt sie dies eine sein,
wieviel ich auch suche, ich finde sonst nichts.

Wer eine so edle Frau begehrt wie ich, III
wie viele gute Eigenschaften sollte der besitzen!
Nun habe ich zu meinem Kummer nichts, was ich für sie
leisten könnte,
außer sie ist mit ganz wenigem zufrieden. 4
Zwei gute Eigenschaften besitze ich, die früher etwas galten:
Ehrgefühl und Aufrichtigkeit.
Heutzutage sind die beiden sehr schädlich. Soll es dabei bleiben!
Ich bin nicht modern:
wem ich zugetan bin, dem bin ich das ganz und gar.

Die Ehrlosen tadeln den edlen Frauen gegenüber IV
mein Singen
und behaupten, ich würde schlecht über sie reden.
Sollen sie sich nur gegen mich verschwören – ich bin
ihnen dankbar.
Der ist ein Feigling, der da zurückweicht.
Ob jemals einer die deutschen Frauen mehr gerühmt hat?
Dass ich
die Guten und die Schlechten unterscheide, seht,
dafür hassen sie mich.
Lobte ich sie
unterschiedslos – wie sähe das aus?

Ich bin iu eines dinges holt, Has unde Nît, V
sô man iuch ûz ze botten sendet,
daz ir sô gerne bî den biderben *liuten* sît
und daz ir iuwern herren schendet.
ir spehere, sô ịr nieman stêten muget erspehen,
den ir verkêret,
sô hebt iuch hein in iuwer hûs. es muoz geschehen,
daz ir unêret
verlogen munt und twerhes sehen.

Ich hân iu *gesaget gar*, waz ir missestât, VI
zwei wandel hân ich iu genennet.
nû sult ir ouch vernemen, waz si tugende hât.
der sint ouch zwô, daz ir si erkennet.
ich seit iu gerne tûsent: irn ist niht mê dâ
wan: schoenẹ und êre.
die hât si beide volleklîche. hât si? jâ!
waz wil si mêre?
hie ist gelobt – lobẹ anderswâ!

I: L. 58,21; II: L. 59,19; III: L. 59,10; IV: L. 58,30; V: L. 59,1; VI: L. 59,28.
Überlieferung: C 207–212 [214–219]; B 74–76, 82 (Strophenfolge II V VI; IV); A 6–9 (Strophenfolge I II IV III); E 165–169 (Strophenfolge I II VI III IV); F 23 (nur Strophe I).
Edition: nach C, einige Besserungen nach B und A.
Lesarten: S. 247. *Kommentar:* S. 295 f.

Einer Sache wegen bin ich euch gewogen, Feindseligkeit und Hass, V
wenn man euch nämlich als Kundschafter aussendet,
dass ihr es vorzieht, bei tüchtigen Leuten zu sein
und dass ihr dadurch euren Urheber in Schande bringt.
Ihr Schnüffler, wenn ihr keinen Rechtschaffenen ausspähen könnt,
den ihr verleumdet,
so schert euch nach Haus. Es kann nicht ausbleiben,
dass ihr in Schande bringt
verlogenen Mund und scheelen Blick.

Ich habe euch gesagt, was nicht zu ihr passt, VI
zwei Fehler habe ich euch aufgezählt.
Nun sollt ihr auch hören, welche guten Eigenschaften sie besitzt:
Es sind auch zwei, ihr sollt sie kennenlernen. 4
Ich würde gerne tausend nennen, aber mehr besitzt sie nicht
als Schönheit und Ehrenhaftigkeit.
Die besitzt sie in vollem Umfang. Wirklich? Ja!
Was will sie sonst?
Hier habe ich gelobt – man lobe auch anderswo!

89 Zwô fuoge hân ich doch, swie ungefuogẹ ich sî, I
der hân ich mich von kinde her vereinet:
ich bin den frôn bescheidenlicher fröide bî,
und lachẹ ungerne, swâ man bî mir weinet.
durh die liute bin ich frô,
durh die liute wil ich sorgen.
ist mir anders dannẹ alsô,
was darumbe? ich wil doch borgen.
swie si sint, sô wil ich sîn,
daz si niht verdriesse mîn.
manigem ist unmêre
swaz einem anderen werre:
der sî ouch bî den liuten swêre!

Hievôr dô man sô rehte minneclîchen warb, II
dô wâren mîne sprüche froiden rîche.
sît daz diu *minneclîche* minnẹ alsô verdarp,
sît sanc och ich ein teil unminneclîche.
iemer als ez danne stât,
alsô sol man danne singen.
swennẹ unvuoge nû zergât,
sô singẹ aber von hofschen dingen.
noch kumpt froidẹ und sanges tac:
wol im, derz erbeiten mac!
derz gelouben wolte,
sô erkandẹ ich wol die vuoge,
wennẹ und wie man singen solte.

9 Zwei Vorzüge habe ich doch, wie plump ich auch sein mag, I
die habe ich mir von Kindesbeinen an zu eigen gemacht:
ich geselle mich zu denen, die auf angemessene Weise fröhlich sind
und ich lache dort nicht, wo man in meiner Nähe weint.
Um der Leute willen bin ich fröhlich,
um der Leute willen will ich bekümmert sein.
Ist mir selbst auch anders zumute,
was soll's? Dann will ich mir die jeweilige Stimmung halt leihen.
Wie immer sie sind, so will ich sein,
damit sie sich nicht über mich ärgern.
Manchem ist es gleichgültig,
was einen anderen belastet:
der gebe sich unter den Leuten trotzdem betrübt.

Früher, als man sich noch wahrhaft liebenswürdig verhielt, II
da waren meine Lieder freudvoll.
Seit die wahre Liebe so zugrunde ging,
sang ich teilweise auch unliebenswürdig.
Man soll stets
so singen, wie es gerade zugeht.
Wenn das unhöfische Verhalten aufhört,
singe ich wieder von höfischen Angelegenheiten.
Freude und der Tag des Singens kommen schon noch.
Dem geht es gut, der das erwarten kann!
Man soll es mir glauben,
ich würde schon die passende Gelegenheit erkennen,
wann und wie man singen soll.

Ich sanc hie vor den frowen umbẹ ir blôzen gruoz: III
den nam ich wider mîme lobe ze lône.
swâ ich geltes sô vergebene warten muoz,
dâ lobẹ ein ander, den si gruozen schône.
swâ ich niht erwerben kan
einen gruoz mit mîme sange,
dar wend ich vil hêrscher man
mînen nac oder ein mîn wange.
daz kît: mir ist umbe dich
rehtẹ als dir ist umbe mich.
ich wil mîn lop kêren
an wîp, die danken kunnen.
waz hân ich von den uberhêren?

Ich sagẹ ûch, waz uns den gemeinen schaden tuot: IV
die wîp gelîchent uns ein teil ze sêre,
daz wir in alsô liep sîn ubel alse guot.
seht, daz glîchen nimet uns vroidẹ und êre.
schieden uns diu wîp als ê,
daz och si sich liezen scheiden,
daz gefrumpt uns iemer mê,
mannen unde wîben beiden.
waz stêt ubel, waz stêt wol,
ob man uns niht scheiden sol?
edele wîp, gedenket,
daz ouch die man waz kunnen:
gelîchens ûch, ir sît gekrenket.

Früher sang ich vor den Damen nur für ihren freundlichen Gruß: III
den nahm ich zum Lohn für mein Lob.
Wo immer ich vergeblich auf eine Gegengabe warten muss,
dort lobe der andere, der, den sie freundlich grüßen.
Wo ich
mit meinem Gesang keinen Gruß zu erringen weiß,
dorthin wende ich überaus stolz
meinen Nacken oder die eine Wange.
Das ist zu verstehen als: du bedeutest mir
genauso viel wie ich dir.
Ich will meinen Lobgesang
an Frauen richten, die wissen, wie man dankt.
Was hab ich von den Übervornehmen?

Ich sage euch, was uns allgemein schadet: IV
die Frauen stellen uns teilweise auf eine Stufe,
so dass wir ihnen gleich angenehm erscheinen, ob wir bösartig oder gutartig sind.
Seht, diese Gleichmacherei raubt uns Freude und Ehre.
Würden die Frauen uns wie früher unterscheiden,
so dass auch sie sich unterscheiden ließen,
würde uns das künftig Nutzen bringen,
Männern und Frauen.
Was ist böse, was ist gut,
wenn man nicht zwischen uns unterscheidet?
Edle Frauen, denkt daran,
dass auch die Männer etwas verstehen:
stellen sie euch alle auf die gleiche Stufe, so seid ihr gekränkt.

›Wîp‹ muoz iemer sîn der wîbe hôhste name V
und tiuret baz denne ›vrowe‹, als ich ẹz erkenne.
swâ nû deheiniu sî, diu sich ir wîpheit schame,
diu merke disen sanc und kiese denne.
under frowen sint unwîp
under wîben sint si tiure.
wîbes namẹ und wîbes lîp,
die sint beide vil gehiure.
swiez umbẹ alle frowen var,
wîp sint alle frowen gar!
zwîvellop daz hoenet
alsẹ under wîlen ›frowe‹.
›wîp‹ daz ist ein lop, daz sị alle kroenet.

I: L. 47,36; II: L. 48,12; III: L. 49,12; IV: L. 48,25; V: L. 48,38.
Überlieferung: **A** 85–88 (Str. II–IV; I fehlt); B 72, 73 (nur Str. II und IV); **C** 161–165 [167–171] (Strophenfolge II IV V I III); e 355–359 [unter Reinmar] (Strophenfolge II I IV V III); n III. 17 (nur Str. V).
Edition: nach A mit einigen Besserungen nach BCe, Str. V nach C.
Lesarten: S. 247 f. *Kommentar:* S. 296 f.

›Frau‹ muss in alle Zukunft die höchste Bezeichnung für die Frauen sein v
und ist, soweit mir bekannt, ehrenvoller als ›Dame‹.
Gibt es eine, die sich ihrer Fraulichkeit schämt,
die achte auf diese Strophe und entscheide sich dann.
Unter Damen gibt es viele, die unfraulich sind,
unter Frauen kann es solche nicht geben.
Begriff und Erscheinung der Frau
sind beide wunderschön.
Was immer es mit den Damen auf sich hat,
auch Damen sind doch samt und sonders Frauen!
Zweideutiges Lob entehrt
wie bisweilen die Bezeichnung ›Dame‹.
›Frau‹ ist ein Lob, das sie alle krönt.

Winter- und Sommerlieder, scherzhafte und erotische Lieder

90a Uns hât der winter geschadẹt uber al, I
heide und walt sint beide nû val,
dâ manic stimme vil suossẹ inne hal.
sêhẹ ich die megdẹ an der strâsse den bal
werfen, sô kêmẹ uns der vogele schal.

Möhtẹ ich verslâffen des winters zît! II
wachẹ ich die wîle, sô hân ich sîn nît,
daz sîn gewalt ist sô breit und sô wît.
weis got, er lât ouch dem meien den strît,
sô lisẹ ich bluomen, dâ rîfe nû lît.

I: L. 39,1; II: L. 39,6.
Überlieferung: **C** 126, 127 [132, 133]; B 40, 41.
Lesarten: S. 248. *Kommentar:* S. 297.

Andere Fassung

90b *Wolte* der winter *uns schiere* zergân, I
sô liez ich alle mîn sorgẹ, die ịch hân.
anders hât er mir *niwiht* getân
wennẹ daz er lenget den lieben wân,
mir sol ein *fraudẹ in* dem meyen entstân.

Ich wünsche daz *uns* der winter zergê, II
wennẹ er enhât *der* fraude niht mê
wennẹ kalten wint, *dorzuo* regen und snê.
daz tuot den augen *vil* unsanfte wê.
sêlic *diu* grüene, laup unde clê!

a Der Winter hat uns überall geschadet, I
Heide und Wald sind jetzt entfärbt,
dort, wo viele Stimmen liebevoll ertönten.
Sähe ich erst die Mädchen auf der Straße den Ball
werfen, dann käme uns der Vogelgesang zurück.

Könnte ich den Winter doch verschlafen! II
Wache ich die ganze Zeit, so hasse ich ihn dafür,
dass seine Herrschaft so allgegenwärtig ist.
Weiß Gott, räumt er erst dem Mai das Feld,
dann pflücke ich dort Blumen, wo jetzt Reif liegt.

b Wollte der Winter uns rasch vergehen, I
so ließe ich alle meine Sorgen.
Er hat mir sonst nichts getan,
außer dass er die angenehme Hoffnung in die Länge zieht,
mir würde im Mai Freude erwachsen.

Ich wünschte, dass uns der Winter vergeht, II
denn er hat keine Freude
außer kaltem Wind, Regen und Schnee.
Das tut den Augen sehr unangenehm weh.
Gelobt sei das Grüne, Blätter und Klee!

Möht ich verslâffen des winters zît! III
wachẹ ich die wîle, sô hân ich sîn nît,
daz sîn gewalt ist sô lanc und sô wît.
weiz got, er lât dem meyen den strît,
sô lisẹ ich bluomen, dâ *rîffe nû lît.*

Uns hât der winter geschadẹt über al, IV
heyde und walt die hânt beidẹ ungeval,
dâ manic *stimme* vil suozze erschal.
sehẹ ich die megdẹ an der stražzen den bal
werffen, sô kummet uns der *vogele* schal.

Swaz mir nû wirret, des wirt allez rât! V
swie mir der muot bî der erden nû stât,
noch *kummet, daz in* die sunnen er gât.
tuot man, daz *mir man gelobet* nû hât,
wie hôhe denne mîn hertze *mir* stât!

I: L. 167,1; II: L. 167,6; III: L. 39,6; IV: 39,1; V: L. 167,11.
Überlieferung: **E** 192–196. Die Strophen von CB sind in dieser Fassung Bestandteile eines fünfstrophigen Liedes, dessen Authentizität vielfach angezweifelt wird. Da der Schreiber offenbar nicht durchschaut hat, dass das Lied im daktylischen Rhythmus abgefasst ist, und er auch sonst nicht sehr sorgfältig war, sind einige Texteingriffe unvermeidlich.
Lesarten: S. 248. *Kommentar:* S. 297 f.

Könnte ich den Winter doch verschlafen! III
Wache ich die ganze Zeit, so hasse ich ihn dafür,
dass seine Herrschaft so allgegenwärtig ist.
Weiß Gott, räumt er erst dem Mai das Feld,
dann pflücke ich dort Blumen, wo jetzt Reif liegt.

Der Winter hat uns überall geschadet, IV
Heide und Wald haben Unglück,
dort, wo viele Stimmen lieblich ertönten.
Sehe ich erst die Mädchen auf der Straße den Ball
werfen, dann kommt uns der Vogelgesang zurück.

Was mich jetzt ärgert, das wird alles gut! V
Liegt meine Stimmung nun auch am Boden,
es kommt noch so, dass sie sich zur Sonne erhebt.
Erfüllt sich das, was man mir jetzt versprochen hat,
wie fröhlich ist dann mein Herz!

91 Muget ir schouwen, was dem meigen I
wunders ist beschert?
seht an pfaffen, seht an leigen,
wie daz alles vert.
grôz ist sîn gewalt:
in weis, ob er zouber kunne.
swar er vert in sîner wunne,
dâ ist nieman alt.

Uns wil schiere wol gelingen, II
wir suln sîn gemeit,
tanzen, lachen unde singen
âne dörperheit.
wê, wer wêrẹ unfrô?
sît diu vogellîn alsô schône
singent in ir besten dône,
tuon wir ouch alsô.

Wol dir, meige, wie dû scheidest III
alles âne has!
wie wol du die bluomen kleidest
und die heide bas!
diu hât varwe mê.
du bist kurzer, ich bin langer –
alsô strîtent sị ûf dem anger,
bluomen unde klê.

91 Könnt ihr sehen, was dem Mai I
an Wunderbarem beschert worden ist?
Schaut auf den Klerus, schaut auf die Laien,
wie die alle sich bewegen.
Groß ist seine Macht:
ich weiß nicht, ob er sich auf Zauberei versteht.
Wohin er in seiner Pracht kommt,
da ist niemand alt.

Uns will alles gut gelingen, II
wir werden vergnügt sein,
tanzen, lachen und singen
ohne Tölpelhaftigkeit.
Ach, wer wäre da traurig?
Da die Vöglein so schön
in ihrer besten Melodie singen,
tun wir das auch.

Lob gebührt dir, Mai, wie du III
alles friedlich schlichtest!
Wie schön kleidest du die Blumen
und noch schöner die Heide!
Die ist noch bunter.
Du bist kürzer, ich bin länger –
so streiten auf der Wiese
die Blumen und der Klee.

Rôter munt, wie dû dich swachest, IV
lâ dîn lachen sîn!
scham dich, daz dû mich an lachest
nâch dem schaden mîn.
ist daz wol getân?
ôwe sô verlorner stunde,
sol von minneklîchem munde
solhẹ unminnẹ ergân.

Das mich, frowe, an fröiden irret, V
daz ist iuwer lîp.
an iu iemer es mir wirret,
ungenêdic wîb!
wâ nemt ir den muot?
ir sît doch genâden rîche:
tuot ir mir ungẹnêdeklîche,
sô sint ir niht guot.

Scheident, frowe, mich von sorgen, VI
liebet mir die zît –
oder ich muos an fröiden borgen.
daz ir sêlic sît!
muget ir umbe sehen?
sich fröit al diu welt gemeine:
möchte mir von iuch *ein kleine*
fröidelîn geschehen!

I: L. 51,13; II: L. 51,21; III: L. 51,29; IV: L. 51,37; V: L. 52,7; VI: L. 52,15.
Überlieferung: C 175–180 [181–186]; A 43–46 (Strophenfolge: II I III VI, unter Liutold von Seven); M 151a (III), 169a (IV); s 41^{5} (V).
Edition nach C, einige Besserungen nach A.
Lesarten: S. 248 f. *Kommentar:* S. 298.

Roter Mund, wie verzerrst du dich, IV
unterlass dein Lachen!
Schäm dich, dass du mich
schadenfroh auslachst.
Gehört sich das?
O weh, die vergeudete Zeit,
wenn aus einem so reizenden Mund
solche Unfreundlichkeit kommt!

Was mir, Herrin, die Freude vergällt, V
das seid Ihr.
Euretwegen bin ich so durcheinander,
Frau, ungnädige!
Weshalb seid Ihr so launisch?
Ihr seid doch sonst so voller Güte:
handelt Ihr an mir so ungnädig,
so seid Ihr nicht gut.

Erlöst, Herrin, mich von meinen Sorgen, VI
macht mir die Jahreszeit zur Freude –
oder ich muss mir die Freude anderswo leihen.
Seid glücklich!
Könnt Ihr Euch umsehen?
Alle Welt ist voll Freude:
könnte mir doch von Euch ein kleines
Stückchen Glück zuteilwerden.

92 Dô der sumer komen waz I
und die bluomen dur daz gras
wunneclîchen sprungen,
aldâ die vogele sungen,
dar kom ich gegangen
an einen anger langen,
dâ ein lûter brunnẹ entspranc.
vor dem walde waz sîn ganc,
dâ diu nahtegale sanc.

Bî dem brunnen stuont ein boum, II
dâ gesach ich einen troum,
dô kom ich von der sunnen
gegangen zuo dem brunnen,
daz diu linde mêre
den küelen schatten bêre.
bî dem brunnen ich gesaz,
mîner swêrẹ ich gar vergaz,
schier entslief ich umbe daz.

Dâ bedûhte mich zehant III
wie mir dienten alliu lant,
wie mîn sêle wêre
ze himel âne swêre –
und doch der lîp solte
gebâren swie er wolte.
dâne waz mir niht ze wê.
got der waldes swiez irgê:
schôner troum enwart nie mê.

2 Als der Sommer angekommen war I
und die Blumen durch das Gras
freudvoll heraussprossen,
dorthin, wo die Vögel sangen,
kam ich
auf eine ausgedehnte Wiese,
auf der eine klare Quelle entsprang.
Längs des Waldrandes nahm sie ihren Lauf,
dort, wo die Nachtigall sang.

Neben der Quelle stand ein Baum, II
dort hatte ich ein Traumbild,
als ich aus der Sonne,
zu der Quelle gekommen war,
damit eine herrliche Linde
kühlen Schatten gäbe.
Ich hatte mich an die Quelle gesetzt,
all meinen Kummer vergaß ich
und rasch schlief ich deshalb ein.

Da schien mir sogleich, III
dass alle Leute mir dienten,
dass zwar meine Seele
ohne jede Beschwernis im Himmel sei –
dass aber der Leib sich dennoch
nach Belieben verhalten konnte.
Da erging es mir nicht übel.
Gott möge entscheiden, wie es ausgehen soll:
einen schöneren Traum gab es nie.

Gerne slief ich iemer dâ, IV
wan ein unsêligiu chrâ,
diu begonde schrîen.
daz alle chrâ gẹdîen
alsẹ ich in des gunne!
sie nam mir michel wunne,
von ir schrîen ich erschrac.
wan daz dâ niht steines lac,
sô wêre es ir suontac.

Wan ein wunderaltes wîp V
diu getrôste mir den lîp,
die begond ich eiden.
nû hât si mir bescheiden
waz der troum bediute.
daz hoeret, lieben liute:
zwên und einer daz sint drî.
dannoch seite si mir dâbî,
daz mîn dûmẹ ein vinger sî.

I: L. 94,11; II: L. 94,20; III: L. 94,29; IV: L. 94,38; V: L. 95,8.
Überlieferung: **A** 139–143; C 77–81 [76–80]; U^{x} 7–11.
Edition: Vorlage *AC, ediert nach A mit Besserungen nach C.
Lesarten: S. 249. *Kommentar:* S. 298.

93 Diu welt waz gelf rôt unde blâ, I
grüenẹ in dem waldẹ und anderswâ,
diu cleine vogele sungen dâ.
nû schrîet aber die nebelcrâ.
phligt sị iht ander varwe? jâ!
sist worden bleich und ubergrâ.
des rimphet sich vil menic brâ.

Gerne hätte ich ewig da geschlafen, IV
hätte nicht eine verfluchte Krähe
da gekrächzt.
Möge es allen Krähen so ergehen,
wie ich es ihnen wünsche!
Sie raubte mir große Freude,
denn ihretwegen schreckte ich auf.
Hätte ein Stein da gelegen,
wäre es ihr Jüngster Tag gewesen.

Eine uralte Frau V
tröstete mich jedoch,
die befragte ich unter Eid.
Nun hat sie mir
den Traum gedeutet.
Hört, liebe Leute:
zwei und eins macht drei.
Außerdem sagte sie mir bei der Gelegenheit,
dass mein Daumen ein Finger ist.

93 Die Welt war strahlend rot und blau, I
grün im Wald und überall sonst,
die kleinen Vöglein sangen dort.
Nun krächzt wieder die Nebelkrähe.
Hat die Welt jetzt etwa eine andere Farbe? Ja!
Sie ist bleich und grau in grau.
Deshalb ziehen viele die Brauen hoch.

Ich saz ûf eime grüenen lê, II
dâ entsprungen bluomen unde clê
zwischen mir und eime sê.
der ougenweidẹ ist dâ niht mê!
dâ wir schappel brâchen ê,
dâ lît nû rîf unde snê –
daz tuot den vogellînen wê.

Die tôren sprechent: ›snîa snî‹, III
die armen liutẹ: ›ôwê ôwî‹ –
des bin ich swêr alsam ein blî.
der wintersorge hân ich drî.
swaz der under andern sî,
der wurdẹ ich alse schiere vrî,
wêr uns der sumer nâhe bî.

Ê dannẹ ich lange lebt alsô, IV
den crebz wolte ich ê ezzen rô.
sumer, machẹ uns aber vrô,
dû zierest anger unde lô.
mit den bluomen spilt ich dô,
mîn herze swebt in sunnen hô,
daz jaget der winter in ein strô.

Ich bin verlegen als Êsaû, V
mîn sleht hâr ist mir worden rû.
suozer sumer, wâ bist dû?
jâ sêhẹ ich gerner veltgebû
dannẹ ich langẹ in selcher drû
beclemmet wêrẹ als ich bin nû:
ich wurdẹ ê munich ze Toberlû.

I: L. 75,25; II: L. 75,32; III: L. 76,1; IV: L. 76,8; V: L. 76,15.
Überlieferung: A 147–151; C 265–269 [283–287].
Edition: Vorlage *AC, ediert nach A, Besserungen nach C.
Lesarten: S. 249. *Kommentar:* S. 298 f.

Ich saß einst auf einem grünen Hügel, II
dort sprossen Blumen und Klee
zwischen mir und einem Teich.
Diese Augenfreude gibt es dort nicht mehr.
Dort, wo wir Blumen für ein Kränzchen pflückten,
liegen nun Reif und Schnee –
das quält die Vöglein.

Die Dummen rufen: ›Es schneit, es schneit!‹, III
die armen Leute: ›O weh, o weh!‹
Deshalb bin ich bleischwer.
Drei Wintersorgen habe ich.
Was die neben anderen Sorgen betrifft,
so würde ich von denen sofort befreit,
käme uns bald der Sommer.

Bevor ich noch lange so lebte, IV
würde ich lieber den Krebs roh essen.
Sommer, mach uns wieder froh,
du schmückst Wiese und Gebüsch.
Damals spielte ich mit Blumen,
mein Herz schwebte hoch in der Sonne.
Der Winter jagt es auf den Strohsack.

Ich bin verschlafen wie Esau, V
mein glattes Haar ist struppig geworden.
Herrlicher Sommer, wo bist du?
Ja, ich sähe es lieber, dass die Felder bestellt werden
als dass ich länger in eine solche Falle
eingeklemmt wäre wie jetzt:
lieber wäre ich Mönch in Dobrilugk.

94a In einem zwîvellîchen wân I
was ich gesessen und gedâhte,
ich wolte von ir dienste gân,
wan das ein trôst mich wider brâhte –
trôst mag es niht geheizen, *ôwê des*!,
es ist vil kûmẹ ein *kleines* troestelîn,
sô kleine, swenne ichs iuch gesagẹ, ir spottet mîn.
doch frowet sich lüzel ieman, er enwisse wes.

Mich hât ein haln gemachet vrô, II
er giht ich süle gnâde vinden.
ich maz das selbe kleine strô,
als ich hie vor gesach bî den kinden.
hoeret unde merket, ob sis denne tuo:
si tuot, sin tuot, si tuot, sin tuot, *si tuot.*
swie dikẹ ich alsô mas, was ie das ende guot.
das troestet mich – dâ hoeret ouch geloube zuo!

Swie liep si mir von herzen sî, III
sô mac ich doch wol erlîden,
das ich ir sî *zen* besten bî.
ich darf ir *werben* dâ nit *nîden.*
ich enmac, als ich erkenne, des gelouben niht,
das *siẹ* ieman sanftẹ in zwîvel bringen müge.
mir ịst liep, das die getrogenen wissen, *was sie trüge*,
und alze lanc, *dazs* iemer rüemig man gesiht.

I: L. 65,33; II: L. 66,5; III: L. 66,13.
Überlieferung: C 442–444 [465–467].
Lesarten: S. 250. *Kommentar:* S. 299.

In zweifelnder Hoffnung I
saß ich und überlegte,
ob ich mich von ihr trennen solle,
doch brachte eine Zuversicht mich davon ab –
Zuversicht kann man es unmöglich nennen, ach!,
es ist weniger als ein kleines Zuversichtchen,
so klein, dass ihr über mich spottet, wenn ich es euch verrate.
Doch freut niemand sich grundlos.

Mich hat ein Strohhalm froh gemacht, II
er behauptet, ich würde erhört.
Ich maß diesen kleinen Halm so ab,
wie ich es früher bei den Kindern gesehen habe.
Hört und passt auf, ob sie mich wirklich liebt:
Sie liebt mich, sie liebt mich nicht, sie liebt mich, sie liebt mich nicht, sie liebt mich.
Wie oft ich auch so abmaß, das Ende war stets gut.
Das schenkt mir Zuversicht – dazu gehört allerdings auch der Glaube.

Wie von Herzen lieb sie mir auch ist, III
so kann ich es doch aushalten,
dass ich unter den besten Bewerbern um sie bin.
Ich brauche deren Bemühungen nicht zu verdammen.
Ich kann eigentlich nicht glauben,
dass einer sie leicht verunsichern könnte.
Mir ist angenehm, dass die, die da getäuscht sind, wissen, was sie täuscht,
freilich dauert es mir schon allzu lange, dass prahlerische Kerle sie ansehen.

Andere Fassung

94b Dô got geschuof sô schônẹ eyn wîp, I
dô schuof er ir sô schône synne,
daz man sie lobet vuor manigen lîp:
ir schônẹ ist ûzen, tump darynne!
wie sol ich die irwerben, die sô recht sêlich ist?
mit mîner sêldẹ irworbẹ ich lutzel dâ.
ich wil mich rechtẹ an ir genâde lân: jâ,
daz ist mîn enderât und ouch mîn endelist.

In eynem *twybellîchen* wân II
was ich gesezzen unde dâchte
ich wolte ûz ir dieneste gân,
wen daz ein trôst mich wider brâchte.
trôst nemac ez nicht geheyzen, ôwê des!
ez ist vil kûmẹ eyn kleines trôstelîn,
sô kleyne, swen *ichs* iu gesagẹ, ir spottet mîn.
doch vrewet sich neman nichtes, erne wizze wes.

Mich hât ein halm gemachet vrô, III
er *giht* ich süle genâde vinden.
ich maz das selbe kleyne strô
als ich hie vuor sach von den kynden.
nû hôret unde merket, ob siez denne tuo:
si tuot, si netuot, si tuot, *si netuot, si tuot.*
swie dickẹ ichz alsô maz, sô waz ie daz ende guot.
das trôstet mich – dâ hôrt ouch geloube *tzuo*!

I: L. 189,1; II: L. 65,33; III: L. 66,5.
Überlieferung: **O** 40–42; F 20–22.
Lesarten: S. 250. *Kommentar:* S. 299.

b Als Gott eine Frau von solcher Schönheit erschuf, I
da schenkte er ihr solche Klugheit,
dass man sie mehr als viele andere lobt
(Ihre Schönheit ist außen, im Inneren ist sie noch unerfahren.)
Wie werde ich die erringen, die so begnadet ist?
Bei meinem Glück kann ich dort wenig ausrichten.
Ich will mich ganz auf ihre Gnade verlassen, ja,
das ist mein endgültiger Beschluss und meine letzte Weisheit.

In zweifelnder Hoffnung II
saß ich und überlegte,
ob ich mich von ihr trennen solle,
doch brachte eine Zuversicht mich davon ab –
Zuversicht kann man es unmöglich nennen, ach!,
es ist weniger als ein kleines Zuversichtchen,
so klein, dass ihr über mich spottet, wenn ich es euch verrate.
Doch freut niemand sich grundlos.

Mich hat ein Strohhalm froh gemacht, III
er behauptet, ich würde erhört.
Ich maß diesen kleinen Halm so ab,
wie ich es früher bei den Kindern gesehen habe.
Hört und passt auf, ob sie mich wirklich liebt:
Sie liebt mich, sie liebt mich nicht, sie liebt mich, sie liebt mich nicht, sie liebt mich.
Wie oft ich auch so abmaß, das Ende war stets gut.
Das schenkt mir Zuversicht – dazu gehört allerdings auch der Glaube.

95 Herzeliebez vrowelîn, I
got gebe dir hiutẹ und iemer guot!
kund ich baz gedenken dîn,
des het ich willeclîchen muot.
waz mac ich nû sagen mê,
wan daz dir nieman holder ist? ôwê, dâ von ist mir vil wê!

Si verwîzent mir daz ich II
nider wende mînen sanc.
daz si nicht versinnent sich,
waz liebe sî, des haben undanc!
sie getraf diu liebe nie,
die dâ nâch dem guotẹ und nâch der schoene minnent –
wê, wie minnent die!

Bî der schône ist dicke haz, III
zuo der schône nieman sî ze gâch.
liebe tuot dem herzen baz,
der liebe gêt diu schône nâch.
liebe machet schôner wîp,
des mac die schône niht getuon, sine machet nimmer lieben lîp.

Ich vertragẹ als ich vertruoc IV
und als ich immer wil vertragen.
dû bist schônẹ und hâst genuoc,
waz mugen si mir dâvon gesagen?
swaz si sagen, ich bin dir holt
und nim dîn glesîn vingerlîn vur einer kuneginne golt.

95 Herzlich geliebte kleine Dame, I
Gott schenke dir heute und immerdar Glück!
Wüsste ich meine Gedanken über dich besser auszudrücken,
so wäre ich gern dazu bereit.
Was kann ich jetzt weiter sagen
als dass niemand dir mehr zugetan ist? Ach, dadurch habe ich viel zu leiden!

Sie tadelten mich dafür, dass ich II
meine Lieder an jemand richte, der nicht von Stand ist.
Dass sie nicht verstehen,
was wirkliche Liebe ist, dafür sollen sie verwünscht sein.
Die ergriff die Liebe niemals,
die wegen Besitz und Schönheit lieben. Ach, was ist das für eine Liebe!

Mit der Schönheit ist oft Hassenswertes verbunden, III
der Schönheit laufe keiner zu eilig nach.
Liebe ist besser für das Herz,
der Liebe folgt die Schönheit.
Liebe verschönt die Frauen,
das ist der Schönheit unmöglich, sie schenkt niemals ein liebendes Herz.

Ich halte den Vorwurf aus, so wie ich ihn immer ausgehalten habe IV
und wie ich ihn auch künftig aushalten will.
Du bist schön und bist reich genug,
was können sie mir schon darüber sagen?
Was immer sie sagen, ich bin dir gut
und schätze dein gläsernes Fingerringlein mehr als den Goldring einer Königin.

Hâst dû triwẹ und stêticheit, V
sô bin ich dîn ânẹ angest gar,
daz mir iemer herzeleit
mit dînem willen widervar.
hâst aber dû der zweier niht,
sô muozest dû mîn niemer werden – ôwê dannẹ,
ob daz geschiht!

I: L. 49,25; II: L. 49,31; III: L. 50,1; IV: L. 50,7; V: L. 50,13.
Überlieferung: **A** 121–125; E 58–62; G 4–7; C 166–170 [172–176] [die Strophen III und IV sind vertauscht]; O 18 (nur v. 5 f.) – 22 [Strophenfolge: I IV II III V]; s (Zitat aus Str. 4).
Edition: nach A, einige Verbesserungen nach den übrigen Handschriften.
Lesarten: S. 250 f. *Kommentar:* S. 299 f.

96 Bin ich dir unmêre, I
des enweis ich niht: ich minne dich.
eines ist mir swêre:
du sihest bî mir hin und uber mich.
daz solt dû vermîden.
ine mac niht erlîden
selke liebẹ âne grôssen schaden.
hilf mir tragen, ich bin ze vil geladen!

Sol daz sîn dîn huote, II
daz dîn ouge mich sô selten siht?
tuost dû daz ze guote,
sône wîssẹ ich dir dar umbe niht.
sô mît mir daz houbet –
daz sî dir erloubet! –
und sich nider an mînen fuos,
sô dû bas enmugest: das sî dîn gruos.

Besitzt du Treue und Beständigkeit, V
so habe ich deinetwegen keine Angst,
dass mir jemals Herzeleid
durch dich absichtlich widerfährt.
Besitzt du aber die beiden nicht,
so könntest du niemals die Meine werden – o weh, was dann?

Ob ich dir gleichgültig bin, I
weiß ich nicht: ich liebe dich.
Eines bekümmert mich:
du schaust an mir vorbei und über mich hin.
Das sollst du unterlassen.
Es ist mir unmöglich,
eine solche Liebe ohne großen Schaden zu ertragen.
Hilf mir tragen, ich bin zu schwer beladen.

Ist das Vorsicht, II
dass du deine Augen nie auf mich richtest?
Handelst du so in guter Absicht,
so tadle ich dich deshalb nicht.
Schau mir einfach nicht ins Gesicht –
das soll dir erlaubt sein –,
sondern blicke auf meinen Fuß,
wenn nichts Besseres möglich ist: das sei dein Liebesgruß.

(Sie beginnent alle III
mîner füezze, frauwe, nemen war
mitten in dem schalle.
sô sich, frauwe, auch under wîlen dar.
ümme die merkêre
lâ dir sîn ummêre:
den grîffẹ ich wol nâher baz.
daz versuochẹ alrêrst, sô denne daz.)

Swannẹ ichs alle schowe, IV
die mir suln von schulden wol behagen,
sô bist dûs mîn frowe.
daz mag ich wol âne rüemen sagen.
edel unde rîche
sint si sumelîche,
darzuo tragen si hôhen muot:
lîhte sint si besser – dû bist guot!

Frowe, dû versinne V
dich, ob ich dir zihte mêre sî.
eines friundes minne
diu ist niht guot, dâ sî ein ander bî.
minnẹ entouc niht eine,
si sol sîn gemeine,
sô gemeine, daz si gê
dur zwei herzen und durh dekeines mê.

I: L. 50,19; II: L. 50,27; III: L. 177,1; IV: L. 50,35; V: L. 51,5.
Überlieferung: C 171–174 [177–180] (ohne Str. III); B 85, 86 (Str. V I); E 63–66 (Strophenfolge I V II III); s 41^1 41^2 41^3 (Strophenfolge IV II V).
Edition: nach C mit einer Besserung nach B, Str. III nach E.
Lesarten: S. 251. *Kommentar:* S. 300.

(Sie schauen alle III
auf meine Füße, Herrin,
mitten im Tanzgetümmel.
Da schau, Herrin, ab und zu auch hin.
Um die Aufpasser
brauchst du dich nicht zu kümmern:
mit denen befasse ich mich näher.
Probier das zuerst, dann wird jenes erledigt.)

Wann immer ich die alle mustere, IV
die so sind, dass sie mir gefallen könnten,
so bist und bleibst du doch meine Herrin.
Das kann ich sagen ohne anzugeben.
Edel und vornehm
sind viele davon,
außerdem frohgestimmt.
Vielleicht sind sie vornehmer – du aber bist gut.

Herrin, überlege, V
ob ich dir einigermaßen etwas bedeute.
Die Liebe eines einzelnen Liebenden
ist unzureichend, dazu muss ein zweites Teil kommen.
Einseitige Liebe führt zu nichts,
sie muss gegenseitig sein,
so gegenseitig, dass sie
durch zwei Herzen geht, jedoch durch keines weiter.

97 ›Nement, frowe, disen cranz‹, I
alsô sprach ich zeiner wolgetânen maget,
›sô zieret ir den tanz
mit den schônen bluomen als irs ûffe traget.
het ich vil edele gesteine,
daz müest ûf ûwer houbet,
obẹ ir mirs geloubet.
sênt mîne trûwe, daz ich ez meine.

Frowẹ, ir sît sô wolgetân, II
daz ich ûch mîn schappel gerne geben wil,
daz *beste*, daz ich hân.
wîzer unde rôter bluomen weiz ich vil
die stênt sô verrẹ in jener heide.
dâ si schônẹ entsprungen
und *die vogele* sungen,
dâ suln wir si brechen beide.‹

Si nam daz ich ir bôt III
einem kinde vil gelîch, daz êre hât.
ir wangen wurden rôt,
same diu rôse, dâ si bî der lilien stât.
des erschampten sich ir liehten ougen,
doch neic si mir vil schône –
daz wart mir ze lône.
wirt mirs iht mêre, daz tragẹ ich tougen.

Mich dûhte daz mir *nie* IV
lieber wurde danne mir ze muote waz.
die bluomen vielen ie
von den boumen bî uns nider an daz graz.
seht, dô muostẹ ich von fröiden lachen!
dô ich sô wunneclîche
waz in troume rîche,
dô taget ez und muozẹ ich wachen.

›Nehmt, Herrin, diesen Kranz‹, I
so sprach ich zu einem schönen Mädchen,
›dann schmückt Ihr den Tanz
mit den schönen Blumen, wie Ihr sie im Haar tragt.
Hätte ich viele Edelsteine,
die müssten auf Euer Haupt –
das dürft Ihr mir glauben.
Seid versichert, dass ich das möchte.

Herrin, Ihr seid so schön, II
dass ich Euch meinen Blumenkranz gern schenken will,
den schönsten, den ich habe.
Ich weiß, wo viele weiße und rote Blumen blühen,
die stehen weit draußen auf jener Heide.
Dort, wo sie schön gesprossen sind
zum Gesang der Vögel,
da werden wir sie pflücken.‹

Sie nahm, was ich ihr anbot, III
wie ein junges Mädchen von höfischem Anstand.
Ihre Wangen erröteten
wie die Rose neben der Lilie.
Dabei richteten ihre leuchtenden Augen sich verschämt zu Boden.
Doch verneigte sie sich sehr anmutig vor mir –
das wurde meine Belohnung.
Bekomme ich mehr, halte ich das geheim.

Mir schien, dass ich nie IV
glücklicher wurde als damals.
Die Blüten fielen ununterbrochen
neben uns von den Bäumen auf das Gras.
Seht, da musste ich vor Freude lachen!
Als ich so glücklich,
so reich im Traum war,
da brach der Tag an und ich musste aufwachen.

Mir ịst von ir geschehen, V
daz ich disen sumer allen meiden muoz
vastẹ under dịụ ougen sehen:
lîhte wirt mir eine, sô ịst mir sorgen buoz.
waz obe si gêt in disem tanze?
frowe, dur iuwer güete
ruket ûf die hüete!
ôwê, gesêhẹ ichs under cranze!

I: L. 74,20; II: L. 75,9; III: L. 74,28; IV L. 75,1; V: 75,17.
Überlieferung: **A** 134–138 [Strophenfolge: I II III V IV]; C 262–264 [280–282], 372/373 [388/389] (neben 263 [281] steht ein Verweiszeichen auf 372 [388]) [Strophenfolge wie A]; E 51–54 (nur Strophen I–III, V).
Edition: Vorlage *AC, ediert nach A mit Besserungen nach C. Die überlieferte Strophenfolge V IV erscheint wenig sinnvoll, deshalb ist in den meisten Editionen die Abfolge beider Strophen umgedreht, so auch hier. Denkbar ist, dass die Strophen IV und V alternativ verwendet wurden. Dafür könnte auch die in E überlieferte Fassung sprechen, in der IV ausgelassen ist.
Lesarten: S. 251. *Kommentar:* S. 300 f.

98 ›Under der linden I
an der heide,
dâ unser zweier bette was,
dâ mugent ir vinden
schône beide
gebrochen bluomen unde gras.
vor dem waldẹ in einem tal,
tandaradai,
schône sanc diu nahtegal.

Mir ist von ihr widerfahren, V
dass ich diesen Sommer allen Mädchen
tief in die Augen schauen muss:
wird jene mir zuteil, dann bin ich meinen Kummer los.
Vielleicht ist sie ja bei diesem Tanz dabei?
Meine Damen, seid so freundlich,
schiebt Eure Hüte zurück!
Ach, sähe ich sie doch mit dem Kranz!

8 ›Unter der Linde I
auf der Heide,
dort, wo unser beider Lager war,
da könnt ihr beides finden:
auf angenehme Weise
geknickte Blumen und niedergedrücktes Gras.
Vor dem Wald in einem Tal,
tandaradei,
sang schön die Nachtigall.

Ich kan gegangen II
zuo der ouwe,
dô was mîn vriedel komen ê.
dâ wart ich enpfangen,
hêre frowe!,
daz ich bin sêlig iemer mê.
kuster mich? wol tûsentstunt,
tandaradei,
seht, wie rôt mir ist der munt.

Dô hât er gemachet III
alsô rîche
von bluomen eine bettestat.
des wirt noch gelachet
inneklîche
kumt iemen an daz selbe pfat.
bî den rôsen er wol mac,
tandaradei,
merken wâ mirs houbet lac.

Das er bî mir lêge, IV
wessez iemen,
nû enwelle got, sô schamt ich mich.
wes er mit mir pflêge,
niemer niemen
bevinde daz wan er und ich
und ein kleines vogellîn,
tandaradei,
daz mac wol getriuwe sin.‹

I: L. 39,11; II: L. 39,20; III: L. 40,1; IV: L. 40,10.
Überlieferung: C 128–131 [134–137]; B 42–45.
Edition: Vorlage *BC, ediert nach C mit Besserungen nach B.
Lesarten: S. 251 f. *Kommentar:* S. 300 f.

Ich kam II
zu der Wiese,
da war mein Liebster schon da.
Da wurde ich empfangen,
heilige Jungfrau!,
dass ich allzeit glücklich bin.
Küsste er mich? Unzählige Male,
tandaradei,
seht nur, wie rot mein Mund ist!

Da hatte er III
ein prunkvolles
Lager aus Blumen gemacht.
Darüber wird noch immer
von Herzen gelacht,
kommt jemand auf diesem Weg daher.
An den Rosen kann er genau,
tandaradei,
erkennen, wo mein Kopf lag.

Dass er bei mir lag, IV
wüsste das jemand –
das verhüte Gott! – so würde ich mich schämen.
Was er mit mir machte,
niemals
finde einer das heraus, außer ihm und mir
und einem kleinen Vöglein,
tandaradei,
das aber kann schweigen.‹

Auseinandersetzungen mit Dichterkollegen

99 In dem dône: Ich wirbe umb alles daz ein man

Ein man verbiutet ein spil âne pfliht I
des im nieman wol gevolgen mag.
er giht, wennẹ sîn ougẹ ein wîb ersiht,
si sî sîn ôsterlîcher tag.
wie wêrẹ uns andern liuten sô geschehen,
solten wir im alle sînes willen jehen?
ich bin der eine, ders versprechen muos:
besser wêre mîner frowen senfter gruos!
dâ ịst mates buos!

›Ich bin ein wîb dâ her gewesen II
sô stêtẹ an êren und ouch alsô wol gemuot.
ich trûwẹ ouch noch vil wol genesen,
daz *mit* selkem stelne nieman keinen schaden tuot.
swer aber küssen hie ze mir gewinnen wil,
der werbẹ es mit vuogẹ und ander spil.
ist, daz es im wirt *ie* sâ,
er muos sîn iemer sîn mîn diep und habe ims dâ
und legẹ es anderswâ.‹

I: L. 111,22; II: 111,32.
Überlieferung: C 379, 380 [395, 396].
Lesarten: S. 252. *Kommentar:* S. 302 f.

9 Im Ton: Ich bemühe mich um alles, was ein Mann

Ein bestimmter Mann bietet, ohne dass es nötig wäre, in einem Spiel so hoch, I
dass es niemandem möglich ist, ihm zu folgen.
Er behauptet, wann immer er eine gewisse Frau erblickt,
sie sei seine Osterfreude.
Was wäre mit uns anderen,
würden wir ihm beipflichten?
Ich bin's, der widersprechen muss:
besser wäre für meine Dame ein angemessenerer Gruß!
Das bedeutet die Aufhebung des Schach-Matt-Gebotes!

›Ich bin bisher eine Frau gewesen II
von unbezweifeltem Ansehen und guten Mutes.
Ich traue mir zu, mich auch weiterhin davor zu bewahren,
dass mir durch einen solchen Diebstahl jemand schadet.
Wer immer aber hier von mir einen Kuss erlangen will,
der bemühe sich darum mit Anstand und mit anderem Treiben.
Geschieht es, dass er ihm plötzlich zuteilwird,
ist er für mich fortan ein Dieb, und er behalte den Kuss
und lege ihn anderswo hin.‹

100 Ôwê daz wîsheit unde jugint, I
dez mannes schône noch sîn tugint
niht erbin sol, sô ie der lîp irstirbit!
daz mac wol clagin ein wîsir man
der sich dez schadin virsinnin kann:
Reimâr, was guetir kunst an dir verdirbit!
dû solt von schuldin iemir dez giniesin,
daz dich dez tagis nie wolti virdriessin,
dun sprêchis ie den vrowin *wol* [Lücke]
dez süln si iemir danken dîner zungin –
und hettis andirs niht won eine rede gisungin:
›sô wol dir wîb, wie reinẹ *ein* nam‹, du *hettest alsẹ* gistritin
an ir lob, daz elliu wîb dir iemir ginâdin soltin bittin.

Dêst wâr, Reimâr, du rûwes mich II
michel harter den ich dich
ob dû lebtes und ich wêrẹ erstorben.
ich wils bî mînen trûwen sagen:
dich selben wil ich luzel clagen,
ich clagẹ dîn edel kunst, daz sị ist verdorben.
dû kundest allẹ der welte frode mêren,
sô dûs zu guoten dingen woltust kêren.
mich rûwet dien wol redender munt und dîn vil suozer sang,
daz der verdorben ist bî mînen zîten.
daz dû niht eine wîle mochtust bîten!
sô leistẹ ich dir geselleschaft, mîn singen ist niht lang.
dîn sêle müeze wol gevarn und habe dîn zunge danch!

L. I: 82,24; II: L. 83,1. *Ton:* Leopoldston.
Überlieferung: **a** 22, 23; C 31 (nur Str. II).
Edition: nach a, einige Besserungen nach C.
Lesarten: S. 252. *Kommentar:* S. 302f.

O weh, dass Weisheit und Jugend, I
männliche Schönheit und gute Eigenschaften
sich nicht vererben, wenn der Mensch stirbt!
Darüber kann, wenn er klug ist, der klagen,
der den Schaden begreift:
Reimar, wie viel erlesene Kunst geht mit dir zugrunde!
Du sollst mit Recht allzeit dafür gerühmt werden,
dass es dich niemals verdross,
gut über die Damen zu sprechen.
Dafür sollen sie deinem Gesang stets dankbar sein –
und hättest du nichts anderes als das eine Lied gesungen:
›Gepriesen seiest du, Frau, wie rein ist schon dieser Begriff‹,
du hättest in einer Weise
für ihren Ruhm gekämpft, dass alle Frauen fortwährend
für dein Seelenheil beten sollen.

Es stimmt, Reimar, ich trauere um dich II
viel mehr als du um mich trauern würdest,
wenn du lebtest und ich wäre gestorben.
Ich will ganz aufrichtig bekennen:
um dich selbst will ich nicht weiter klagen,
ich klage über deine edle Kunst, dass die zugrunde gegangen ist.
Du wusstest aller Welt ihre Freude zu vermehren,
wenn du dein Singen edlen Dingen zuwenden wolltest.
Ich trauere um deinen wohlberedten Mund und um deinen
herrlichen Gesang,
dass die zu meinen Lebzeiten dahingegangen sind.
Warum hast du nicht noch ein bisschen gewartet!
Dann hätte ich dir Gesellschaft geleistet, mein Singen dauert
nicht mehr lange.
Deiner Seele möge es wohl ergehen, für deine Kunst
sei bedankt!

101 Ôwê hovelîches singen, I
daz dich ungefüege doene
solten ie ze hove verdringen!
daz die schiere got gehoene!
owê daz dîn wirdẹ alsô geliget!
des sint alle dîne friundẹ unfrô.
daz muos eht alsô sîn, nû sî alsô.
frô Unfuoge, ir habt gesiget.

Der uns fröide wider brêhte, II
diu rehte und gefüege wêre,
hei, wie wol man des gedêhte,
swâ man von im seite mêre!
es wêrẹ ein vil hovelîcher muot,
des ich iemer gerne wünschen sol.
frowen und hêrren zême es wol.
owê, daz es nieman tuot!

Die daz rehte singen stoerent, III
der ist ungelîche mêre
danne die es gerne hoerent.
doch volgẹ ich der alten lêre:
ich enwil niht werben zuo der mül,
dâ der stein sô riuschent umbe gât
und daz rat sô mangẹ unwîse hât.
merkent, wer dâ harpfen sül!

Oweh, höfisches Singen, I
dass dich grobe Melodien
je vom Hof verdrängen sollten!
Möge Gott die umgehend in Schande bringen!
Ach, dass dein Ansehen so darniederliegt!
Darüber sind alle deine Freunde unglücklich.
Aber es muss halt so sein und dabei bleibt es.
Frau Grobheit, Ihr habt gesiegt.

Wenn uns einer die Freude zurückbrächte, II
die anständig und passend ist,
hei, wie würde man ihn rühmen,
wo immer man auf ihn zu sprechen käme.
Das wäre höfische Gesinnung
wie ich sie mir allzeit sehnlich wünsche.
Sie würde zu den Damen und den Herren gut passen.
O weh, dass niemand das tut!

Von jenen, die das wahre Singen stören, III
gibt es ungleich mehr
als von denen, die es lieben.
Doch ich halte mich an die alte Regel:
ich will mich nicht in der Mühle anstrengen,
in der der Mühlstein sich rauschend dreht
und das Mühlrad viele Misstöne erzeugt.
Seht zu, wer da die Harfe schlagen soll!

Die sô frevenlîchen schallent, IV
der muos ich vor zorne lachen,
daz sị in selben wol gevallent
mit alsô ungefüegen sachen.
die tuont sam die fröschẹ in eime sê,
den ir schrîen sô wol behaget,
daz diu nahtegal dâ von verzaget,
sô si gerne sunge mê.

Der ungefüege swîgen hiesse – V
waz man danne fuoge funde! –
und si von den bürgen stiesse,
daz unfuoge dâ verswunde!
wurden ir die edelen habe benomen,
daz wêrẹ alles nâch dem willen mîn.
bî den gebûren liessẹ ich sî wol sîn,
danne ist si her bekomen.

I: L. 64,31; II: L. 65,1; III: L. 65,9; IV: L. 65,17; V: L. 65,25.
Überlieferung: C 112–116 [117–121]; B 101 (nur Str. V).
Lesarten: S. 252. *Kommentar:* S. 303.

Über die, die so frech lärmen, IV
muss ich zornig lachen,
da sie sich selbst so gut gefallen
mit ihren unpassenden Dingen.
Sie machen's wie die Frösche in einem See,
denen ihr Quaken so gut gefällt,
dass die Nachtigall den Mut verliert,
die gerne weitersingen möchte.

Wenn einer nur die Grobiane schweigen hieße – V
welchen Anstand würde man dann finden! –
und sie von den Burgen herunterjagte,
so dass die Grobheit dort verschwände!
Würde ihr der Rückhalt beim Adel genommen,
entspräche das völlig meinem Willen.
Bei den Bauern ließe ich sie gerne sein,
denn von dort stammt sie ja.

Kreuzzugslieder

Palästinalied
(Melodie zu Nr. 102)

Überlieferung: Z Bl. 1rb unter der Überschrift: *Meister walter von der vogelweide.*
Kommentar: Die zweite Stollenzeile wird am Abgesangsende wiederholt, die beiden Stollen und der Abgesang schließen somit mit dem gleichen Melodieglied. Eine solche Bauform wird als Rundkanzone bezeichnet.

102 Nû alrêst lebẹ ich mir werde, I
sît mîn sundic ouge siht
daz hêre lant und och die erde,
dem man vil der êren giht.
mirst geschehen, des ich ie bat,
ich bin komen an die stat,
dâ got menschlîchen trat.

Schône lant, rîch unde hêre, II
swaz ich der noch hân gesehen,
sô bist dûz ir aller êre.
waz ist wunders hie geschehen:
daz ein maget ein kint gebar,
hêr uber aller engel schar –
waz daz niht ein wunder gar!

Hie liez er sich reine toufen, III
daz der mensche reine sî,
dô liez er sich hie verkoufen,
daz wir eigen wurden vrî.
anders wêren wir verlorn.
wol dir, sper, crûzẹ unde dorn!
wê dir, heiden, deist dir zorn!

Hinnen vuor der sun zer helle IV
von dem grabẹ dâ ẹr inne lac.
des waz ie der vater geselle
und der geist, den nieman mac
sunder gescheiden, dest al ein,
sleht und ebener danne ein zein,
als er Abraham erschein.

2 Nun erst ist mein Leben lebenswert, I
da mein sündiges Auge
das Heilige Land und den Erdboden sieht,
dem man so viel Ehre zuspricht.
Mir ist widerfahren, worum ich immer gebetet habe,
ich bin an die Stätte gekommen,
an der Gott als Mensch wandelte.

Wie viele schöne, reiche und herrliche Länder II
ich auch gesehen habe,
du übertriffst sie alle.
Welches Wunder hat sich hier ereignet:
eine Jungfrau hat ein Kind geboren,
erhaben über der Schar aller Engel –
war das nicht das größte aller Wunder!

Hier ließ der Sündenlose sich taufen, III
damit der Mensch sündelos sei,
daraufhin ließ er sich verkaufen,
damit wir Unfreie frei würden.
Sonst wären wir verlorengegangen.
Gepriesen seiest du, Speer, Kreuz und Dornenkrone!
Weh dir, Heidenschaft, das empört dich!

Von hier fuhr der Sohn zur Hölle IV
aus dem Grab, in dem er gelegen hatte.
Dabei war der Vater stets sein Gefährte
und der Heilige Geist, den
abzutrennen unmöglich ist, alles bildet eine Einheit,
glatter und ebenmäßiger als ein Pfeilschaft,
so wie er Abraham erschien.

Dô ẹr den tievel dô geschande, V
daz nie keiser baz gestreit,
dô vuor er her wider zi lande.
dô huob sich der juden leit,
daz er hêre ir hûte brach
und daz man in sît lebendic sach,
den ir hant sluoc unde stach.

In diz lant hât er gesprochen VI
einen angeslîchen tac,
dâ die witwe wirt gerochen
und der arme clagen mac
und der weise den gewalt,
der dâ wirt an ime gestalt.
wol ime dort, der hie vergalt!

Juden, cristen unde heiden VII
jehent, daz diz *ir* erbe sî.
got sol uns ze reht bescheiden
dur die sîne namen drî.
al diu welt, diu strîtet her:
wir sîn an der rehten ger,
reht ist, daz er uns gewer.

I: L. 14,38; II: L. 16,6; III: L. 15,13; IV: L. 15,27; V: L. 15,34; VI: L. 16,8; VII: L. 16,29.
Überlieferung: Strophen des Liedes sind in 6 Hss. überliefert. Abgesehen von M, wo sich nur Str. I findet, bezeugen die Hss. unterschiedliche Fassungen mit unterschiedlichem Strophenbestand und unterschiedlicher Strophenfolge. Als authentischste Fassung gilt die hier abgedruckte in **A** 50–56. Weitere Fassungen: B 12–17 (6 Strophen); C 21–29 und zwei ungezählte Strophen (11 Strophen); E 201–211 (11 Strophen); Z 4–15 (12 Strophen und die Melodie). In F 10 steht die einzelne Strophe eines Minneliedes im selben Ton.
Edition: nach A, einige Besserungen nach der Parallelüberlieferung.
Lesarten zu den hier abgedruckten Strophen: S. 252 f. *Kommentar:* S. 304.

Als er den Teufel dann zu Schanden gemacht hatte – V
nie hat ein Kaiser besser gekämpft –,
kam er zurück auf die Erde.
Da begann der Kummer der Juden:
dass er, der Erhabene, ihre Bewachung durchbrochen hatte
und dass man ihn danach lebend sah,
er, den ihre Hand geschlagen und durchstochen hatte.

In dieses Land hat er angesetzt VI
den Tag des Jüngsten Gerichts,
dort wird die Witwe gerächt
und kann der Arme seine Klage vorbringen
und die Waise klagt gegen die Gewalt,
die man an ihr verübt.
Wohl dem, der in diesem Leben seine Schuld wieder gutgemacht hat.

Juden, Christen und Heiden VII
behaupten, dies sei ihr Erbland.
Gott soll für uns nach dem Recht entscheiden
im Namen seiner Trinität.
Die ganze Welt kämpft um dieses Land:
unser Anspruch ist berechtigt,
es ist gerecht, dass er es uns zuspricht.

103 Ôwê, war sint verswunden   alle mîne jâr! I
ist mir mîn leben getroumet   oder ist es wâr?
das ich ie wânde, daz iht   wêre, was das iht?
darnâch hân ich geslâffen   und einweis es niht.
nû bin ich erwachet   und ist mir unbẹkant,
das mir hievor was kündic   als mîn ander hant.
liutẹ unde lant dannan ich   von kinde bin *gezogen*,
die sint mir frömde worden,   reht ob es sî gelogen.
die mînẹ gespiln wâren,   die sint trêgẹ undẹ alt.
bereitet ist das velt,   verhouwen ist der walt.
wan das daz wasser fliuzet   als es wîlent vlôs,
für wâr, ich wânde,   mîn ungelüke wurde grôs.
mich grüezet maniger trâge,   der mich bekandẹ ê wol,
diu welt ist allenthalben   ungnâden vol.
als ich gedenkẹ an manigen   wunneklîchen tac,
die mir sint enphallen   als in das mer ein slac:
iemer mêrẹ ôwê!

Ôwê, wie jêmerlîche   junge liute tuont, II
den hô vil niuweklîche   ir gemüete stuont,
die kunnen niuwan sorgen –   ôwê, wie tuont si sô?
swar ich zer werlte kêre,   dâ ist nieman vrô.
tanzen, singen, *lachen*   zergât *mit* sorgen gar.
nie kristenman gesach   sô jêmerlîche *schar*.
nû merkent, wie den frouwen   ir gebende stât,
die stolzen ritter tragent   dörpellîche wât.
uns sint unsenfte brieve   her von Rôme komen,
uns ist erloubet trûren   und fröide gar benomen.
das müet mich *inneklîchen*,   wir lebten ie vil wol,
das ich nû für mîn lachen   weinen kiesen sol.
die wilden *vogellîne*   betrüebet unser clage,
was wunders ist,   ob ich dâ von verzage?

3 O weh, wohin entschwanden alle meine Lebensjahre! I
Hab ich mein Leben geträumt oder ist es Wirklichkeit?
Von dem ich immer glaubte, es existiere, gab es das?
Wenn ja, dann hab ich geschlafen, weiß es aber nicht.
Jetzt bin ich aufgewacht und mir ist unbekannt,
was mir zuvor vertraut war wie meine Hand.
Leute und Land, von denen ich in meiner Jugend weggegangen bin,
die sind mir fremd geworden, als seien sie eine Lüge gewesen.
Meine einstigen Spielkameraden sind träge und alt.
Das Gefilde ist angebaut, der Wald gerodet.
Flösse nicht das Wasser wie früher,
wahrlich, ich glaubte, mein Unglück würde groß.
Mancher grüßt mich kaum mehr, der mich früher gut kannte,
die Welt ist überall voll Undank.
Wenn ich an viele Tage voller Freude denke,
die mir zerronnen sind wie ein Schlag ins Wasser:
immerfort o weh!

O weh, wie kümmerlich verhalten sich die jungen Leute, II
die noch vor kurzer Zeit voller Freude waren,
die können sich nur sorgen – o weh, warum tun sie das?
Wo immer ich hinkomme, da ist niemand fröhlich.
Tanzen, Singen, Lachen gehen völlig in Sorgen unter.
Niemals hat ein Christenmensch eine so kümmerliche Gesellschaft gesehen.
Seht nur, wie der Haarschmuck der Damen aussieht,
die stolzen Ritter tragen rustikale Klamotten.
Böse Schreiben sind uns aus Rom gekommen,
Trauer ist uns erlaubt, Fröhlichkeit ganz untersagt.
Das bedrückt mich im Innersten – wir lebten ja stets sehr gut! –,
dass ich jetzt mein Lachen mit Weinen vertauschen soll.
Die wilden Vögel stimmt unsere Klage traurig.
Wen wundert es, wenn ich deshalb mutlos werde?

was sprichẹ ich tumber man   durch mînen boesen zorn?
swer dirre wunne volget,   der hât jene dort verlorn:
iemer mêrẹ ôwê!

Ôwê, wie uns mit süessen   dingen ist vergeben! III
ich sihe die bittern gallen   mitten in dem honege sweben.
diu welt ist ûzen schoene,   wîs, grüen unde rôt,
und innan swarzer varwe   vinster sam der tôt.
swen si nû verleitet habe,   der schouwe sînen trôst,
er wirt mit swacher buoze   grôzer sündẹ erlôst.
daran gedenkent, ritter,   es ist iuwer ding.
ir tragent die liehten helme   und manigen herten ring,
dar zuo die vesten schilde   und die gewîhten swert.
wolte got, wêr ich   der sigenünfte wert,
sô woltẹ ich nôtig man   verdienen rîchen solt –
joch meinẹ ich nit die huoben   noch der hêrren golt:
ich wolte selbe crône   êwiklîchen tragen,
die möhtẹ ein soldener   mit sînem sper bejagen.
möhtẹ ich die lieben reise   gevarn über sê,
sô woltẹ ich denne singen wol   und niemer mêr ôwê,
niemer mêr ôwê.

I: L. 124,1; II: L. 124,18; III: L. 124,35.
Überlieferung: C 439–441 [462–464]; E 212 (nur Str. I, 1–9, danach Blattverlust); w^x 1 (nur Str. III, 4–12).
Edition: nach C, eine Besserung nach E.
Lesarten: S. 253. *Kommentar:* S. 304 f.

Was sage ich Tor in meinem schlimmen Zorn?
Alle, die der irdischen Freude nachgehen, haben die jenseitige eingebüßt:
immerfort o weh!

O weh, wie wir mit Süßigkeiten vergiftet sind! III
Ich sehe die bittere Galle mitten im Honig schwimmen.
Die Welt ist äußerlich schön, weiß, grün und rot,
doch innerlich von schwarzer Farbe finster wie der Tod.
Jeder, den sie jetzt verführt hat, der blicke auf seine Hoffnung,
er wird durch geringe Buße von großer Sünde erlöst.
Daran denkt, Ritter, es ist euere Sache.
Ihr tragt die glänzenden Helme und viele stählerne Panzerringe,
dazu feste Schilde und geweihte Schwerter.
Wollte Gott, ich wäre der Siege noch würdig,
so wollte ich armseliger Mann mir reichen Lohn verdienen –
ich meine jedoch nicht Landbesitz noch das Gold der Herren:
ich wollte selbst die ewige Krone tragen,
die ein Soldritter mit seiner Lanze erringen könnte.
Wäre es mir möglich, die heilige Kreuzfahrt übers Meer mitzumachen,
so würde ich Freudenlieder singen und niemals mehr o weh,
niemals mehr o weh.

Späte Lieder

104 Ich bin als unschedelîchen frô I
daz man mir wol ze lebenne gan:
tougenlîche stât mîn herze hô –
waz toug zer weltẹ ein rüemic man?
wê den selben, die sô menigen schoenen lîp
habent ze boesen maeren brâht!
(wol mich, daz ichs hân gedâht!)
ir sult si mîden, guotiu wîp!

Ich wil guotes mannes werdekeit II
vil gerne hoeren unde sagen.
swer mir anders tuot, daz ist mir leit,
ich wils ouch alles niht vertragen.
rüemêrẹ und lugenêre, swâ die sîn,
den verbiutẹ ich mînen sanc,
und ist âne mînen danc
obs alsô vil geniessen mîn.

Maniger trûret, dem doch lieb beschiht, III
ich hân aber iemer hôhen muot –
und enhabe doch herzeliebes niht.
das ist mir alsô lîhte guot.
herzeliebes, swaz ich des noch ie gesach,
dâ waz herzeleit mir bî.
liessen mich gedanke frî,
sône wistẹ ich niht umb ungemach.

Als ich mit gedanken irre var, IV
sô wil mir meniger sprechen zuo.
sô swîgẹ ich unde lâssẹ in reden dar.
waz wil er anders, daz ich tuo?
het ich ougen oder ôren danne dâ,
sô kunde ich die rede verstân.
swennẹ ich ir beider niht enhân,
sône kan ich nein, sône kan ich jâ.

4 Ich bin froh, ohne dass es jemandem schadet, I
dass man mir ein gutes Leben gönnt:
im stillen ist mein Herz vergnügt –
wozu taugt in Gesellschaft ein Prahlhans?
Wehe denen, die so manche Schönheit
in Verruf gebracht haben!
(Gut, dass ich das bedacht habe!)
Die sollt ihr meiden, edle Frauen!

Ich will vom Ansehen eines Edelmannes II
sehr gerne hören und will es verbreiten.
Wer mir gegenüber anders handelt, der kränkt mich,
ich will das alles auch keineswegs hinnehmen.
Den Prahlern und Lügnern, wo immer die sind,
verbiete ich, meinen Liedern zuzuhören,
und es ist gegen meinen Willen,
wenn sie auch nur ein bisschen Freude durch mich erlangen.

Mancher ist traurig, obwohl ihm Erfreuliches widerfährt, III
ich aber bin allzeit heiter –
obwohl ich doch keine Herzensfreude habe.
Das kommt mir vielleicht zugute.
Wo immer ich Herzensfreude gesehen habe,
da war für mich Herzeleid dabei.
Ließen meine Gedanken mich in Ruhe,
wüsste ich von keinerlei Kummer.

Lasse ich meine Gedanken schweifen, IV
will mancher mich ansprechen.
Dann schweige ich und lasse ihn drauflosreden.
Will er sonst was, was ich tun soll?
Wären meine Augen oder Ohren bei der Sache,
so verstünde ich sein Gerede.
Wenn ich über die beiden nicht verfüge,
dann kann ich weder ja noch nein sagen.

Ich bin einer, der nie halben tac V
mit ganzen fröiden hât vertriben.
swaz ich fröiden ie dâ her gepflac,
der bin ich eine hie beliben.
nieman kan hie fröide finden, si zergê
sam der liehten bluomen schîn.
dâ von sol daz herze mîn
niht senen nâch valschen fröiden mê.

I: L. 41,13; II: L. 41,21; III: L. 41,29; IV: L. 41,37; V: L. 42,7.
Überlieferung: C 135–139 [141–145]; B 49–51 (nur Str. I II IV); E 12–15 (Strophenfolge II I III IV, Str. V fehlt).
Lesarten: S. 253. *Kommentar:* S. 305.

105 Frô Welt, ir sult dem wirte sagen, I
daz ich im gar vergolden habe,
mîn groeste gültẹ ist abe geslagen,
daz er mich von dem briefe schabe.
swer im iht sol, der mac wol sorgen!
ê ich im lange schuldig wêre,
ich wolt es zeinem juden borgen.
er swîget unz an einen tag,
sô wil er dannẹ ein wette hân,
sô jenr niht vergelten mag.

›Walther, dû zürnest âne nôt, II
dû solt bî mir belîben hie.
gedenke, waz ich dir êren bôt,
waz ich dir dînes willen lie
als dû mich dike sêre bête.
mir was vil inneklîche leit,
das dûs *ie* sô selten tête.
bedenke dich, dîn leben ist guot!
sô dû mir rehte wiedersagest,
sôn wirst dû niemer wol gemuot.‹

Ich bin einer, der nie auch nur einen halben Tag V
in ungetrübtem Glück zugebracht hat.
Was ich an Freuden bisher noch hatte,
von denen bin ich verlassen.
Niemand findet auf Erden Freude, ohne dass sie vergeht
wie der Glanz leuchtender Blumen.
Deshalb soll mein Herz
künftig keine Sehnsucht nach falschen Freuden haben.

5 Frau Welt, sagt dem Wirt, I
dass ich ihm alles bezahlt habe,
meine übergroße Schuld ist getilgt,
damit er mich aus dem Schuldbrief radiert.
Jeder, der ihm etwas schuldet, der darf sich Sorgen machen!
Bevor ich ihm lange etwas schuldig bliebe,
wollte ich lieber beim Juden borgen.
Er schweigt bis zu einem bestimmten Tag –
dann aber will er einen Ausgleich haben –,
wenn es jenem unmöglich ist zu bezahlen.

›Walther, zu zürnst grundlos, II
bleib doch hier bei mir.
Denk dran, welches Ansehen du mir verdankst,
wie oft ich dir nachgegeben habe,
sooft du mich inständig gebeten hast.
Ich habe es von Herzen bedauert,
dass du es so selten getan hast.
Denk dran, du hast es gut!
Kündigst du mir wirklich den Dienst auf,
wirst du nie mehr richtig froh.‹

Frô Welt, ich hân ze vil gesogen, III
ich wil entwonen, des ist zît,
dîn zart hât mih vil nâch betrogen,
wand er vil süesser fröiden gît.
dô ịch dich gesach reht under ougen,
dô waz dîn schouwen wunderlîch
[...] al sunder lougen.
doch was der schanden alse vil,
dô ich dîn hinden wart gewar,
daz ich dich iemer schelten wil.

›Sît ich dich niht erwenden mag, IV
sô tuo doch ein ding, des ich ger:
gedenkẹ an mangen liehten tac
und sich doch underwîlent her,
niuwan sô dich der zît betrâge.‹
daz tet ich wunderlîchen *gerne*,
wan daz ich fürhte dîne lâge,
vor der sich nieman kan bewarn.
got gebẹ iuch, frowe, guote naht!
ich wil ze herberge varn.

I: L. 100,24; II: L. 100,33; III: L. 101,5; IV: L. 101,14.
Überlieferung: C 105–108 [110–113]; A 133 (nur Str. I); w^{x} (Fragment Str. I, 1–3).
Lesarten: S. 253. *Kommentar:* S. 305 f.

Frau Welt, ich habe zu lange an deinen Brüsten gesogen, III
es ist Zeit, mich zu entwöhnen.
Deine Zärtlichkeit hat mich beinahe hinters Licht geführt,
denn sie schenkt viele süße Freuden.
Als ich dir gerade ins Gesicht sah,
da erschien dein Blick wundervoll
[…] ganz ungelogen.
Doch gab es ebenso viel Scheußlichkeit,
als ich dich von hinten sah,
weshalb ich dich allzeit beschimpfen will.

›Da ich dich nicht umstimmen kann, IV
tu doch das eine, das ich mir wünsche:
denke an viele helle Tage
und schau bisweilen herein,
wenigstens dann, wenn dir langweilig ist.‹
Das täte ich sehr gern,
fürchtete ich nicht deine Hinterhältigkeit,
vor der keiner sich zu schützen weiß.
Gott schenke Euch, Herrin, eine gute Nacht,
ich will zur Herberge reisen.

106 Ir reiniu wîb, ir werden man, I
es stât alsô daz man mir muos
êrẹ und minneklîchen gruos
nû volleklîcher bieten an!
des habent ir von schulden nû grôsser reht dannẹ ê.
welt ir vernemen, ich sagẹ iu wes:
wol vierzec jâr hab ich gesungen unde mê
von minnen und als iemen sol.
dô was ich sîn mit den andern geil –
nû enwirt mirs niht, es wirt iu gar.
mîn minnensanc der diene iu dar,
und iuwer hulde sî mîn teil.

Lât mich an einem stabe gân II
und werben umbe werdekeit
mit unverzagter arebeit
als ich von kinde hân getân,
sô bin ich doch, swie nider ich sî, der werden ein,
gnuoc in mîner mâsse hô.
das hazzent die nidern. ob mich daz icht swache? nein.
die werden hânt mich deste bas.
diu werde wirde diu ịst sô guot
daz man irs beste lob sol geben.
ez wart nie lobelîcher leben
denne swâ man dem ende rehte tuot.

Welt, ich hân dînen lôn ersehen: III
swas dû mir gîst, daz nimst dû mir.
wir scheiden alle blôs von dir.
schamẹ dich, sul mir alsam geschehen!
ich hân lîb und sêle – des waz gar ze vil –
gewâget tûsent stunt dur dich.
nû bin ich alt und hâst mit mir dîn gumpelspil,
und zürnẹ ich daz, sô lachest dû.

6 Ihr reinen Frauen, ihr edlen Männer, I
es verhält sich so, dass man mir
Achtung und liebenswürdiges Entgegenkommen
jetzt in noch höherem Maß erbieten muss!
Dazu seid ihr nunmehr von Rechts wegen mehr verpflichtet als früher.
Wollt ihr es hören, so sage ich euch, weshalb das so ist:
vierzig Jahre und länger habe ich
von der Liebe gesungen und davon, wie man sich verhalten soll.
Früher freute ich mich darüber mit den anderen –
nun habe ich nichts mehr davon, es gehört ganz und gar euch.
Meine Liebesdichtung diene künftig allein euch,
mein Anteil sei euere Zuneigung.

Lasst mich an einem Krückstock gehen II
und mich dennoch um Würde bemühen
mit unablässiger Mühe,
wie ich es seit meiner Kindheit getan habe,
so bin ich doch – wie niedergebeugt ich bin – einer der Edlen,
nach meinem Maßstab hinreichend aufrecht.
Die Leute von niedriger Gesinnung ärgert das. Ob mich das etwa herabsetzt? Nein.
Die Edlen schätzen mich umso mehr.
Dauerhaftes Ansehen ist so wertvoll.
dass man es aufs höchste loben soll.
Nie wurde ein Leben mehr gerühmt
als dort, wo man dem Ende gerecht wird.

Welt, ich habe deinen Lohn kennengelernt: III
alles, was du mir gibst, nimmst du mir wieder.
Wir scheiden alle nackt von dir.
Schäm dich, wenn es mir ebenso ergehen wird!
Ich habe Leib und Seele – zu viel davon –
unzählige Male deinetwegen aufs Spiel gesetzt.
Nun bin ich alt und du treibst dein Spielchen mit mir,
und wenn ich zornig bin, dann lachst du.

lachẹ uns eine wîle noch,
dîn jâmertac wil schiere komen
und nimt dir, daz dû uns hâst genomen,
und brennet dich darumbe iedoch.

Mîn sêle muesse wol gevarn, IV
ich hân zer welte manigen lîb
gemachet frô, man und wîb –
kunde ich dar under mich bewarn!
lobe ich des lîbes minne, daz ist der sêle leit
und giht, es sî eine lugẹ, ich tobe.
der wâren minne giht si ganzer stêtekeit,
wie guot si sî, wie sị iemer wer.
lîb, lâ die minne, diu dich lât
und habe die stêten minne wert.
mich dunket, der dû hâst gegert.
diu ensî niht visch unz an den grât.

Ich hât ein schoene bildẹ erkorn, V
und ôwê daz ichs ie gesach
und ouch sô vil zuo ime gesprach!
es hât schoenẹ und rede verlorn –
dâ was ein wunder inne, das fuor ine weiz war.
dâ von gesweic das bildẹ iesâ.
sîn lilienrôse varwe wart sô karcher var,
daz es verlôs smac und schîn.
mîn bildẹ, ob ich gekerchet bin
in dir, sô lâ mich ûs alsô,
daz wir einander vinden frô,
wan ich muos aber wider in.

I: L. 66,21; II: L. 66,33; III: L. 67,8; IV: L. 67,20; V: L. 67,32.
Überlieferung: C 235–239 [243–247]; B 103–107; A 99–103 (Strophenfolge: IV V I III II); w^{x} 2–6 [Fragment] (Strophenfolge I$^{3-12}$ II$^{1f.}$ IV$^{11f.}$ V$^{1-7}$ III$^{8-12}$).
Edition: Vorlage *BC, ediert nach C, Besserungen nach A.
Lesarten: S. 253 f. *Kommentar:* S. 306 f.

Lach nur noch ein Weilchen:
dein Schreckenstag wird bald kommen
und er wird dir rauben, was du uns geraubt hast,
und dafür verbrennt er dich auch noch.

Meine Seele reise angenehm, IV
ich habe auf dieser Welt viele
froh gemacht, Männer und Frauen –
hätte ich nur gewusst, wie ich mein Seelenheil bewahre!
Rühme ich die irdische Liebe, schmerzt das die Seele
und sie behauptet, es sei eine Lüge, ich sei nicht bei Trost.
Der wahren Liebe spricht sie völlige Beständigkeit zu,
wie gut sie ist, wie ewigwährend.
Mensch, lass die Liebe, die dich verlassen wird
und schätze die dauerhafte Liebe.
Mir scheint, die Liebe, nach der du verlangt hast,
die ist nicht Fisch, nur Gräte.

Ich hatte eine schöne Gestalt erwählt, V
o weh, dass ich sie jemals erblickte
und noch dazu so viel zu ihr gesprochen habe!
Sie hat ihre Schönheit und ihre Redegabe verloren –
davon wohnte ein wahres Wunder in ihr, die kam
abhanden, ich weiß nicht wohin.
Davon verstummte die Gestalt sogleich.
Ihre Lilienrosenfarbe wurde so kerkergrau,
dass sie Duft und Glanz verlor.
Du meine Gestalt, wenn ich eingekerkert bin
in dir, so lass mich heraus,
damit wir fröhlich wieder zueinanderfinden,
denn ich muss ja wieder zurück in dich.

Lesarten

Sangsprüche

1. Ich saz ûf eime steine

1 ainem B. 2 do dahte ich BC. 3 min ellenbogen BC. 5 das kinne BC. 7 wes man A. 8 kunde ich mir BC. 12 der ietweders dem andern BC. 16 das mag niht gesin BC. 19 in ainen schrin muogen komen BC. 20 genomen BC. 22 vert] ist BC. 23 sere] baide BC. 24 habent BC; werden BC.

2. Ich hôrte ein wazzer diezen

1 diu wasser BC. 3 sach was C. 4 walt velt BC. 5 fliusset oder BC. 6 und] oder BC. 8 der *fehlt* BC. 11 same] also BC. 13 siu wêren anders ze nihte BC, ze niht A. 14 schaffent BC; guot gerihte BC, geriht A. 15 siu setzent BC. 16 und schaffent BC. 22 cirken A, kilchen B. 24 den weisen BC.

3. Ich sach mit mînen ougen

1–4 *fehlen* A. 1 wib BC. 4 Ich horte in rome liegen A. 5 kriegen C. 8 iemer *fehlt* BC. 9 der begonde sich A. 10 die pfaffen A. 11 daz waz A; vor] von A. 14 leien] lere A. 15 diu leiten dernider A. 16 und griffen A. 20 ich horte verre A. 23 clagete AB. 24 babst C.

4. Dô Friderîch von Oesterrîch alsô gewarp

3 miner B. 12 sigen B.

5. Diu krône ist elter danne der künig Philippes sî

1 kron B, phylippe B. 2 merken und schowen wunder B. 3 ime *fehlt* B. 4 zimet der krone wol B. 5 ze reht si nieman von ain ander B. 6 ietweders tugende niht des andern swachet B. 7 siu liuchtent B. 8 wider] und der tugenthafte man B. 9 die] ir B. 10 nu *fehlt* B. 11 an sinem nake B.

6. Es gieng eines tages, als unser hêrre wart geborn

2 megde B. 3 phylippe B. 4 da gieng] er ist beidiu B; eins] ist B. 5 wete B; der namen zwene B. 6 er truog den zetmen und des riches krone B. 7 vil lise] gemach B. 10 diu vröide was da nien anderswa B. 11 düringen B.

7. Künig Constantîn, der gab sô vil

3 stuol] stuont C.

8. Nû wachet! uns gêt zuo der tac

1 wacht D. 2 man angest D; des angest vil wol haben mag B. 3 iude B. 5 da bi wir mugen die warheit spehen B. 6 mit warheit hat] wol an den buochen kan B. 7 der sunne hat sinen B; verkert D. 8 gerert D. 9 allenthalben] baidenthalben B. 10 an vatter vint untriuwe an sinem kinde B. 11 ain bruoder B. 12 manic geistlich orden D, gaistlich leben in kutten B. 13 uns *fehlt* B. 14 unreht gewalt der dringet balde fuor gerihte B. 15 wol hin D, nu wol uf B; ze vil] genuog B.

9. Philippe, künig hêre

2 heiles] heldes BC. 3 und wol den lip nah leide A. 5 dar zuo BC. 6 du gip diu A. 7 der milten lon ist so diu A. 14 do gap si] und gap si ime AB.

10. Philippes künig, die nâhe spehenden zîhent dich

1 Künig phylippe diu anesehenden B. 2 duo siest dankes niht so milt des dunket mich B. 3 so ane dank dir ist nihr kunt umbe ere B. 4 dankes gerner B. 6 wie gebende hant erwirket lop und ere B. 7 des spricht der wise Salatin B. 8 künges hende sollten alles dürgel sin B. 9 da von so wurde ir hohes lop geminnet B. 10 seht an den von engellant B. 11 wie tiur der wart erlost von siner gebenden hant B. 12 frume bringet B.

11. Wir suln den kochen râten

4 vursten] wursten A. 5 snider A. 6 einer A. 12 an der AC. 14 verlure A.

12. Hêrre keiser, sît ir willekomen

1 herre] der A; ir sint B. 2 des küniges BC. 4 ist kreftig guotes BC. 5 ir vüllent B. 6 so mugent ir BC; rehten C. 9 und habent BC; üwerren kunft arebaitet B.

13. Hêr keiser, ich bin frônebotte

3 ir habt (hab C) die ere (erde C) ir hant daz AC. 6 lasterlichen AC. 10 iu *fehlt* A. 11 da vogt A.

14. Hêr keiser, swenne ir Tiuschen fride

2 machet C. 9 des herzeichen AC. 12 waz wirde stüende C.

15. Nû sol der keiser hêre

8 prieweten A. 14 dro] diu C.

17. Ich hân gemerket von der Seine unz an die Muore
1 gemerken A. 2 den treben A; al ir vuore A. 3 ruochet B; erwirbet] gewinnet A. 4 hovescher muot A. 7 gewalticlichen A; zuo dem künige sitzen gat BC. 8 zuo den fursten zu den kunigen A. 9 roemisches B. 10 enbist A; habst A.

18. ›Sît willekomen, hêrre wirt!‹, dem gruosse muos ich swîgen
1 wil ich A. 3 heim und wirt A. 4 man sich] ich mich A; vil dike B. 5 nu muoze ich geleben A; ouch] noch A. 6 daz er mir same A. 7 hie] hete A; sit morgen dort] vart morgen vruo A. 9 schach und gast A. 10 herre] nu A.

19. Hêrre bâbest, ich mag wol genesen
4 wie wir des keisers C. 5 den gotes C. 8/9 swer dich segne daz der gesegent si C.

20. Dô gottes sun hie in erde gie
1 do] des A. 3 same tatens eines A. 5 dem riche] dem künege A. 6 do brach er in die huote und al ir lage A. 8 hinne] hie A. 12 sin küneges reht A; das] swaz A.

21. Got gît ze künege swen er wil
1 swaz er wil A. 6 selbes A. 10 ode] e AC.

22. Der stuol ze Rôme ist nû alrêst berihtet rehte
1 alrest *fehlt* C; ist nu] stat alrest B; reht B. 2 als er hie vor mit ainem zoberer hies gerbreht B. 3 selbe *fehlt* B; niht] nieman B. 4 nu sich dirre und alle cristenhait ze valle B; geben BC. 5 wan alle zungen rueffent hin ze himel wafen B. 6 si] und B. 9 roubet hie und mordet dort B. 10 ist ze ainem wolve im worden B.

23a/b. Ahî, wie kristenlîche nû der bâbest lachet
23a. 6 vüllen wir die] müelin in ir C. 8 welschen] valschen C.
23b. 1 wie] die A. 5 wasten] wusten A. 8 welschen] wehsel A. 10 die *fehlt* A; leigen] legen A. 11 swelhen] swehen A. 13 tasten] staten A.

24. Sagent an, hêr Stoc, hât iuch der bâbest her gesendet
2 ir] er C; pfendet] pfende (*unterpungiert*) swendet C.

25. *Wir clagen alle und wissen doch niht, was uns wierret*
3 hart B.

26. *Diu cristenhait gelepte nie sô gar nâch wâne*
1 gelept B. 2 sinnen B.

27. *Ir bischofe und ir edelen pfaffen, ir sît verleitet*
2 seret C, seren A. 3 sancte A. 7 leret A; more AC. 8 leset AC. 9 kardenele A. 10 traffe A.

28. *Swelh herze sich bî disen zîten niht verkêret*
2 sit do A. 3 got des minne A. 5 do] daz AC. 10 clage] trage A.

29. *Ich hân hern Otten triuwe, er welle mich noch rîchen*
1 des hern A, er enmache (mache w^{xx}) mich noch riche Aw^{xx}. 2 daz er minen dienstman so tougenliche A, sit daz min dienest nam so truogenliche w^{xx}. 3 ald *fehlt* Aw^{xx}; zelone Aw^{xx}; dem künige Vrideriche A, den khuninc Vriderische w^{xx}. 4 kleiner] noch minner w^{xx}. 5 es ensi A, iz ne si w^{xx}; des altes spruches welle wesen vro w^{xx}. 6 sinen lieben sun A, ein wiser man lerte sinen lieuen s. w^{xx}. 7 boestem] beste A. 8 her Otte] ich hotte A. 9 wente w^{xx}; so sere boesen A. 10 ir sit C, sit irz A, nu sit der beste w^{xx}.

30. *Ich wolte hern Otten milte nâch der lenge messen*
10 gnos] gros C.

31. *Von Rôme voget, von Pülle künic, lât iuch erbarmen*
1 Zuo Rome w^{xx}Z; ain vogt B; tzuo Pulle Z; ain künig B; laz dich w^{xx}Z. 2 daz man mich bi richer kunst leit alsus arm A, das man mich siht bi richer kunst sus armen B, sol ich bi so richer khunst sus armen (alsus verarmen Z) w^{xx}Z. 3 ich wollte gerne und moht es sin B; eigem A, eigen w^{xx}, eygenen Z. 4 f. zahiu wie ich danne sunge von der haide und von den vogelinen als ich wilent sank B. 4 zai A, zahuy w^{xx}Z. 5 und von der heyde Z. 6 wip] vrowe B; denne gebe ABw^{xx}Z. 7 giklien und rosen B, rosen unde lylien Z; wangel A, wangen w^{xx}Z. 8 gast khumet spate und ridet vor w^{xx}Z, sus rite ich fruo und kume niht hain B. 9 wol] baz Bw^{xx}Z; von der haide und von dem B. 10 bedenke A; daz aliuwer Z.

33. *Ir fürsten! die des küniges gerne wêren âne*
1 werent C.

34. Mehtiger got, dû bist sô lanc und bist sô breit
I: 1 und bist] bist B. 8 guoch C; betage B.
II: 4 f. *fehlen* B. 9 unreine C.
III: 4 sich] si C.
IV: 2 ich ir hant B. 3 singe B. 4 waren] weren C. 5 in erste gelt] ir erste teil C.
V: 1 do] so BC. 2 irre C. 3 goteshuserere BC.

35. Ir fürsten, tugendet iwer sinne mit reiner güete
1 tugent C.

37. Ob ieman spreche, der nû lebe
11 die malhen von den stellen lern C.

38. Mir ist verspert der sêlden tôr
1 verspart D. 7 f. osterrich: gelich. 9 und ouch. 10 er ist ein wünnevroude berndiu h. D. 11 man mac da bluomen brechen wunder D. 12 wurde mir ein blat D. 13 und gebe mir das sin milte hant D. 14 so wolt D; di liehten ougenweide D.

39. Herzoge ûz Ôsterrîche, lâ mich bî den liuten
1 herzoge] Liupolt C. 2 mir] min C; bi *fehlt* A. 3 du wünschest min ze walde ich was bi liuten ie C. 4 bidder manne] ebenre man C; du weist ioch wie C. 5 mir] mich C; so tuost in leide C. 6 vil *fehlt* C; darzuo] und ouch C. 7 da müessest du mit fröiden leben wie hast du sus getan C. 8 daz ich dich C. 9 mir] mich C. 10 in] dan C; so han wir wunne beide C.

40. Der hof ze Wiene sprach ze mir
2 nu solt ich D. 4 hie bevor do was min vröide gros D. 5 niender] nieman D. 6 wan artuses hof D. 7 wa sint nu D. 8 bi mir] an mir D. 9 wie rehte iemerlich ich ste D. 10 so] unt D. 11 mich minnet D. 12 silber golt ros unde cleider D. 13 hat ouch] gap noch D.

41. Herzoge ûz Oesterrîche, ez ist iu wol ergangen
3 hoch] doch AC. 5 drigen A. 8 wol] vol C.

42. In nomine domini wil ich beginnen, sprechet âmen
1 dumme B; ich wils B; sprechen A. 2 des *fehlt* A. 3 gesinge A. 5 hovelich da her B. 6 mit der] bi der B; so bin B; nu *fehlt* B. 7 unhoveschen A; da ze hove werder sint B. 8 die mich eren solten die unerent mich B. 9 herzog

liutpolt us Oe. B. 10 dune] diu A; mich ez A; zunge A; du wendest es allaine min zunge verkeret sich B.

43. *Nû wil ich mich des scharpfen sanges ouch genieten*
5 hoffchen A. 6 gewunne uch A. 8 singen *fehlt* C. 10 vinde] und A; hoffchen A.

44. *Der in den ôren siech von ungesühte sî*
12 stuont B.

45. *Ich bin des milten lantgrâven ingesinde*
1 lantgrave A. 3 iedoh] e doh C. 4 ez *fehlt* AC.

46. *Mir hât ein liet von Franken*
2 missener C^1C^2. 3 vert] wert A. 4 ich enkan in A, ichn kans ym Z. 10 got muoze ime erenneren A. 11 darzuo vliz und selden vluz A. 12 iht wildes und sinen schuz A. 13 sines] sin A. 14 derhelle A; schelle A.

47. *Der Mîssenêre solde*
9 erlazet A. 12 straze CA. 13 so ist A; genuog CA. 14 gewarte.

48. *Ich hân dem Mîssenêre*
10 vuoge niht A. 11 iht] reht CA. 13 wan] waz CA.

49. *Von Kölne werder bischof, sint von schulden frô!*
6 küniges] künig ist C.

51. *Vil wol gelopter got, wie selten ich dich prîse*
1 hohgelopter Btw^{xx}; wie] vil t; prys t. 2 und ich doch von dir han baidiu wort und wise B, und hab doch von dir wort werck synn und wyse t, went ich von dir doch han (*bricht ab*) w^{xx}. 3 tar t; so gevreveln] iemer iht gefreveln B, dann als frevelich getan t; dym rys t. 4 ich tuon niht rehter werke noch enhan niht waren minne B, ich halt herre nit din gebot nach diner waren mynne t, der waren minne A. 5 gein dem ebencristen min noch herre got gein dir t, gen minen B; herre vatter B; gein dir B. 6 ir kainem wart ich nie so holt so ich bin mir B, ir wart mir keiner me so liep alz ich bin mir t; so mir *fehlt* A. 7 got vatter und din sun din geist verriht mir mine sinnen B; *die ganze Z. lautet*: daz ist mir leit t; minen sin A. 8 solde] sol Z, mocht t; mir] vil C; übel] leyde t. 9 ich muoz e ienen han lieber vil der myr tuot guot Z, ich muos dem iemer holder sin

B, ich müß doch de holder sin t; ist] tut t. 10 verzych mr herre got on daz myn sunde wann ich gewyn gar kum den mut t, vergent mir B; ander C; ich muoz e haben Z, wan ich han noch B.

53. *Mir hât her Gêrhart Azze ein pfert*
12/16: ab: stab C.

55. *Swer âne vorhte, hêrre got*
2 sprichet gerne diu gebot D. 3 rehtiu] warin D. 5 mine D. 6 diu grozen wort mit D. 7 gelichen dingen D. 8 diu] si D. 10 scheiden D. 11 swa er] swer C. 12 und her er ir nit lebendic künde D. 13 e daz gewürme D. 14 und *fehlt* D. 15 lebenden D.

56. *Was wunders in der werlte vert!*
2 uns ist D. 4 guoten sin D. 5 guot] schatz D. 6 von sin D. 9 ist daz der riche nit eren gert D. 11 sere] starke D. 12 also ze guote gepflihtet D. 13 der beider D. 15 er si des guotes hie gewert D.

57. *Swer houbetsünde und schande tuot*
2 mit sinen wizzen unbehuot D. 3 den sol man niht zehant gar wissen nennen D. 5 der daz an im weiz und sich's verstat D. 6 der mac in vür toren D. 7 die wisen minnent C. 8 also gotes D. 9 vip C. 12 und ouch ienr derz im prise D. 14 ein] iht D. 15 der ist D; witzen] sinnen D.

58. *Mit sêlden müesse ich hiute ûf stên*
S unde riten in dem lande swar ich kere D. 15 daz *fehlt* D; göttelich] volliclich D.

59. *Der anegenge nie gewan*
I: 6f. wis: pris C.
III: 7 wem] wen C.

60. *Sô wê dir, Welt, wie übel dû stêst*
1 owe dir D. 2 allez an D. 3 ze liden D. 5 weiz ez wol D. 7 has du uns D. 8 dich] nu D. 9 doch *fehlt* D. sint vil gar] di sint nu D. 15 ouch *fehlt* D.

61. *Jung man, in swelher aht dû bist*
1 junge man B. 5 volge B. 6 und tuost du das es frumpt dich B. 7 der rede la du dich B. 8 und las D, und last B; dirs] dir B; iht laiden B. 9 fröide]

ere B. 10 du es danne minnen al ze sere B. 11 da mitte verliusest du B. 12 nu volge B. 13 und lege B. 14 ouch] es B. 15 also di maze D, reht alze die masse eht ie B.

62. Die vetter hânt ir kint erzogen

1 habent D. 2 dar ane D. 4 der leret D. 5 versumet. 6 des sint di ungebatten gar ane ere D. 7 bevor da D. 10 so] gar D. 11 nu spottent also D. 14 nu] in D; rechent danne D.

63. Wer zieret nû der êren sal?

3 unhübscher D. 5 hat] pfligt D. 6 unfuoge] unfuore D. 10 reine] guote D. 11 we ir hiute we ir haren D. 14 den schanden D. 15 di maniger ane not uf sich leit D.

65. Nieman kan mit gerten

I: 1 kan] mach α. 2 erherten α. 3 wer sich selver priemen mach α. 7f. nieman kan beherten / kindes zuht mit gerten C.

III: 8 *Zeile fehlt* C.

IV: 7 oder] alder C.

66. Got weis wol, mîn lob wêre iemer hovestête

1 nu weiz got wol Z; das min lop B, das ich t; iemer stete C, gerne hofe stete t. 2 der mich bywilen hofelichen bete t; hovelichen B; 3 mit worten ald mit werken alder mit gewissenen rete B, mit gebere und mit gewisser rede und myt getete Z, mit worten und mit wercken und mit gerete t. 4 mir gruset BZt; lechere C. 5 hoeneget C; galle t. 6 armeß fründeß grüssen sollte sin ane alle missetat t. 7 süesse] luter B luter] liebe B, der] eyn Z, daz ymmer kündet lutter mere Z, recht als ein liehter abent rat der kondet schone mere t. 8 lachelichen C, lechelich alder lach B, man tuo mir lacheliche oder lachen anders wa Z, lachet mich eynre lechelichen an oder lachet er anderswo t. 9 swes] dez t; wil] wolle t. 10 von yme neme ich woreß nein für dry gelogen ya t, siben gelogen Z. – *Handschrift* o *bietet einen stark veränderten Text, Abdruck bei Lachmann/Cormeau, S. 55 im Lesartenapparat.*

67. Swâ der hôhe nider gât

3 da] daz C.

68. Ich muoz verdienen swachen has

2 leren *fehlt* C. 9 wol *fehlt* C.

69. Durchsüesset und geblüemet sint die reinen frowen

3 noch *fehlt* C. 4 unde *fehlt* C. 6 fröiden C. 7 sihet C.

70. Vil süessiu frowe hôhgelopt mit reiner güete

2 vreudeberndes] berndes C. 6 lit] git C.

71. Diu minne lât sich nennen dâ

1 nennen] nemin a. 5 huotin uwer guotin wip a. 6 kinden] torin a. 9 f. man sihet dicke in schonin bilde falsin lip a. 11 wie] wa a; wa] wie a. 12 ir uwer minnenclichez lachen reht mitte daz es u zheme a. 13 swer] der a. 14 so wip so man a.

Lieder

73. Wol mich der stunde, daz ich si erkande

I: 4 des C. 5 enkan C.

75. Frowe, lânt iu niht verdriessen

I: 1 frowen A. 2 mine E. so si A. si] sin E. 3 mohte is A, möht iz E. ich iht A. 4 den besten A. 6 hatte ir danne alse A. 7 wolgetane A. 8 an ir einer E, an uch reiner A.

II: 1 ich muoz iu E. 2 swaz ir wöllent frauwe ob E. 3 an mir gewunnen A. 4 iurem E. 8 reiner lip entoug A, entaug E.

III: 1 so wil ich A. 2 der] zer AE. 4 minneclichen ansehen unde wol E. 5 einer E. 6 umb] nement A, und nemen E. 7 owe frauwe wölt ir minen E.

IV: 1 schauwen unde grüezzen E. 2 swa C. 4 hovelich] vil wol E. 5 *Zeile fehlt* E. 6 sit min guot r. E. 7 nieman weiz ich denne E. 8 neme E.

V: 1 daz wil ich so w. E. 2 in grozze E. 3 des ensol mich nit betragen E. 6 der lip] das leben E. 7 bedürftet.

76. Mich hât ein wunneklîcher wân

I: 3 senclichen A. 5 so enwirt ich ez A. 6 gedaht A. 9 ich ez alle A. 11 von ich A.

II: 1 lebt] liep A. 3 allez *fehlt* AC. 5 phfac A. 9 diu wirt uns A.

III: 2 mich erlost] und endelos AC. 9 ich muze A. 10 nu endarf A. 11 herzen mich A.

78. Ich fröidehelfelôser man

I: 1 freudehelfelorser A, fraudehelfeloser E, frewe dich hilffe loser F. 2 mac A, *fehlt* C. 3 mir doch niht gehelfen E; ez] hoch F. 4 die liute E; awe wie thut die freud also F. 5 io frauwe ich mich der friunde min E; waz] das F. 6 hete ich der eine vornym F; och *fehlt* EF. 7 des. nu A; nun hilffe ich enhan ich rat F. 8 swaz du wöllest E; swie] was F. 9 gnade A; freunde freundes freunde / seint nymant nue genade ume mich hat F.

II: 1 vil fehlt F. 2 von dir verlorn CE. 5 wie sol C, wie mac E. 6 an seiner stat] nimer C, an der stat E; dar] do sie E, al do F. 8 da] daz A; leider alterseine C, du enmacht ir niht e. eine E, du nu mag F; fro Minne A, *fehlt* C. 9 owe] ich wene E, *fehlt* F; ir soltent A; dar] jo F.

III: 1 vil minnekliche minne C; ich wil] ich vüege E. 2 botschaft A, ümme diese botschaft E. 3 noch füegen C, gevuogen *fehlt* E. 4 nu] so E; tugenthafter A. 5 diu lib ist reiner tugende vol C; fröiden] güete E. 6 liuterlicher] luter E; gezieret] getiuret C. 7 gebringest dus an dine C, gedingestu E. 8 gesprechen CE. 9 do ich E, ich ez A.

IV: 1 vil minniclichiu C, gnade riche minne E. 2 warumbe tuost du CE. 3 du twingest hie *fehlt* A; nu] und E. 4 versuoche wer dir CE. 5 nu la schowen ob C, da will ich schowen E; noch] iht C, *fehlt* E; tuogest A. 6 endarf A, du darft CE; jehen] sagen E; in ir herzen muogest A, mügest C. 8 eh A; diep aller m. A, daz vor dir gestuonde du liebe meisterinne C. 8 f. du diebe meisterinne / daz vor dir bestüende. Riune uf sie ist E.

V: 1 diu selde B; sich] sein A, mich B, ümme mich E. 1 f. seint nymant nue genade teylet um mich hat und kert jm den rucke zuo F. 2 si keret C. 3 da enkan si BC; du kanst auch niht erb. dich E, wen mag sie doch erb. sich F. 4 in weis was ich dar umbe tuo CE, ich waiß was ich dorumb thu F; nu ratent friunt was ich es tuo B. 5 gegen] uf gen E, gegen mir auff F. 6 gen Ich hin für ich bin C, ich hin umbe pin doch jmer F. 7 sine ruochet mich niht ane sehen C, si geruochet mich niht ane s B, wie mac sie mich denne anges. E, wenn mag sie mich doch F. 8 ouge B, nekel BC, dem nacke F. 9 so *fehlt* C, geschehen] sehen F.

VI: 2 du doch so C. 9 leben] lieben C.

79. Ein niuwer sumer, ein niuwe zît

IV: 1 niht] nüt i, nüts i². 2 zu werben s². 3 in]ym s²; waz denne lot si in iemer ungewert i i². 4 er turyt dan noch s²; dannoch zieret si sinen l. i i². 5 er tuo s²; er tuege durch die eine so i i². 6 behage i i²; der ander wol behaghe s². 7 lihte machet in der ander vro i i²; der eyne mach im wal machen vro s². 8 die eine i i²; der ander s²; widersaghe s². 10 vil tugende i i²; dar lecht vyl tucht s², licht duegden s[1]. 11 reiner wibe i i[2]; wech (welch s[1]) man eyns reynes s[1] s[2]. 12 schamet i i[2], schemt s[1] s[2].

80. Si wunderwol gemachet wîp

I: 1 si] vil DN; wundern wol D; an tugenden staet Br. 2 ir] ein C, würd von mir h... Br. 3 iren stolczen liebe Br. 4 vil der in A, vil hohe in minen werden C, vil hohen werde in minen sanch N, vil] so Br. 5 in allen ich gerne D; in *fehlt* C. 6 doch] die N. 7 sine D. 8 er *fehlt* N. gar ane D, er vast an Br. 9/10 hab er mit mir gemeine wise und wort lob ich D, die wort / ... er lob die seinen dort B.

II: 1 daz ist DN; wunnerich D. 3 wem möhte CN, wem macht iz Br. 4 doch] ouch CN, wol D. schin] sin A. 5 liuhten A; stern D, sterne N, zwaen stern Br. 6 da *fehlt* D; müest D; noch] dar D 7 mir di so nahen DN. 8 so mac CDN; wol] da DBr. 9 jungen D. 10 und] so DN; senedem siechen gernder D.

III: 1 het D, het het N, beschuf Br. 4 hie – dort] da – da C, so – so D. 4 hie rosen schin D. 5 ichz] ich A. getar von sunden sagen C, torst ich vor den m... Br, getar N. 6 ich sehe si iemer C, s... z (*unleserlich*) si iemir gerner A, immer gern an Br. 8 waz sprich tummer m... Br. 7 danne alle C. himel oder *fehlt* A, himel tagen D. 9 si mir] mir si C; vil lihte mache ich mirz D. 10 mins herzen lob C, so wirt min selbes lop mines seneden h. D, so wirt vil liethe herze lob min herze s. N, des leid ich ser von ir Br.

IV: 1 si hat] si trait Br. 2 und würde mir daz D; noch vur N, für] an Br. 3 so were ich vri vor seneder n. D, sender not Br, uz] von CN. 4 und] ich Br. 5 ob ez di lieb mit willen...let Br, legt A. 6 ... meins herczen ser Br. 5/6 swa (so DN) si daz an ir wengel (wangel N) leget (legt D, lait B) / da (*fehlt* N) wer ich ir gerne (danne N) nahe (nahen DN) bi CDN. 7 ez] daz D, und Br; so mans] als siz D, so siez N. irgen D; rait N. 8 alsam] als C, reht als N; alles] volles CDN. 9 si] diu guote D, zainmal mir Br. 10 swie dicke so siz D, swie dike sis hin CN, so lihte N, wi dikche ... oft gaeb ich iz ir Br.

V: 1 hant A, ir arme ir hende D, ir chinne ir kel NBr; iewer A, ietwer N, itweder ir D. 2 die sint D, der ist N.
3 obe] waz Br; enzwischen C, zwischen DN. 4 so wem N, ich wenne ich nie C, ich waen ich's auch Br; gesehen D. 5 decke] dicke A. 5–8 si sach min niht do si mich schoz / wie ser si in min herze prach / ich het ungerne decke bloz / geschririn do ich sie nachent sach N, ... hiet ungern dekch ploz Br. 6 geruofet C, geruoft D; nakcht Br, nacket *fehlt* D. 7 min] mich C; ir zain der Br. do] swie C. 8 daz mich noch stichet CD; do *fehlt* C; do stach] hercz prach Br. 9/10 swanne ich der lieben stat / gedenke da si us einem reinen bade trat

C, do wart ich so vor der stunde unt der stat / da die reine suoze uz einem bade trat D, daz ich geden… da di lieb auz einem pa… Br. 9 vil seilich si diu stat N.

81. Ob ich mich selben rüemen sol

I: 4 ichz B. 6 hat er BC. 8 unsanfter B. daz] do B.

II: 3 iuch B. 4 joch B. 6 was mag ich sin. hoveschen die minne dar B, was mac ichs höfeschent C. 7 gebents] gents siu B.

III: 3 das ich den mache wider vor B. 5 si das das BC. 10 der von] wan das B. güete] guote B.

IV: 2 ain iuch B. 4 beclaidet B. 5 sinne B; gestephet C. 6 wat *fehlt* C. 7 dis C. 9 wunnecliche] riche C.

82. Die mir in dem winter vroide hânt benomen

I: 1 in dem] disen E. 2 heizzent E. 3 diu *fehlt* E; müezẹ] muoz ACE. 4 gefluochen E. 5 kan E.

II: 1 herzeliebe A, herzekliche C. ouch] doch E. 2 vliehent E. 3 den *fehlt* E. 4 gehoeren E; si A. 5 ime denne dem A, im danne dem C. 6 wesse ich denne E.

IV 1 uf] umb C.

V: 1 nu ratent mir E. 2 ist *fehlt* A. 3 ich enbiuten dir A, in behalde E. 4 ia enwirde ich C, ichn wirde E. 5 tiefen wunden E. 6 diu muoz] müezzen E. si] es C, si enkiusche E. 7–10 *fehlen* E. 8 sten *fehlt* C.

83. Lange swîgen, des hât ich gedâht

I: 1 swigen hete E. 2 nu wil CE. 4wol] noch C. 5 ich wil E, ich sol in C. 6 und swaz si gerne sehen daz wil ich tuon. so süln si aber den minen kumber clagen E. miner A.

II: 1/3 geschehen: an sehen (angesehen E) CE. ist] si C. 2 arbeit A, erbeit E. 3 ein wib diu wil mich niht an s. C. 4 ir werdekeit C. 5 der muot C, ir lop E. 6 ja enweis C. lop] werdekeit C. vil gar zuo gat E.

III: 1 ja herre C, we waz E. si nu C. 3 die si nu C. lebent E. 4 mine A. 5 herze C. 6 des si lihte engeltent scheide ich C, die des engelten. lazzen si mich verderben so E. scheide *fehlt* A.

IV: 1 do mich des duhte C. so] do E. 2 ir] er A. 4 verweinen A. des mac auch sie E. 6 lenbennes A, lebens CE; stirbe aber ich E.

V: 1 sol CE. 2 enjünget E. 3 vil lihte wirt min har E. 4 danne *fehlt* E. 5 uch *fehlt* C. 6 die alten E.

84. Ir sult sprechen willekomen

I: 1 sült alle sprechen E. wilkumme E. 2 uch *fehlt* C; iu niuwe m. E. 3 habent C; vernummen E. 4 dast C, daz ist alles ein E; nu] ir L; fragent C. 5 aber *fehlt* C. 6 und wirt C; ze ihte guot E. 7 vil *fehlt* CE, vil] iu L. 8 mir gebe zuo miete E.

II: 1 tutschen C. 3 aller werlde E. 5 waz wirt mir E. 5f. ze richeme lone / sint si... C. 6 here C; sit sie mir sint E. 7 mere C, me E. 8 wenne E.

III: 2 gern A. 3 müesse C. 4 bringe A; könde ich min hercze ie E. 5 wolte wol AC. 5f. daz mir gevallen / wölte tobende site E. 7 nu waz hülfe E. 8 gat] gefellet mir E.

IV: 1 unz] bis E. 2 uns A; und wider unz in ungerlant C, wider her biz an engellant E. der *fehlt* Uxx. 3 so mugen C, da] siu E. 4 die] daz A; bekant C. 5 rehte *fehlt* C; kente ich rehter frauwen E. 6 gelêssė C. lip] lup A, den lip C. 7 sem mir got *fehlt* A, somer got E, so mir got Uxx. daz da C. 8 anderswa] ander A; schoener sint denne dort die frauwen E.

V: 1 tutsche C. 1–4 falsches [*gemeint:* walsches?] volk ist gar betrogen / si enkünnen eren niht began / tiutsche man sint wol gezogen / recht als engel... 2 reht *fehlt* C. 3 der ist C. gar *fehlt* C. 5 tugent] fraude E. 8 leben] wonen E.

VI: 5f. si kann seren / mir daz... C.

85. Saget mir ieman, waz ist minne?

I: 1 ist] ich F. 2 weiz ich des ein teil *fehlt* AC, wyst ichs ein deil s. so wist ich gerne me As, so west ich gerne ouch darumbe me C. 3 swer sich rehte nu versinne AC, versinne] vˢmermee s. 4 der *fehlt* s; bescheide] berihte AFs, berihte rehte C; tut F, wie tuot si we (so we A) AC. 5 die thut F. 6 vnd thut so wee vnd so heyzzet si niht rechte m. F, rehte *fehlt* E, sone heizzet si niht rehte (*fehlt* C) m. AC, zone heiset nz rechte m. s. 7 sus] soz A, sus weiß niht F; danne *fehlt* E.

II: 1 raten] bitten A. künne E, kunde A. 2 die *fehlt* E; so *fehlt* A; denne *fehlt* ACO. 3 jn jr ist zweier h. F. 4 taylet die gleich F, teilent sie geliche ACO. so ist] sost A. 5 sol sie FO, sol AC; 6 sone O; kans E; so enkan sie alleine ein h. A; enthalten] belten F. 7 owe fehlt FO; woltest ACFO; frauwe] truwe A.

III: 1 trage] frage F, ich eine eine trage A. 2 woltestu FO, wellest AC: mir est an E; helf an der zit ACFO. 3 gar *fehlt* E. 4 so] daz ACFO. endelich EF, endichliche O; ich dir den F. 5 ledic] selic E, und bin von dir ein ledich m. FO, und wirt (wirde C) ein l. m. AC. 6 du solt ACFO; einer E, eines eines A; frauwe *aus metrischen Gründen ergänzt.* 7 nieman (ymant F) lüczel EF, rehte lützel C; baz danne ich AC. geloben] geleben O.

IV: 2 danne O, denn F; er ne sanc ne baz O, er ensanck F. 3 vnd des endanckest F. 4 ich dich aller erst F. so *fehlt* F. 5 wie] wes E; wunschet F. 6 von der] durch die FO; so schone singet E; so] sus O, sust F. 7 hast auch] hastu FO. V: 1 siuren] süezzen E, feüren F. 2 will si] wenet sie FO, wanez si A; ir *fehlt* AC; liep gebe O, lop geb F. 3 solt O. 4 sich kere] wiederkere E, ez wiederkere (gar C) AC; werdekeit AE, unwerdigkeit F. 5 so kunde CFO, so kund A; spehen] sprechen F. 6 owe O; spriche] rede FO; we waz spriche ich wenne. swenne E, orloser und augen ane *fehlt* E; orloser] erloser F, orenlosor A, orenloser C; und *fehlt* AC; ane] an A. 7 swen] swenne E, den AC. die *fehlt* F.

86. Aller werdecheit ein vüegerinne

I: 2 daz sint B, daz *fehlt* E. zwar F. fro B. 3 er] ain BC, vil selig F. 4 der darf sich iwer niht beschamen inne BC, sich nimmer mer geschamen (*Reim zerstört!*) E, nymmer inne F. 5 wird‹ A. beide (*fehlt* C) zehove noch ouch (*fehlt* B) an der strasse BC, ze hofe noch zu strasse E, noch zuhoue komen in der schasse F. 6 so suoch BC, des suoche E, dorumb so gee ich fr. nach ewrem rat F. 7 aber werben F. 8 wirbe ich hohe wirbe ich nider E. 9 ze nider E, vil nacht durch sie tod F. 10 aber fehlt E, zu massen sich F. 11 ir lant (lasset C) mich niender (*fehlt* C) an not BC, unmazze la E, unmassen lang ane n. F.
II: 1 nideriu BC, nider E, in der F. diu so] die da E, so der F. 2 muot] lip BCEF. 3 minne] liebe BCF. unloblich E. 3/4 tuot wee / und lobelichen machet F. 4 reizet] haisset diu da (daz CE) BCE. 5 nach werder liebe BCF. der muot so hohe stiget E, sich auf swinget F. 6 mir *fehlt* C; die wünschent mir E. nun F. 7 mich wundert] nu enwaisse ich BCE, nun waiß ich was F. 8 kumet BE, wenn kumpt F; diu *fehlt* BC; hertzen liebe F; so pin ich F. 9 doch hat min lib C, auge hat E. 11 mir] in F. doch] wol BCE, wol schaden F.

87. Sô die bluomen ûz dem graze dringent

I: 1 dringen B. 2 same] also N. lachen BCE; gen BE, gegen dem C, gegen der N. spilenden E, spildem sunde N. 3 an] gen B. vor A. 4 vogeline N; wol *fehlt* EN; singen B. 5 allerbesten N. chunnent N. 6 waz *fehlt* C. mac] kan B. genozen] gelichen BCE. 8 nu sprechent alle (*fehlt* N) waz BCN. 9 ich lihte waz EN. 10 in *fehlt* C. 11 och *fehlt* E.
II: 1 swa] wo F; frowe schone reine BC, schone *fehlt* N, schone und reine E. 2 gecleit AB, bekleit C. und darzuo C; wol *fehlt* E. 3 vil] den F; gat *fehlt* F. 4 wolgemuot EF; niht eine *fehlt* E. 5 anesehende F, umbesehende ain wenig BC, umbesehen ein cleine E. 6 alsam] alse B, als E, also F; die sunne E; gen B, gein E; den *fehlt* F. dem sterne E. 7 bringet C. der mey der pringt F. al sin *fehlt* F. 8 danne B, *fehlt* CE; wunderliches E, was ist das wunnigliches wunder F. 9 alse B. wunnenclicher E. 11 und schawen an die werden weyp F.

III: 1 nu wol uf wend B, set sam mir welt ir C. nu *fehlt* E. welt] sült EF. 2 so gen B, nu var F; des werden maien B. hohgezit B, hohgeziten E, hochzeit F. 4 nu seht B. werden A, schoene BEF. 5 da] hie B; weder spil daz C. überstrit B; weder ir daz ander widerstrite E, welch ir das ander überstrit F. 6 ob ich das weger spil iht habe g. B, daz weger (beste E) spil ob ich daz han (habe E) g. CE. 7 ahi der mich hie welle niessen B, und der mich danne wellen h. C, hiezi A, hiezze] liesse E. 8 das ain ich durch das ander liessen (hiesse E) BE, liezi A. 9 wie schiere ich das aine für das ander kur B, ahy wie schiere ich danne kur C, owe wie rehte schier ich danne küre E, kure A. 10 müestent CE. 11 min fr. CE. verlure AE. – *In F ist Z. 6–11 zu völligem Unsinn entstellt:* das besser spil ich wil das han ich vernomen / der mir da deinen willen hette / wie störe ich das eine durch das ander lasse / wie rechte schire ich denne kore / her mey ir meister müst sein / er ich dich nicht meine frawe da verlure.

88. Die zwîvelêre sprechent, es sî alles tôt

I: 2 und lebe A, ern lebe E; nu *fehlt* E; iht] niht E. 3 nu mugen AF; erkennen] bedenken A, gedencken EF; not] noch F. 4 ringen F. 5 hoeret A, si horet F, so hoeren E. 6 noch] ouch A, *fehlt* F. 8 ez tet E, es tette F; under under A. 9 e tagen E, ensinge nicht es enwelle F.

II: 3 si jehent *fehlt* A, si sprechent E. 5 ich enkan A; erkennen] erdenken A, gedenken E; daz ir E. 9 ich] sich A, is E; ich envindes A, ich vindes me E; suoche] fluoche C.

III: 2 solde] sol E. 3 ich han aber leider E. 4 obe si ein lützel A, wenn so vil ob sie ein lüeczel wil E; nemen *fehlt* A. 5 dri tugende A, tugenden E; des ich wilent nam war A. 7 die nement beide ein ander schaden war A. 8 *Zeile fehlt* E. 9 swem ich A.

IV: 1 die losen ABE. 3 si phlihten AE. 4 und si A. 5 swer guoten wiben A. 6 wan (wenne E) das ich BE. 6/7 wan daz ich si scheide / die besten von den boesten A. 7 von den boesen E; der haz E. 8 si beide A. 9 we wie stüende E.

V: 3 liuten *fehlt* CB. 4 daz ir *fehlt* B. 9 sehen] seht B.

VI: 1 gar gesaget daz E, geseit BC. 3 so sült E. 4 ouch *fehlt* E. 5 ich spriche ir E; da *fehlt* C. 7 die zwo hat E. 9 wol gelobet BE; lobt sie anderswa E.

89. Zwô fuoge hân ich doch, swie ungefuoge ich sî

I: 3 bescheidelicher e. 4 swa man] so man e. 11 manigen ist die fraude unmere e. 12 *Zeile fehlt* e. 13 der ist e.

II: 1 hie bevor C. minnekliche C, minnenclichen e. 2 spruche A, sprüche ouch BC, sprüche e. frouden rich e. 3 daz *fehlt* e. minnecliche] wunnecliche A, minneklich C. 4 do sanc e. unminneclichen A. 6 mans BC. 7 ungefuoge e. 8 sing] si A, singe e, singe aber ich BC. 10 so wol im e. 11 ders mirs BC; wolte *fehlt* e. 12 ich könde noch e.

III: 1 hie] hiute A; frowen] wiben e. 2 mime] minne A, min e. 3 so] nun C. swa ich nu des geltes vergebene e. 4 grüesse C. 5 erwerben] verdienen Ce. 6 mit mime gesange einen gruoz e. 7 wend] kere C; da neige ich e; herisch e. 9 kit] sprichet Ce. 10 als dich umme mich e. 11 an wip die künnen fraude mern e.

IV: 1 maisten schaden BC. 3 also] als C. alse] als A, also e. 4 gelichen BCe. nimt Ce. 5 scheiden e. 6 si sich ouch Ce. 7 daz gefrumet uns auch immer beiden e, michels me BC. 8 manne A, mannen und wiben *fehlt* e. 10 sit man uns Ce. 11 gedenkent BC. 12 daz sin (si C) och etteswas kunnen BC. waz kunnen] wol kunnent e. 13 getrenket A. gelichen sin iuch ir sint gekrenket B, gelichet sin iuch ir sit gedenket C, gelichen iu ir sit gekrenket e.

V: 2 frowen C. als ihs C. 3 si dekeine, die sich e. 4 kiese ouch C; merke minen rat e. 6 sint die rehten tiuren e. 8 *Zeile fehlt* e. 9 vare e. 10 gare e. 12 wilent C. 13 daz *fehlt* C. lop] name Ce. Daz si alle] der alles C, der sie alle e. – *In n lautet die Strophe:* Wif was ie der hoiste name, / inn priset bas dan vrauwe, als ich it erkenne. // welich wif sich ir wifheit szame, / die hore minen sanc und irkenne denne. // under vrauwen sint unwijf / under wiven sint si du°re. / wives name und wives lijf / dat is vil gehu°re. swie it umbe allen vare, / wip nimpt des hoesten lovis ware. / vrauwen lof, dat honit, / wif is eyn name, dat si alle cronit.

90a/b. Uns hât der winter geschadet uber al

90a. I: 4 megede B.

II: 1 mohte B. 4 dem] den C.

90b. I: 1 wolt E. uns *fehlt* E. schier E. 3 niwiht] niht E. 5 fraude mitten in E.

II: 1 uns *fehlt* E. 2 der *fehlt* E. 3 und dorzuo E. 5 diu] si E.

III: 5 nu der riffe lit E.

IV: 3 stimme inne E. 5 vogel E.

V: 3 kummet die zit E. daz er in E. 4 daz man nu gelobet mir E. 5 owe wie E. mir *fehlt* E.

91. Muget ir schouwen, was dem meigen

I: 1 meien A. 2 leien A. 7 dur sine wunne A.

II: 7 singent in ir] schallent mit ir A.

III: 1 so wol du M. 3 die boume cleidest M, wie du walt und owe cleides A. 7 stritens uf A; dem] den C.

IV: scheme dich swenne du so lachest M. 4 schaden din M. 5 dest niht wolgetan M. 7 minnechlichen M.
V: 1 was mich s. 2 das dut werelich uwer lyp s. 3 aen uch einer is mich wyrret s. 4 vil ongenedich s. 6 ja syt ir s. 7 ongenendeliche s. 8 syt ir dan nicht s.
VI: 3 an *fehlt* A. 6 ir fröit A. 7 von iuch *fehlt* C, ein vil kleine C.

92. *Dô der sumer komen waz*

I: 3 wuneklich entsprungen C, minnichlichen drungen U^x. 4 alda] und C, aldar U^x; vogel C. 5 da kam C, do U^x. 6 an] uf C, durch U^x. 7 luter] küeler C. 8 vor dem walde] dur den anger C. 9 diu nahtegale wol C, dar d. nahtegale U^x.
II: 1 bi dem brunnen] uf dem anger C; boun C. 2 getrounde mir ein troun C. 3f. ich was zuo dem brunnen / gegangen von der sunnen C, ich was von der sunnen / entwichen zu dem br. U^x. 6 mir da schatten C, mir kulen U^x. 7 do ich da gesessen was C. 8 swere] sorge C. gar *fehlt* C. 9 schier entslief ich C, ich *fehlt* A.
III: 2 elliu C, alle U^x; lanc A. 3 und wie C, und er U^x. 5 und wie A. 6 hie leben swie C. 7 da was mir sanfte und niender we C. 8 got bescheide es wie es erge C, g. gewaldez wiez erge U^x. 9 wan besser troun C; newart U^x.
IV: 1 gerne wer C. 2 vil unselig C, unsalig U^x. 3 begunde erschrien C. 4 kran U^x. 5 als ich C. 6 si benam mir C, mir *fehlt* A, nam mir gute w. U^x. 7 schrienne C. erschracht U^x. 8 kein stein enlac C. 9 es wer gewesen ir endes tag C.
V: 1 ein vil wunder altes C, wundren altez U^x. 2 hat getrostet U^x. 4 do begunde si mir bescheiden C. 5 beduhte A, betiute C. 6 das merkent wise liute C, das merken gute l. U^x. 7 zwe U^x. 8 dannoc A, dannoch sagt U^x. 9 min vinger C.

93. *Diu welt waz gelf rôt unde blâ*

I: 3 kleinen C. singent C. 5 varwe da *Reimpunkt* ia A, hat si iht ander varwe ia C. 6 bleich worden C.
II: einem C. 3 eime] ienem C. 4 was da me C. 6 und ouch der sne C.
III: 2 und arme l. owi owi C. 3 des bra ich A. swere C. 4 des winters sorge C. 5 der und ouch der ander C. 6 alse] aller C.
IV: 1 lebt *fehlt* A. 2 e wolde ich essen krebese ro C. 3 aber mache uns aber A. 7 der] den A.
V: 1 als ein su A. 4 gerne C. 5 e daz ich C. lange] lege A. 7 munch C. tobernu A.

94a/b. In einem zwîvellîchen wân

94a. I: 5 owe des *fehlt* C, *ergänzt nach* O (*siehe unten*). 6 kleines *fehlt* C.
II: 1 *zur überlieferten Form* haln *statt* halm *vgl. Paul/Moser/Schröbler, Mhd. Grammatik, Tübingen 1969, § 85* 6 *das letzte* si tuot *fehlt* C. 8 das troestet mich *fehlt* C, *ergänzt nach* OF (*siehe unten*). – *In* C 234 [241] *und* B 102 *findet sich eine Kurzfassung der Strophe:* Mich hât ein halm gemachet frô, / ich wêne ich sul genâde vinden. / swie dike ich maz daz selbe strô / als ich gewon was her von kinden: / sine tuot, si tuot, sine tuot, si tuot, sine tuot, si tuot. / swie ich tet, sô (dô B) wart ie daz ende guot.
III: 3 zem C. 4 weben C. 7 getogenen C; was sie trüge *fehlt* C. 8 das C.
94b. I: 2 geschuff F. er] he O. 4 ist auch tump F. 5 rechte F. 6 erwirbe F. da] dan F. 7 lan F, la O.
II: 1 twybel wan O, zweyffel wane F. 3 auß jrem dienste F. gan *fehlt* F. 5 trost mag mich verhetzen F. 6 kleine O. 7 es in sage F, ich O. 8 sich nymant auch des er nun wisset wes F.
III: 2 er iet O, *fehlt* F. sull F. 3 kleyne] in dem F. 4 von den *fehlt* O. 5 tuo] tut F. 6 *nur* si ne tut sie thut F. 7 wie F. 8 da horet auch und gelaubet so F.

95. Herzeliebez vrowelîn

I: 1 herzeliebe frowe mir C, minnencleiches G. 2 der geb G; und iemer *fehlt* G. 3 *Zeile fehlt* G. könde E. ich wol gesprochen dir C. 5 mac] sol CEO; dir sagen CEO, dir gesagn G. 8 wanne E. owe] danne ich da von C, dorümme ist mir dicke we E, so we GO.
II: 1 verkerent C, verwazzent mich G, mich O. 2 so nidere C, zuo nider E, tzo nidere O, so nider G. meinen minne sanch G. 3 daz si] daz ot G. niht] nene O. 4 liebe] minne C; haben sie EO. 5 die getraf C, siu getraf A. schoe-ne] sene A. 6 der *fehlt* G; minnet O; owe O.
III: 2 schoen sei niem G, der liebe get der schoene nach O. 3 liep A; ia gevellest du mir baz G, hertzeliebe tiuret baz O. 4 der schoene gat der liebe nach CG, tzor schone nyman si tzo gach O. 5 liep E; schoene w. CE, schone w. GO. 6 enmac C, nemac O. si machet niemer C, gemachet A, nimmer *fehlt* A, si ma-chet selten leip G.
IV: 2 ich zeiner wile vertrage A, und iemer mere wil vertragen C. 3 genuoc] gehe noch O. 4 muogen A, waz mugens iht anders von dir sagen G. 5 sa-gen] redent C; ich bin dir von hertzn holt G. 6 neme GEO. glesin] güldin E, golt] solt E, glesen vingerin O. – *In* s *das folgende Zitat:* Sart liebe vrouwe min / Swar ich spriche ich bin dir holt / Ich neme din glezin vingerlin / Vor eyner keyserinne golt.

V: 2 din] des CG; ane fehlt E. 3 hertzenlait G. iemer] nymmer O. 4 von dinen schulden CG. 5 ne hastu aber der O. 6 danne] dan AO; muostu (muezest du GO) nimmer werden min EGO; owe des G.

96. Bin ich dir unmêre

I: 2 wais B. 3 *Zeile fehlt* E. 6 ich mag niht B, ich mac es E. 7 grosse liebi (liebe E) BE. 8 ich han ein teil zuo sere g. E.
II: vrouwe sol s. 2 auge an minz E, so zelden an mich sicht s. 3 mir daz E, tust tuot mir s. 4 des enweiz ich niht E. 5 so neige mir E. 7 und zich mich nider an den voz s. 8 mügest E, uff du nicht bas enmachs s.
III: 2 miner frauwen füezze E.
IV: 1 swen ich si s. 2 suln *fehlt* s. 3 bistu eyne vrowe s. 4 mag] dar s. 8 aber guot s.
V: 1 du] nu B, des E, dich des s. 2 ze (zuo Es) ihte BEs, mer E, dich *fehlt* s. 4 diu ist niht guot] diu entouget niht B, entauc niht E, ist nicht dar ne zy s, ensi ein andriu (ander E) BE. 5 toug niht B, in tocht nichts s. 6 sin] wesen B, is so gemeyne daz s. 7 so gemeine *fehlt* CE. 8 doch zwer hertz und keyns mee s, und niht me BE.

97. ›Nement, frowe, disen cranz‹

I: nemet C. frauwe nement E. 2 zu einer E; getaner C. 4 die ir uffe E. 5 golt und edeles gesteine E. 6 muoz A; uwer] ir C. daz füer uf ir haubet E. 7 gehoubet A.
II: 3 so iz aller beste han E. 4 wiz grüener und roter bluomen vil E. 5 nicht verre an iener grüenen h. E. 6 do sie vil schone springent E. 7 die cleinen (kleine C) vogele (vogel C) AC, diu vogelin E. 8 süllen E.
III: 2 gelic A. 4 sam C, als E; den lilien C. 5 do schemten E; liehtiu ougen A. 6 doch] do C, doch neic ich ir E.
IV: 1 nie] ie AC. 3 vieln C. 4 den boume C. 8 muoz C.
V: 2 miden A, daz ich allen megden disen sumer E. 3 diu *fehlt* E. 4 einiu C. vinde ich mine so ist mir aller sorgen E. 5 owe geschehe ez under crancze E. 6 guote A. 7 huote A. ir rücket E. 8 gesahe ich ez under cranz A; was ob sie get an disme tanze E.

98. Under der linden

I: 4 noch vinden B. 6 schoene B.
II: 1 *zur überlieferten alemannisch-schwäbischen Form* kan (*statt* kam) *vgl. Richard von Kienle, Historische Laut- und Formenlehre des Deutschen. Tübingen 1960, § 140.* 3 e *fehlt* B. 5 herre B. 7 er kuste mich wol tustentstunt C.

III: 1 het B. 3 ein C. 5 minnecliche B. 6 kumet B, pfat] stat B.
IV: 1 Das er bi mir da gelege B. 2 wisse es B. 3 nun welle C. 6 daz] es ane spot B.

99. Ein man verbiutet ein spil âne pfliht

II: 1 ein wib ein wib C. 4 mit] mir C. 7 e sa C.

100. Ôwê daz wîsheit unde jugint

I: 9 wole a. 12 din nam a. 12/13 an ir lob alse gistritin / daz a.
II: 1 des swar a. 2 michels C. 5 wolt C. 6 edelen C. 7 al C. 10 der verdorben a. 13 gevarn] gewarn a.

101. Ôwê hovelîches singen

V: *In* B *lautet die Str.:* Swer ungefuoge swîgen hiesse / – was man noch von vröiden sunge! – / und si abe den bürgen stiesse, / das si *uns* [*ergänzt!*] dâ von niht twunge. / wurden in die grossen höve benomen, / das wêr alles nach dem willen mîn. / bî den gebûren lies ich si wol sîn, / dannen ist si och her komen. 7 bi den] die C.

102. Nû alrêst lebe ich mir werde

I: 1 nu *fehlt* BCE; lebe] sihe E; lebe ich mir alrest M; mir] mir vil B. 2 ersiht Z. 3 here] raine BC, heilige E, schoene M, liebe Z. 4 dem] der BCM; so vil BCE, al der Z. tugende E. 5 mirst] nu ist MZ, es ist BC. des] als Z. ie] da M. 7 stat E.
II: 1 riche Z. 3 so ist diz (so bistuo Z) aller lande ein ere EZ. 6 herer denne der engel schar E, herre Z. 7 enist daz niht Z.
III: 1 sit liez E, alrest do liez Z. reine *fehlt* EZ. 2 durch daz Z; auch reine E. 3 sit do Z, dar nach E. hie *fehlt* EZ. 4 durch daz Z; eigen] eine A; werden E. 6 wol dir] wanne sin E. 7 wie dir zeiden dienst dir z. A, wie dir ze den ist din zorn C, werder heiden E.
IV: 1 dannan fuor er hin zer helle E, sint do vuor Z. 2 von] zu Z; da er] dar C; inne *fehlt* Z. 3 des (dest C) der vatter ie geselle BC. ie] e Z. 4 den] die Z. 5 bescheyden wen sie sin beyde eyn Z, schaiden BCE; al ein] alleine A, es ist ain B, es si ein C, ez ist E. 6 danne *fehlt* A, slehter denne ein z. E.
V: 1 also geschande C, dort geschande (gesande Z) EZ. 2 ritter E. 3 dannen Z. her wider] wider heim E, wider Z. 4 irhuob Z; der] do der C. 5 wenne er in ir E, daz der herre ir Z. ir *fehlt* A. 6 unde er mit synen ougen sach Z; daz *fehlt* E. 7 ir] syn Z; sluoc] nuoc A.
VI: 1 daz lant C. 2 einen] synen Z, den vil E. 3 der waise BC. 4 diu witewe

BC, unde der clagen E. 6 der an ym wirt g. Z, der mit ime wirt g. E, den man hat mit ime (in C) g. BC. 7 so wol Z.

VII: 1 cristen juden BCEZ. Und die heiden BC, *fehlt* E. 2 diz ir] dinir A. 3 g. müesse es ze rehte schaiden BC, g. der müezze rehte scheiden E, g. der muzes uns b. Z. 4 durch der siner E, und die heren namen Z. 5 diu stritet] stritet BC. her] der A. 7 wer A.

103. Ôwê, war sint verswunden alle mîne jâr!

I: 1 war] wa E; 2 min leben mir C; 6 hievor] vor E. 7 danne ich E. geborn] gezogen CE. 8 gelogen] gelegen C. 16 slac] flac C.

II: 2 ho] nu C. 5 lachen *fehlt* C; mit] mir C. 6 schar] jar C. 11 inneklichen sere C. 13 vogel C.

III: 5 habe verleitet w^x. 7 es] daz w^x. iuwer iuwer C. 10 wer] wen wer w^x. segenunge w^x.

104. Ich bin als unschedelîchen frô

I: *In C hier der Abgesang von Str. II.* 3 tugentlichen E. 4 tougt ze der welte B. 5 die so] waz sie E. 8 *fehlt* B.

II: *In C hier der Abgesang von Str. I.* 1 ich wil] man sol E. 3 der mir E. 4 ich mac es alles niht verdagen E. 7 und] ez E. 8 daz siez als vil E.

III: 1 doch wol geschiht E. 5 herzeliebe C; gewan E. 6 herczeleide bi E. 8 so weste E.

IV: 1 gedenken B. irre] ümme E. 4 daz ich anders tuo E. 7 ich niht ir baider han B, sit ich des nu nit E.

V: 8 niht *fehlt* C.

105. Frô Welt, ir sult dem wirte sagen

I: 3 grozer gelt A, groze g... (*bricht ab*) w^x. 6 e ich des leides wollte phlegen A. 7 ich sollte e zeimem A. 8 der swigent iemer unz A. 9 so heizet er danne ein wette geben A. 10 als iener A.

II: 7 ie *fehlt* C.

IV: 6 gerene C.

106. Ir reiniu wîb, ir werden man

I: 1 reinen A. 2 stet A. man *fehlt* CB. 4 noch volleclichen A. 5 hab C, habt A, hat w^x; nu *fehlt* AC. 6 wolt A; irz w^x. uch A, iuch B; wes *fehlt* A. 7 vierzic A, vierzech w^x. iare B; habe A; unde] oder Aw^x. mer A. 8 ieman Aw^x. 9 ich ez mit A, ichs mit w^x. andren w^x. 10 nu wirt mir sin niht me (mere C) CB, nuo ne wirts mir nicht iz w^x; uch A. 11 min fehlt C; minnesanc A; iu *fehlt* w^x.

II: 3 unverzageter B, unverzagiter A. 4 habe B. 5 swie nider ich si so bin ich doch der CB. 6 hoch CB. 7 hazzent daz die CB, muot daz A; nideren A. 8 die biderben A. 9 der werden wirde A. 10 ir das B, in daz hohste lop A. 11 hovelicher leben A. 12 swer so dem ende tuot A.

III: 1 lon wol gesehen A. 2 nimet BA. 3 alle nachent und blos C. 4 alsame B, also A. 5 han] hate C, hatte B; lip und sele han ich A. 6 durch B. 7 gampelspil A. 8 ist mir daz zorn A. 9 lache uns noch: (*Doppelpunkt!*) eine wile also C, nu lache A, nu lache unser w^x; ienoch wx. 10 will schiere uns w^x. 11 nimet BA, benomen A.

IV: 1 din sele A. 2 menegen A. 5 lôp A. ist *fehlt* CA. 7 waren] weren C. 8 wie si] si *fehlt* C. wer] wert B, weiz si iemer wer A. 12 diu si BA.

V: 1 hatte B; schone B, schonez A. 2 und *fehlt* Aw^x; ich ie gesach A. 3 alder ie A; zuoz ime A; ie so vil mit im w^x. 4 daz hat w^x; schone A; unde w^x. 5 da wonte A, da wont w^x; ich enwais B, weiz wa w^x. 6 zuo h t untsweich w^x. 7 lilierose A., s. se rot sin lilie wiz wart w^x; karcher] kranc C. 8 verlos] verlorn A; schin] sin A. 9 bekerkelt A; bin] si C. 10 in dir *fehlt* CB. 11 *vor* fro *steht durchgestrichenes* so C.

Anhang

Zu dieser Ausgabe

Die maßgebliche wissenschaftliche Ausgabe der Dichtungen Walthers von der Vogelweide von Lachmann/Cormeau (vgl. Literaturverzeichnis, Ausgaben, S. 308) enthält 137 von der Forschung für echt gehaltene Sangspruchstrophen und 77 Lieder. Für die vorliegende Auswahl wurden davon 80 Spruchstrophen (Nr. 1–64, 66–72, 100; unter Nr. 34, 59, 100 sind jeweils mehrere Strophen zusammengestellt) und 34 Lieder (Nr. 65, 73–99, 101–106) ausgewählt. Da eine auch nur einigermaßen sichere relative Chronologie, ausgenommen die Texte mit Kreuzzugspropaganda (Nr. 102, 103) und die offensichtlich späten Lieder (Nr. 104–106), trotz mancher Vorschläge in der Forschungsliteratur nicht möglich ist, wurden die Lieder in der Ausgabe thematisch gereiht; die politischen Sprüche lassen sich hingegen meist bestimmten Ereignissen und Personen zuordnen, so dass hier großenteils chronologisch geordnet werden konnte, die übrigen Sprüche sind ebenfalls thematisch angeordnet. Aufgenommen sind auch alle als authentisch geltenden Melodien (vgl. dazu unten S. 264f.). Zur Angabe der in der wissenschaftlichen Literatur üblichen Strophenzählung nach der Ausgabe von Karl Lachmann (1827) unter den Texten vgl. die Anmerkung zu Nr. 1. Die handschriftliche Überlieferung ist unter den Texten jeweils in der Rubrik ›Überlieferung‹ nachgewiesen.

Sämtliche Texte wurden anhand der Handschriftenfaksimilia sowie der diplomatischen Abdrucke, soweit vorhanden, neu ediert. Die Textwiedergabe erfolgt nach dem Leithandschriftenprinzip, d.h. soweit irgend möglich basiert der Editionstext auf dem jeweils besten Überlieferungsträger, von dessen Textwiedergabe nur bei offensichtlichen Fehlern abgewichen wird. Die Sigle der betreffenden Quelle erscheint in der Rubrik ›Überlieferung‹ in Fettdruck. In der Regel wurde bei fehlerhafter Überlieferung in der Leithandschrift nach einer Parallelhandschrift oder, selten, auch nach mehr als einer anderen Handschrift korrigiert – auf den Sachverhalt hingewiesen wird jeweils in der Rubrik ›Edition‹, im Detail sind die Änderungen aus dem Verzeichnis der Lesarten zu ersehen. Aufgrund starker Abweichungen bietet die Ausgabe in drei Fällen zwei Textfassungen hintereinander (Nr. 23a/b, 90a/b, 94a/b). Ob unterschiedliche Fassungen (dazu zählen auch die nicht selten variierenden Strophenanordnungen, die ebenfalls in der Rubrik ›Überlieferung‹ dokumentiert sind) auf Walther selbst zurückgehen, ist in der Forschung umstritten, jedenfalls nicht zweifelsfrei zu klären. Abgesehen von Handschrift M, die jedoch nur drei Waltherstrophen tradiert (Nr. 91, Str. III und IV, Nr. 102, Str. I), setzt die erhaltene Überlieferung mit Handschrift A erst etwa zwei Generationen nach dem Tod des Dichters ein. Gleichwohl darf man überzeugt sein, dass die Überlieferung vor allem in den alemannischen Sammelhandschriften A B C, die zum Teil auf ältere, nicht erhaltene, jedoch erschließbare gemeinsame Vorlagen (*AC, *BC) zurückgehen, die Texte Walthers einigermaßen getreu wiedergibt. Unvermeidliche sonstige Herausgebereingriffe sind durch Kursivierung angezeigt, wobei jeweils mindestens ein ganzes Wort kursiviert ist, selbst wenn nur ein einzelner Buchstabe geändert werden musste; der handschriftliche Wortlaut ist im Lesartenverzeichnis nachgewiesen.

Die Handschriften A B C sind die bei weitem wichtigsten Quellen für Walthers Texte. Die relativ schmale Überlieferung der Sangsprüche stützt sich fast ausschließlich auf sie, weitere Quellen sind nur vereinzelt vorhanden. In der vorliegenden Ausgabe ist A für 7, B für 6, C für 55 Nummern Leithandschrift, dazu tritt in lediglich einem Fall (Nr. 100) Handschrift a. Die Lieder sind wesentlich reicher bezeugt, gleichwohl ist, qualitätsbedingt, A Leithandschrift für 13, C für 20 Texte, zweimal stützt der Editionstext sich bevorzugt auf E, einmal auf O.

Die graphische Gestalt der Texte weicht von der in den meisten anderen Ausgaben dadurch etwas ab, dass ich weitestgehend der Schreibweise der jeweiligen Leithandschrift folge. Der Leser trifft daher nicht auf das erst im 19. Jahrhundert geschaffene, die Schreibungen vereinheitlichende normalisierte Mittelhochdeutsch, sondern sieht sich der bisweilen durchaus ein wenig willkürlichen graphischen Gestalt gegenüber, die die mittelalterlichen Schreiber den Texten gegeben haben. Die Notwendigkeit, die überlieferten Schreibungen nach dem Muster der neuzeitlichen Schriftsprache seit dem 18., vor allem aber 19. Jahrhundert zu vereinheitlichen, scheint mir durchaus nicht zwingend. Weder bei althochdeutschen, frühmittelhochdeutschen noch bei frühneuhochdeutschen Texten haben germanistische Editoren es jemals für nötig gehalten, zu normalisieren.

Gleichwohl liefert die Ausgabe, die die Texte Walthers in erster Linie ja für Nichtfachleute erschließen will, keine bloßen diplomatischen Abdrucke. Die Strophen sind gemäß ihrer metrischen Form eingerichtet, die Strophenteile durch Einrückungen kenntlich gemacht. Zur Kennzeichnung der langen Vokale wurden die üblichen Längenzeichen (^) hinzugefügt, handschriftliche Abkürzungen wurden aufgelöst, ebenso übergeschriebene Zeichen (z.B. *ů* = *uo*), *i j* und *u v* wurden nach dem jeweiligen Lautwert ausgeglichen (z.B. erscheinen *vnd* als *und*, *iârlanc* als *jârlanc*). Hinzugefügt habe ich, wo nötig, sogenannte Elisionspunkte. Sie sollen dem weniger geübten Leser die zutreffende rhythmische Lesung der mittelhochdeutschen Verse erleichtern. Der unterpungierte Vokal soll beim lauten Vorlesen unterdrückt werden, z.B. *swennẹ ich*, lies: *swenn ich*; *dô ịch* lies *dôch* (hier handelt es sich um eine sogenannte Syalöphe).

Leser der uns heute sehr fernen literarischen Welt Walthers von der Vogelweide kommen nicht ohne Erläuterungen aus. Da die Texte nicht durch allzu viel »Beiwerk« gleichsam überwuchert werden sollten, habe ich die zum Verständnis unbedingt nötigen Kommentare so knapp wie möglich gehalten; philologische Fragen blieben dabei weitgehend ausgeklammert. Walthers Dichtungen – darauf ist hier hinzuweisen – wurden mehrfach mehr oder weniger ausführlich kommentiert, vollständig und am ausführlichsten durch Wilmanns/Michels und, zuletzt, durch Schweikle/Bauschke, die Sangsprüche auch bei Paul/Ranawake; zu erwähnen sind ferner die Anmerkungen in den neueren Auswahlausgaben von Kasten/Kuhn und Klein (vgl. Literaturverzeichnis, Ausgaben). (Noch immer nützlich ist die kommentierte Ausgabe von Pfeiffer/Bartsch, ferner – auch wenn heute vieles anders gesehen wird – Carl von Kraus, *Walther von der Vogelweide. Untersuchungen*, vgl. Literaturverzeichnis, Handbücher und Einführungen.) Nicht die genannten Kommentare, jedoch einige wenige neuere und neueste Titel der (insgesamt weit über 2000 Arbeiten umfassenden) Forschungsliteratur, die einzelne Texte behandeln, sind in meinen Erläuterungen angegeben. Das knapp gehaltene Literaturverzeichnis (S. 308ff.) beschränkt sich auf Ausgaben, Bibliographien und einige neuere einführende Bücher zu Walther und zur Literaturgeschichte seiner Epoche. Generelle Erläuterungen zu den in der Ausgabe vertretenen Textarten (Gattungen) und zur Melodieüberlieferung gebe ich im folgenden. Den Kommentaren zu den Texten vorangestellt sind in den beiden Abteilungen ›Sangsprüche‹ und ›Lieder‹ jeweils kurze Erläuterungen zu den Strophenformen – mittelalterliche Liedkunst ist nicht zuletzt auch Formkunst und will auch als solche gewürdigt werden.

Die Übersetzungen wollen so genau wie möglich sein, zugleich aber auch sprachlich einigermaßen ansprechend. Meine Absicht war es nicht, eine zwar philologisch korrekte, stilistisch aber eher unbefriedigende Wiedergabe zu liefern, aber auch nicht, eine von poetischem Schwung getragene dichterische »Erneuerung«, wie sie in neuerer Zeit, 1975, etwa Rühmkorf für eine Auswahl von Texten vorgelegt hat (vgl. Literaturverzeichnis, Ausgaben). Die Übersetzungen sollen dem, der die mittelhochdeutschen Texte selbst verstehen und übersetzen möchte, Hilfestellung geben; dem Leser, der wenig Ahnung vom Mittelhochdeutschen (und den mit ihm verbundenen Schwierigkeiten für heutige Deutschsprechende) hat, wollen sie zu einem auch ästhetisch einigermaßen adäquaten Verständnis der poetischen Kunst Walthers verhelfen.

Textarten

Walthers Œuvre umfasst drei unterschiedliche Textarten (Gattungen): (1) den im Prinzip einstrophigen Sangspruch, (2) das mehrstrophige Lied, dazu (3) die Großform des *Leichs* – hier handelt es sich um formal anspruchsvolle Dichtungen, gegliedert in metrisch unterschiedlich gestaltete Textabschnitte (Versikel) mit einer durchkomponierten Melodie. Von Walther ist nur ein Leich überliefert, ›Got, dîner trinitâte‹ (L. 3,1), ein religiöses Gedicht mit 169 Verszeilen, dessen Melodie nicht überliefert ist. In die vorliegende Auswahl habe ich den Leich nicht aufgenommen.

Die Gattung des (von der neuzeitlichen Forschung so genannten) *Sangspruchs* war vor Walther noch wenig profiliert. Die wenigen Strophen dieser Art, die aus der Zeit davor unter dem Dichternamen Spervogel überliefert sind – die Forschung unterscheidet drei Autoren: Spervogel I (auch Herger, um 1170), Spervogel II (letztes Drittel des 12. Jahrhunderts), dazu Spervogel III (wohl schon ein Zeitgenosse Walthers) –, haben vorwiegend religiöse Unterweisung und Morallehre zum Thema. Die beiden zuerst genannten Dichter benutzten jeweils nur eine einzige, strukturell ziemlich schlichte Strophenform, einen einzigen Ton: der mittelhochdeutsche Terminus *tôn/dôn* bezeichnet die Gesamtheit von metrischem Schema, Reimschema und Melodie (vgl. *Früheste deutsche Lieddichtung*, Literaturverzeichnis, Ausgaben). Walther machte seit 1198 den Sangspruch zu einer Gattung, die fortan gleichberechtigt neben dem damals längst etablierten höfischen Lied stand. Offenbar trieb ihn dazu die Notwendigkeit, sich als Berufsdichter, vielfach ohne einigermaßen feste Bindung an einen Hof, durchzubringen. Walther erschloss dem Spruchsang ein ausgedehntes Panorama von Themen und Inhalten, nicht zuletzt machte er ihn zu einer Waffe im politischen Tageskampf und in seinem persönlichen Lebenskampf, daneben ging es um religiöse und moralische Belehrung. Mit seinen Lob- und Scheltsprüchen auf Könige, Kaiser, den Papst und Fürsten scheint der Dichter Furore gemacht zu haben. Er zog, mindestens zeitweise, als fahrender Berufsdichter von Hof zu Hof, von Fürstenversammlung zu Fürstenversammlung, von Burg zu Burg. Dabei propagierte er – in einer Epoche, der spätere Massenmedien noch ganz fremd waren – die Anliegen jener, in deren Dienst er sich stellte und die er rühmte, er entlarvte aber auch die Absichten ihrer Feinde, in erster Linie des Papstes, er kritisierte die Zeitumstände, außerdem Personen des politischen Lebens, teilweise im Auftrag, nicht selten, wenn er von potentiellen Gönnern enttäuscht war, aber auch aus persönlichen Gründen, bisweilen rief er zu religiöser Besinnung auf und belehrte die Jugend. Die Wirksamkeit von Walthers politischer Dichtung – er gilt bis heute als der bedeutendste politische Dichter deutscher Sprache – beweist das Zeugnis des italienischen Klerikers Thomasin von Zirclaere, der 1216 in seinem auf Deutsch geschriebenen Lehrgedicht ›Der welsche Gast‹ (hrsg. von Heinrich Rückert, 1852, v. 11191 ff.) feststellte, Walther habe mit seinen Sprüchen gegen den Papst Tausende vom rechten Weg abgebracht.

Neben die inhaltlich-thematischen Neuerungen traten auch Veränderungen, die den Sangspruch in formaler Hinsicht auf das Niveau des höfischen Liedes hoben. Anders als Spervogel I und Spervogel II begnügte Walther sich nicht mit einer einzigen, fortwährend benutzten Strophenform. Mit wenigen Ausnahmen (vgl. Nr. 16, 65) schuf er jedoch nicht für jede einzelne Spruchstrophe einen einzigen Ton, vielmehr ordnete er kleineren oder größeren Gruppen von Strophen bestimmte Töne zu, die er offenbar jeweils nur eine begrenzte Zeit benutzte; insgesamt kennen wir 20 Spruchtöne Walthers. Die meisten davon sind nach dem Prinzip der dreiteiligen Kanzone (AAB) strukturiert (vgl. dazu S. 266), einem Bauprinzip, das die älteren Spruchautoren noch nicht verwendeten, das sich aber für das höfische Lied schon seit etwa 1170/80 weitgehend durchgesetzt hatte.

Walther blieb im Grundsatz bei der durch Spervogel II zuerst bezeugten Einstrophigkeit des Sangspruchs, d. h., jede Strophe stellt eine geschlossene Einheit dar, die häufig mit einer Pointe abgeschlossen wird. Nur selten treten mehrere Strophen zu einem Lied zusammen (z. B. Nr. 59). Allerdings können thematisch zusammenhängende Strophen jeweils einen kleinen Zyklus bilden (z. B. Nr. 1–3), wobei die Eigenständigkeit der einzelnen Strophe jedoch durchaus gewahrt bleibt.

Mit den Sangsprüchen begründete Walther eine literarische Gattung, die – getragen von fahrenden Berufsdichtern – bis in die zweite Hälfte des 15. Jahrhunderts fortlebte. Außerdem wurde die Tradition vom frühen 15. bis weit ins 18. Jahrhundert noch von den städtischen Meistersingern fortgesetzt, Liebhabern, die die Dicht- und Singkunst neben ihrem Beruf ausübten. Walther galt in diesem Zusammenhang als einer der legendären Begründer ihrer Kunst, als einer der ›Alten Meister‹. Immerhin zwei seiner Töne begegnen noch in Handschriften des 15. Jahrhunderts: der Wiener Hofton unter dem Namen Hof- oder Wendelweise und der König-Friedrichs-Ton als Gespaltene Weise; einer – der Ottenton unter der Bezeichnung Feiner Ton – in Handschriften des 16. bis frühen 18. Jahrhunderts. Spätestens seit dem 14. Jahrhundert war es üblich, Spruchtöne mit Namen zu versehen. Da mittelalterliche Bezeichnungen für Walthers Töne jedoch nicht überliefert sind (ausgenommen die drei eben erwähnten), prägte die Forschung des 19. Jahrhunderts nachträglich die heute üblichen Bezeichnungen, die auch in dieser Ausgabe verwendet werden.

Im Bereich des *höfischen Liedes* stand Walther in einer Tradition, die zu seiner Zeit schon mehrere Jahrzehnte gedauert hatte. Nahezu ausschließlich handelt es sich dabei um den sogenannten Minnesang, d. h. das höfische Liebeslied (mittelhochdeutsch *minne* hat die gleiche umfassende Bedeutung wie das heutige ›Liebe‹, während mittelhochdeutsch *liebe* eher als Synonym von *vreude*, ›Freude‹, verwendet wurde). Auf Deutsch war Minnesang bereits seit der Mitte des 12. Jahrhunderts in durchaus eigenständiger Weise geschaffen worden, aus dieser Zeit überliefert sind Texte des Kürenbergers, Meinlohs von Sevelingen, der Burggrafen von Rietenburg und von Regensburg, Dietmars von Eist und Kaiser Heinrichs VI. (vgl. *Früheste deutsche Lieddichtung*, Literaturverzeichnis, Ausgaben). Seit etwa 1170/80 orientierten die deutschen Autoren sich dann inhaltlich und formal am romanischen, in erster Linie provenzalischen (okzitanischen) Minnesang, der Kunst der Trobadors, daneben an den altfranzösischen Trouvères. Inhaltlich ging es dabei nunmehr meist um das Ideal der ›Hohen Minne‹: der liebende Mann nimmt die Mühsal vergeblichen Dienstes für die hoch über ihm stehende Dame auf sich. Er hofft beharrlich auf auch sexuelle Erfüllung, die er aber nie erreicht. Hauptform ist die monologische Liebesklage des Sänger-Ichs, daneben stehen vor allem Lieder, in denen Schönheit und Tugendhaftigkeit der Dame gerühmt werden. Deren Name wird grundsätzlich nicht genannt. Wieweit es sich um reale Liebeserklärungen, wieweit um ein bloßes Spiel handelte, ist nicht immer klar. Die Forschung hat in neuerer Zeit weitgehend Abstand von den früher üblichen biographischen Deutungen genommen, sie sieht im Minnesang eher didaktisch orientierte Unterhaltung. Vorgetragen wurden die Lieder in der Öffentlichkeit des Hofes, die Hofgesellschaft nahm grundsätzlich teil an dem, was in den Liedern entfaltet wurde. Vorläufer Walthers auf diesem Gebiet waren unter anderem Friedrich von Hausen, Heinrich von Veldeke, Hartmann von Aue, wohl etwas ältere Zeitgenossen waren Reinmar der Alte, Heinrich von Morungen, Albrecht von Johansdorf (vgl. die Texte in MF, Literaturverzeichnis, Ausgaben). Seit der Phase der Rezeption romanischer Vorbilder waren Minnelieder in aller Regel mehrstrophig, dazu wurde grundsätzlich für jedes Lied ein eigener Ton erwartet.

Walther verfasste zahlreiche, oft ganz unterschiedliche Minnelieder, nicht wenige enthalten minnetheoretische oder auch kulturkritische Überlegungen. Dazu traten bei ihm – das war neu! – Dichtungen, die eher leicht, verspielt und heiter sind. Sie sind in der vorliegenden Auswahl unter der Rubrik ›Winter- und Sommerlieder, scherzhafte und erotische Lieder‹ zusammengefasst. Einige Anregungen zu Liedern dieser Art, die man sich wohl vorwiegend als Tanzlieder vorstellen darf, lieferte offensichtlich die zeitgenössische lateinische Lieddichtung, wie sie vor allem in der berühmten Handschrift der ›Carmina burana‹ (Handschrift M, um 1230) überliefert ist. Lateinischer Tradition verpflichtet ist auch das Palindrom (Nr. 65), das seines durch und durch spielerisch-lehrhaften Charakters wegen bei den Sangsprüchen eingereiht ist.

Weitere Sonderfälle sind die beiden Lieder, in denen Walther sich mit Dichterkollegen auseinandersetzt: parodistisch mit Reinmar dem Alten (Nr. 99), dem er später eine durchaus »eigene«, dennoch eindrucksvolle Totenklage widmete (Nr. 100), ärgerlich schimpfend – offenbar – mit Neidhart, dem erfolgreichen Rivalen späterer Jahre (Nr. 101).

Im Zusammenhang mit dem 3. Kreuzzug von 1189/92 war das Kreuzzugsthema von einigen Minnesängern – Friedrich von Hausen, Albrecht von Johansdorf, Hartmann von Aue – aufgegriffen und auf unterschiedliche Weise mit dem Minnethema verknüpft worden. In Walthers Kreuzzugsdichtung ist das anders. Hier geht es darum, die religiöse Bedeutung des Kreuzzugsunternehmens für den einzelnen Christen und für die Christenheit insgesamt herauszuarbeiten. Ziel war offenbar, für den Kreuzzug Kaiser Friedrichs II. von 1228/29 (5. Kreuzzug) Propaganda zu machen (Nr. 102, 103).

Religiösen Einschlag haben auch die unter ›Späte Lieder‹ aufgenommenen Texte (Nr. 104–106). Es handelt sich um sehr persönlich geprägte, kunstvolle Lieder, ohne Vorbild und Nachfolge bei anderen Autoren (Vergleichbares gibt es erst wieder bei Oswald von Wolkenstein in der ersten Hälfte des 15. Jahrhunderts). Hier rechnet der Dichter – man darf in diesen Liedern das Sänger-Ich getrost mit dem biographischen Ich des Dichters (der freilich auch hier eine ›Rolle‹ spielt) gleichsetzen – mit der Welt und dem gesellschaftlichen Leben ab, er äußert sich gleichsam abschließend zu seinen lebenslangen Bemühungen, und er reflektiert über sein Alter und über die Hoffnung auf das ewige Leben.

Zu den Melodien

Mittelalterliche Lieddichtung hat man sich grundsätzlich gesungen vorzustellen. Die Texte wurden auf einstimmige Melodien vorgetragen, die Beteiligung von Instrumenten ist anzunehmen, sie war aber nicht generell geregelt, d. h., es konnten Harfe, Fidel, Flöten, auch Schlaginstrumente und anderes benutzt werden. Ein wenig bekannter Autor, Lupold Hornburg von Rothenburg, schrieb in der 1. Hälfte des 14. Jahrhunderts: *Reymar dîn sin der beste was / hêr Walther dônet baz* (Handschrift E, Bl. 191v) – »Reinmar [gemeint ist ein etwas jüngerer Zeitgenosse Walthers, der Spruchdichter Reinmar von Zweter] dein Gedankenreichtum übertrifft den aller anderen, Herr Walther machte die schöneren Töne, d. h. Melodien«. Man darf annehmen, dass Walthers Bedeutung auch auf seiner musikalischen Kunst beruhte. Leider sind von seinen Melodien indes nur wenige Reste erhalten geblieben, da die Handschriften, die seine Texte überliefern, nahezu ausnahmslos auf die Beigabe der Melodien verzichten. Eine umfassende Darstellung der Melodieüberlieferung zu Walther findet sich bei Brunner/Müller/Spechtler, S. 49*–98* (vgl. Literaturverzeichnis, Ausgaben).

Zwar finden sich in den Handschriften M und N Melodieaufzeichnungen zu Nr. 80 (nur zu den beiden ersten Textzeilen), 83 und 91, doch sind diese in sogenannten linienlosen Neumen geschrieben, die nur Bewegungsrichtungen, nicht Tonhöhen angeben. Sie dienten lediglich als Gedächtnisstützen für den, der die Melodie bereits kannte. Moderne Übertragungsversuche sind ohne jede Verbindlichkeit.

Zu Texten Walthers haben sich lediglich fünf lesbare Melodieaufzeichnungen erhalten. Die bei weitem wichtigste Quelle ist das ›Münstersche Fragment‹ Z. Es enthält zu als echt angesehenen Tönen Walthers drei Melodien, zwei davon nur fragmentarisch: die vollständige Melodie zum Palästinalied (Nr. 102), ferner Fragmente der Melodien zum Zweiten Philippston (Nr. 10 und öfter) und zum König-Friedrichs-Ton (Nr. 29 und öfter). Die Aufzeichnungen in gotischer deutscher Choralnotation geben die Tonhöhen und den genauen Melodieverlauf an. Der Vortragsrhythmus richtet sich nach der Textmetrik, aus diesem Grund waren rhythmische Zeichen in den Noten unnötig.

Das Tönerepertoire der städtischen Meistersinger des 15. bis 18. Jahrhunderts enthielt eine Reihe von Tönen, die – wie oben (S. 262) schon erwähnt – den sogenannten ›Alten Meistern‹, den legendären Begründern der Meisterkunst, gehörten oder wenigstens ihnen zugeschrieben wurden. Sie wurden als Strophenformen für neue Dichtungen verwendet. Einige der unter Walthers Namen überlieferten Töne sind lediglich Zuschreibungen, drei konnten durch die Forschung als echt identifiziert werden. Bei dem in Handschrift t als Hof- oder Wendelweise mit der Melodie überlieferten Ton handelt es sich um den Wiener Hofton (Nr. 7 und öfter); bei der Aufzeichnung des König-Friedrichs-Tons (Nr. 29 und öfter), der hier als Gespaltene Weise bezeichnet wird, wurden leider die Noten nicht in das vorhandene Liniensystem eingetragen. Der in drei Meistersingerhandschriften des 16./17. Jahrhunderts mit Melodie überlieferte Feine Ton bietet den Ottenton (Nr. 12 und öfter); die Melodie ist in die Ausgabe nach der Fassung in Mel. p aufgenommen. (Die vollständige Ausgabe aller Fassungen der Walthermelodien findet sich in SPS, vgl. Literaturverzeichnis, Ausgaben, S. 408–419.) In rhythmischer Hinsicht gilt für t und Mel. p das gleiche wie für Z. In der Ausgabe sind die Melodien in den heute geläufigen (oktavierten) G-Schlüssel übertragen, als Notenzeichen erscheinen lediglich schwarze Notenköpfe.

Kommentar

I Sangsprüche

Die Strophenformen

Vorbemerkung: In den im folgenden dargestellten Tonschemata werden jeweils die metrischen Takte gezählt. Normalerweise besteht ein Takt aus betonter und unbetonter Silbe, d.h. Hebung und Senkung: / x́ x /. Ferner wird angegeben, ob ein Vers mit betonter Silbe (Hebung) oder mit unbetonter Silbe (Senkung) endet – im ersten Fall spricht man von einem männlichen, im zweiten von einem weiblichen Vers. Männliche Kadenzen, d.h. Versschlüsse, bleiben im Schema unbezeichnet, weibliche werden durch einen Strich markiert. Die Angabe ›3‹ bezeichnet somit einen Vers der Form / x́ x / x́ x / x́ ∧ / (das Zeichen ∧ steht für eine metrische Pause), die Angabe ›3'‹ einen Vers der Form / x́ x / x́ x / x́ x /. Mit kleinen lateinischen Buchstaben sind die Reime bezeichnet, gleiche Reime haben den gleichen Buchstaben, reimlose Zeilen (›Waisen‹) sind mit x markiert. Einen seltenen Sonderfall stellen Texte dar, deren Verse daktylischen Rhythmus haben: / x́ x x / x́ x x / … (vgl. Nr. 16, 73, 90a/b). Die überwiegende Zahl der Töne Walthers folgt dem Formschema der dreiteiligen Kanzone. Diese besteht aus zwei metrisch-musikalisch identischen sogenannten Stollen (A), die zusammen den Aufgesang bilden (die Melodie zur ersten Gruppe von Zeilen, dem 1. Stollen, wird zur metrisch gleichgebauten zweiten Zeilengruppe, dem 2. Stollen, wiederholt), darauf folgt der anders gebaute Abgesang; Schema AAB. (Eine ausführlichere Darstellung der Grundbegriffe findet sich bei Brunner/Hahn/Müller/Spechtler, S. 43–49, vgl. Literaturverzeichnis, Handbücher und Einführungen.)

Walthers frühester Spruchton, der Reichston (Nr. 1–3), basiert nicht auf der Kanzonenform, sondern offensichtlich auf den Formprinzipien der älteren Spruchdichter Spervogel I (Herger) und Spervogel II (dazu *Früheste deutsche Lieddichtung*, S. 225, vgl. Literaturverzeichnis, Ausgaben): eine Sequenz von paargereimten Zeilen wird durch eine längere Zeile abgeschlossen. Bei Walther handelt es sich um die Abfolge von abwechselnd weiblich und männlich kadenzierenden Zeilen, die mit einer achthebigen Zeile beendet wird:

3'a 3'a 4b 4b 3'c 3'c 4d 4d 4l 4x/4l

Die übrigen Spruchtöne Walthers bedienen sich der Kanzonenform, allerdings meist auf eher ungewöhnliche Weise. »Normale« Kanzonen (AAB) sind lediglich der König-Heinrichs-Ton (Nr. 71) und die für nur je eine Einzelstrophe benutzten Töne der Sprüche Nr. 16 und 32. Als Beispiel gebe ich das Schema des Tegernseespruchs (Nr. 32):

4a 4a 6'b, 4c 4c 6'b // 5'd 2'e 2'e 5'd

In den übrigen Spruchtönen folgt auf fast durchweg dreizeilige Stollen mit der Reimfolge a b c, a b c oder a a b, c c b ein Abgesang, der metrisch in sich gedoppelt ist, d. h., er besteht aus zwei metrisch völlig oder doch annähernd identischen Teilen (Schema AABB bzw. AABB'). Dabei werden die Teile nicht nur durch sich wiederholende Zeilen gleicher Länge, sondern auch durch gemeinsame Reimklänge zusammengehalten. Als Beispiel für die Form AABB sei hier das Schema des Ersten Philippstons (Nr. 4 u. ö.) wiedergegeben:

6a 6a 5'b, 6c 6c 5'b // 4d 6d 5'e, 4f 6f 5'e

Diesem Schema folgen auch der Ottenton (Nr. 12 u. ö.) und der Atzeton (Nr. 54).

Als Beispiel für die Form AABB' gebe ich das Schema des Zweiten Philippstons (Nr. 10 u. ö.):

3'a 4b 3'c, 3'a 4b 3'c // 4d 4d 4d 3'e, 4f 4f 4f 5'e

Diesem Schema folgen auch der Wiener Hofton (Nr. 7 u. ö.), der Leopoldston (Nr. 36 u. ö.), der Meißnerton (Nr. 15 u. ö.) und der Fürstenspiegelton (Nr. 35), in seinen Umkreis gehört auch der Unmutston (Nr. 59 u. ö.), in dessen Bauteilen Identität freilich vermieden ist (Schema: AA'BB'):

6'a 7'b, 6b 7b //6'c 5'c 7d, 6d 5d 7'd

Ähnlich gebaut ist das Schema des Bognertons (Nr. 59 u. ö.).

Zwei Töne, den König-Friedrichs-Ton (Nr. 29 u. ö.) und den Kaiser-Friedrichs-Ton (Nr. 34 u. ö.), hat Walther als sogenannte Gespaltene Weisen gestaltet, d. h., 1. und 2. Stollen umrahmen hier den Abgesang, wobei der 2. Stollen in den Kadenzen vom 1. Stollen abweicht (ABA'). Als Beispiel folgt das Schema des Kaiser-Friedrichs-Tons:

6a 6a 7a // 7'b 7a // 6'b 6'b 7'b

Abgesehen vom 24zeiligen Reichston haben die meisten Spruchtöne einen Umfang von 10–16 Verszeilen, zwei Töne (Nr. 59 u. ö., Nr. 34 u. ö.) sind aus 8 Versen, einer (der Ton von Nr. 16) aus 7 Versen gebaut, vgl. dazu unten die Angaben zu den Liedtönen, S. 282.

(Zu weiteren Details vgl. Brunner/Hahn/Müller/Spechtler, s. o., S. 56–61; dort auch sämtliche metrischen Schemata.)

Einzelkommentare

Zu den politischen Ereignissen und Personen vgl. die Zeittafel, S. 11 ff.

Sprüche für und an König Philipp von Schwaben

Nr. 1–3

Die drei Sprüche im Reichston hat Walther, obwohl sie zum Teil zu unterschiedlichen Anlässen entstanden waren, zu einem kleinen Zyklus verbunden. Die Strophenanfänge verlaufen parallel: Nr. 1 *Ich saz* – der Sänger in der Rolle des Meditierenden; Nr. 2 *Ich hôrte* – in der Rolle dessen, der die gesamte Natur vor Augen hat; Nr. 3 *Ich sach* – in der Rolle dessen, der alle Geheimnisse der Menschenwelt durchschaut. Nr. 1, aus dem Text selbst heraus nicht datierbar, lieferte mit seinem Eingangsbild die Vorlage für die Waltherminiaturen in B und C, sowie für zahlreiche neuzeitliche Waltherbilder. Die Strophe formuliert zunächst die Ratlosigkeit, wie man angesichts der Wirren der Gegenwart drei das irdische und ewige Leben bestimmende Werte miteinander in Einklang bringen könne. Mit *êre* – *honestum*, *guot* – *utile*, *gottes hulde* – *summum bonum* greift der Dichter einen schon antiken Güterternar auf. Dieser Einklang könne nur durch die Wiederherstellung von *fride und reht* (*pax et iustitia*) gelingen – sie war Aufgabe des Königs. Damit deutet die Strophe die Forderung nach der Wiederherstellung des Königtums an, was für Entstehung zusammen mit Nr. 2 spricht.
Str. 2 zeigt, dass mit dieser Wiederherstellung die Krönung Philipps von Schwaben gemeint ist. Die Strophe wurde offenbar im Sommer 1198 (vor der Krönung am 8. 9.) vorgetragen, um für Philipp Stimmung zu machen. (Weniger wahrscheinlich ist die Datierung auf 1201, gedacht wird dabei an eine Festkrönung, vgl. dazu zu Nr. 6.) Walther kontrastiert die im Tierreich herrschende Vernunft mit der Unvernunft der Deutschen, die ertragen müssen, dass sogar die *armen künege*, die Vasallenkönige, mit ihren einfachen Kronreifen – im Unterschied zur oktogonalen Kaiserkrone, die im letzten Vers pars pro toto als *der weise* »der Waise« nach einem angeblich singulären Edelstein bezeichnet ist – sich hervordrängen. Gemäß staufischer Reichsideologie waren alle euro-

päischen Könige dem römischen Kaiser – das Amt, das Philipp als deutscher König beanspruchen konnte – untergeordnet. (Die um 970 entstandene Kaiserkrone und die übrigen Kroninsignien befinden sich heute in der weltlichen Schatzkammer des Kunsthistorischen Museums in der Wiener Hofburg.)
Nr. 3, die älteste Antipapststrophe Walthers, wurde nach dem 3.7.1201, d.h. nach dem Bannspruch über Philipp und seine Anhänger, verfasst. Mit den beiden betrogenen Königen sind Philipp und sein damals noch unmündiger, unter der Vormundschaft des Papstes stehender Neffe Friedrich, König von Sizilien, gemeint. Ferner geht es um die dem Bann vorausgehenden Geheimverhandlungen mit Otto IV. Angesichts ihrer politischen Erfolglosigkeit greift die päpstlich-welfische Partei zu ihren ureigenen Waffen und bannt ihre Gegner wider jedes Recht. Ein Eremit, der für das wahre, schlichte Christentum steht, spricht das Schlusswort: mit diesem unerfahrenen Papst ist die Christenheit in die Irre geführt. Die Figur des Klausners in dieser Rolle begegnet bei Walther in der Folge mehrfach (vgl. Nr. 28; 34, Str. V; 81, Str. I). Gerichtet sind die Strophen des Reichstons an die Anhänger Philipps, aber auch an Unentschiedene und Gegner.

Literaturhinweise:

Jens Burkert, Walthers von der Vogelweide Strophe *Ich saz ûf eime steine* (L 8,4 ff.). Ein Forschungsbericht. In: Thomas Bein (Hrsg.), Walther von der Vogelweide – Überlieferung, Deutung, Forschungsgeschichte. Frankfurt a.M. [u.a.] 2010, S. 227–308.
Wolfgang Mohr, Der ›Reichston‹ Walthers von der Vogelweide. In: Wolfgang Mohr, Gesammelte Aufsätze. Bd. 2: Lyrik. Göppingen 1983, S. 151–164.

Nr. 4

Hauptperson dieser Strophe, die als Lobspruch auf Philipp von Schwaben zu verstehen ist, ist erstmals der Dichter selbst. Er berichtet, dass er nach dem Tod Herzog Friedrichs I. von Österreich im April 1198 im Heiligen Land zunächst deprimiert war, dass er nach seiner Aufnahme beim König aber wieder bereit sei, zum Tanz aufzuspielen. Den Gegensatz von Depression und Hochstimmung fasst Walther bildlich in den von Pfau und Kranich, eine Gegenüberstellung, deren Tradition bis zu dem lateinischen Fabeldichter Avian (4. oder 5. Jh. n. Chr.) zurückreicht.
Weitere Strophen im Ersten Philippston: Nr. 5, 6, 10, 45.

Literaturhinweis: Walter Röll, *Den phawen ofte hat überstigen des kraneches vluc.* Zu L 19,29 ff. In: Hans-Dieter Mück (Hrsg.), Walther von der Vogelweide. Beiträge zu Leben und Werk. Stuttgart 1989, S. 379–390.

Nr. 5, 6

Die beiden Strophen stellen den Höhepunkt der politischen Panegyrik Walthers dar. Sie werben für Philipp, der hier als der einzig legitime, einzig denkbare König dargestellt wird. Nr. 5 ist frühestens nach der Krönung am 8. 9. 1198, Nr. 6 im Zusammenhang der Magdeburger Festkrönung an Weihnachten 1199 entstanden. Vermutlich wurden beide Sprüche gemeinsam vorgetragen. In Nr. 5 argumentiert Walther mit dem »Kronenwunder«: die viel ältere Krone passt dem jungen König genau, zur Freude der Fürsten strahlen beide einander an – und Philipp trägt die wahre Krone, den »Waisen« (implizit zu verstehen: nicht, wie Otto, eine Imitation). Dieser ist der »Leitstern« für die Fürsten, d. h., er ist vergleichbar dem Stern von Betlehem oder dem Polarstern, an dem die Seefahrer sich orientieren.

Festkrönungen wurden seit dem frühen Mittelalter an hohen kirchlichen Feiertagen begangen. Dabei wurden König und Königin erneut feierlich gekrönt (nicht jedoch gesalbt). Nr. 6 handelt von Philipps Festkrönung an Weihnachten 1199, die als demonstrativer Akt gegen den Rivalen zu verstehen ist, der damals bereits viel an Einfluss verloren hatte. Walther rückt das Geschehen kühn in Analogie zur Christgeburt. *Megdeburg* bedeutet »Stadt der heiligen Jungfrau«, in Philipp, der in einer Person er selbst, der Bruder Kaiser Heinrichs VI. und der Sohn Kaiser Friedrichs I. ist, wiederholt sich – nachvollziehbar – das schwer fassliche Paradox der christlichen Trinität. Er erscheint gleichsam als wiedergeborener irdischer Stellvertreter des Friedensfürsten. Die Königin, Tochter des byzantinischen Kaisers Isaak II. Angelos, die ihren ursprünglichen Namen Irene in Maria geändert hatte, wird mit Attributen der heiligen Jungfrau versehen. Landgraf Hermann von Thüringen war soeben erst zu Philipp übergetreten, zusammen mit Herzog Bernhard von Sachsen leistet er vorbildlichen Hofdienst. Ob mit den *wîsen* der Schlusszeile die Drei Weisen aus dem Morgenland (so Wapnewski, s. u.) oder lediglich die urteilsfähigen, klugen Leute gemeint sind, ist umstritten. Für die erste Deutung könnte sprechen, dass die Reliquien der Drei Weisen durch Barbarossa nach Köln gebracht worden waren, dem damaligen Aufenthaltsort Ottos IV.: auch die Weisen treten in Walthers Darstellung, beeindruckt vom Geschehen in Magdeburg, gewissermaßen zu Philipp über.

Literaturhinweise:

Horst Brunner, Verkürztes Denken. Religiöse und literarische Modelle in der politischen Dichtung des deutschen Mittelalters. Zuerst 1991, Wiederabdruck: Horst Brunner, Annäherungen. Studien zur deutschen Literatur des Mittelalters und der Frühen Neuzeit. Berlin 2008, S. 272–290.

Eberhard Nellmann, Die ›Weisen‹ auf der Magdeburger Weihnacht (Walther L 19, 15 f.) und die Heiligen Drei Könige zu Köln. In: Marc Chinca (Hrsg.), Blütezeit. Festschrift L. P. Johnson. Tübingen 2000, S. 53–65.

Jürgen Petersohn, Der König ohne Krone und Mantel. Politische und kulturgeschichtliche Hintergründe der Darstellung Ottos IV. auf dem Kölner Dreikönigenschrein. In: Jürgen Petersohn (Hrsg.), Überlieferung – Frömmigkeit – Bildung als Leitthemen der Geschichtsforschung. Wiesbaden 1987, S. 43–76.

Peter Wapnewski, Die Weisen aus dem Morgenland auf der Magdeburger Weihnacht. Zu Walther von der Vogelweide 19, 5. In: Peter Wapnewski, *Waz ist minne.* Studien zur mittelhochdeutschen Lyrik. München 1975, S. 155–180.

Nr. 7

Klage über die Konstantinische Schenkung aus Anlass der Einmischung des Papstes in die deutschen Verhältnisse, entstanden im Zusammenhang mit der Bannung Philipps und seiner Anhänger am 3. 7. 1201. Die auf einer Fälschung des 8. Jahrhunderts beruhende Schenkung galt im Mittelalter als Tatsache: angeblich hatte der römische Kaiser Konstantin († 337) dem Papst aus Dankbarkeit die geistliche und weltliche Oberhoheit (Lanze, Kreuz, Krone – Christi Marterwerkzeuge sind zugleich als Herrschaftszeichen zu verstehen) über das Römische Reich verliehen. Konstantin wird deshalb hier lediglich als König tituliert. Mit der »Wahl der Kleriker« ist das Eingreifen zugunsten Ottos IV. gemeint.

Weitere Strophen im Wiener Hofton: Nr. 8, 37, 38, 40, 55–58, 60–63.

Nr. 8

Ein geistlicher Weckruf angesichts der Vorzeichen des zu erwartenden Jüngsten Gerichts und der Miserabilität der Zeitverhältnisse. Die Strophe wird in Zusammenhang gebracht mit der Sonnenfinsternis vom 27. 11. 1201; in v. 12 sieht man vielfach eine Anspielung auf das Auftreten des päpstlichen Legaten Guido von Praeneste im Kardinalshabit, der *cappa cardinalis.* (Neuerdings wurde vorgeschlagen, die Entstehung im Zusammenhang mit einer Sonnenfinsternis vom 28. 2. 1207 zu denken, da die von 1201 nördlich der Alpen nicht deutlich genug zu sehen gewesen sei; die politische Implikation würde dann vermutlich hinfällig.)

Literaturhinweis: Peter Göhler, *Diu sunne hât ir schîn verkêret.* Zur Datierung von L 21,25. In: Thomas Bein (Hrsg.), Walther von der Vogelweide – Überlieferung, Deutung, Forschungsgeschichte. Frankfurt a. M. [u. a.] 2010, S. 99–102.

Nr. 9–11

Die drei Strophen sind direkt (Nr. 9, 10) bzw. indirekt (Nr. 11) an Philipp von Schwaben gerichtet. Walther spricht offensichtlich im Auftrag von Fürsten, die für den Beistand, den sie dem König geleistet hatten, nunmehr entsprechend entlohnt werden wollen. Als Adressaten kann man sich neben dem König und seinem Hof die öffentliche Meinung, d. h. die weltliche Oberschicht, vorstellen. Spätestens 1203 hatte Walther – vielleicht enttäuscht von ausbleibender oder zu geringer Entlohnung – Philipps Hof verlassen. Da er am 12. 11. 1203 in der Nähe von Wien vom Bischof von Passau ein Geldgeschenk erhielt (vgl. Zeittafel, S. 12), nimmt man mit einiger Sicherheit an, dass er sich in diesem Jahr im Zusammenhang mit der Hochzeit Herzog Leopolds VI. von Österreich (* 1176/77) mit Theodora, einer Enkelin des byzantinischen Kaisers Isaak II. Angelos, in Wien aufhielt (vgl. Nr. 36–38); der Versuch, dort erneut Fuß zu fassen, scheiterte. Etwa zu dieser Zeit scheint er auch in nähere Beziehung zu Landgraf Hermann von Thüringen, vielleicht auch schon zu dessen Schwiegersohn Markgraf Dietrich von Meißen getreten zu sein (vgl. Nr. 12, 15, 44–48).

Nr. 9 und 10, in denen der König direkt angesprochen wird, kann man sich zwischen 1202 und 1207 vorgetragen vorstellen. Thema ist die Freigebigkeit, die *milte*, die als eine der wichtigsten Herrschertugenden galt. In Nr. 9 wird Philipp zum Triumph über seinen Konkurrenten beglückwünscht. Walther zitiert hierzu das biblische Sämanngleichnis (Matthäus 13,8 u. ö.). Alexander der Große († 323 v. Chr.) galt seit jeher als Muster eines freigebigen Herrschers. Weitere Strophen im Zweiten Philippston: Nr. 11, 46.

Wesentlich drängender, fast schon am Rand der Unverschämtheit ist Nr. 10. Auch hier geht Walther offensichtlich von einer Bibelstelle aus: »Einen fröhlichen Geber hat Gott lieb« (2. Korinther 9,2). Als Musterbeispiele freigebiger Herrscher werden Sultan Saladin († 1193), der Hauptgegner der Christen im 3. Kreuzzug, genannt, dessen Freigebigkeit als legendär galt, sowie »der König von England«, Richard I. Löwenherz (†1199). Die Bosheit gegenüber Philipp beruht darauf, dass Richard, der bei der Rückkehr vom Kreuzzug Ende 1192 in Österreich gefangen genommen und erst Anfang Februar 1194 von Kaiser Heinrich VI. gegen ein sehr hohes Lösegeld wieder freigelassen worden war, bis zu seinem Tod der Hauptförderer Ottos IV., seines Neffen, gewesen war. Nr. 11, der berühmt-berüchtigte ›Spießbratenspruch‹, kleidet das Ansinnen auf *milte*, verbunden mit einer scharfen Drohung, in die Bildlichkeit des im Mittelalter beliebten Küchenhumors. Angeredet sind die »Köche«, d. h. die Ratgeber Philipps, zitiert werden Ereignisse der jüngsten Gegenwart: Kaiser Isaak II. Angelos von Byzanz (†1204), der Schwiegervater Philipps, war 1195 von seinem Bruder abgesetzt und geblendet worden. Seinem Sohn Alexios IV. gelang es, das Kreuzfahrerheer (4. Kreuzzug), dem große Geldsummen zugesagt wurden, zu mobilisieren. Das christliche Byzanz wurde 1203 erobert, der Kaiser und sein Sohn wurden wieder eingesetzt. Nachdem ihre Herrschaft Anfang Januar 1204 durch einen gegen die vor den Toren lagernden Kreuzfahrer gerichteten Volksaufstand weggefegt worden war (Isaak II. starb im Gefängnis), eroberte das Kreuzfahrerheer die Stadt ein zweites Mal, richtete ein entsetzliches Blutbad an, plünderte und errichtete das sogenannte Lateinische Kaiserreich (bis 1261), zum neuen Kaiser wurde Balduin von Flandern gewählt. Für die Bekanntheit von Walthers Spruch, der 1204 oder wenig später gedichtet wurde, spricht, dass er noch nach 1210 im ›Willehalm‹ (v. 286, 19 ff.) Wolframs von Eschenbach zitiert wird.

Literaturhinweis: Derk Ohlenroth, Die ›Köche‹ in Walthers ›Spießbratenspruch‹ (L. 17,11). Zum performativen Rahmen einer politischen Warnung. In: Christine Ackermann / Ulrich Barton (Hrsg.), »Texte zum Sprechen bringen«. Festschrift Paul Sappler. Tübingen 2009, S. 49–64.

Sprüche an Kaiser Otto IV.

Nr. 12–14

Mit den drei durch den gleichen Anfang zu einem kleinen Zyklus verbundenen Strophen wurde Otto IV. nach seiner Rückkehr aus Italien wohl auf dem Frankfurter Hoftag 1212 von Walther in fürstlichem Auftrag begrüßt. In Nr. 12 wird er der Loyalität der (in Wirklichkeit meist öfter die Seiten wechselnden) Fürsten versichert, insbesondere der des Markgrafen Dietrich von Meißen – der ein halbes Jahr zuvor zusammen mit Hermann von

Thüringen Friedrich II. zum Gegenkönig gewählt hatte. In Nr. 13 wird der Kaiser durch den Sänger, der in der Rolle des Gottesboten auftritt, ermahnt, den seit 1209 geplanten Kreuzzug durchzuführen. In Nr. 14 proklamiert der Sänger sozusagen ein Regierungsprogramm: erst soll in Deutschland Frieden gemacht und damit die Anerkennung des Auslands gewonnen werden, dann soll Otto IV. durch einen Kreuzzug der gesamten Christenheit Frieden schenken. Der Adler ist das Wappentier des Reiches, der Löwe das der Welfen.
Weitere Strophen im Ottenton: Nr. 19–21.

Literaturhinweis: Melanie Müller, Markgraf Dietrich von Meißen in der politischen Spruchdichtung Walthers von der Vogelweide. Göppingen 2004.

Nr. 15

Walther im Dienst Hermanns von Thüringen: Unter Hinweis darauf, dass der Landgraf, gegen den Otto IV. im Juli 1212 einen Rachefeldzug unternahm, ganz offen von ihm abgefallen sei (er war seit 1211 Anführer der Fürstenopposition), wird um Verständnis für ihn gebeten. Andere hätten dagegen, inspiriert von Rom, heimtückisch und scheinheilig gehandelt. Datiert wird die Strophe, deren Anspielungen teilweise nicht hinreichend klar sind, auf Mitte 1212.
Weitere Strophen im Meißnerton: Nr. 47, 48.

Literaturhinweis: Thomas Bein, Politische Lyrik und Chronistik. Zur Rekonstruktion von Zeitgeschehen am Beispiel Walthers von der Vogelweide (L 105,13). In: Christoph Cormeau (Hrsg.), Zeitgeschehen und seine Darstellung im Mittelalter. Bonn 1995, S. 118–135.

Nr. 16

Die Datierung dieser Klage über den Niedergang des Reiches ist nicht zu bestimmen. Nach der Schlacht bei Bouvines? V. 1–6 der in einem sonst nicht verwendeten Ton verfassten Einzelstrophe haben daktylischen Rhythmus (vgl. dazu oben, S. 263): *Ích sach hie vór eteswénne den tág, / dás unser lób was geméin allen zúngen …*

Nr. 17

Der Sänger tritt in der Rolle des Weitgereisten und Welterfahrenen auf, der sich von West (Seine) nach Ost (Mur in der Steiermark) und von Süd (Po) nach Nord (Trave in Schleswig-Holstein) auskennt (vgl. zur Stelle auch Nr. 84, Str. IV). Zeitklage: Besitz wird heutzutage mehr geschätzt als Ehre (vgl. zu beiden Werten auch Nr. 1), der ehrlose Reiche hat Chancen bei den Damen, zum Schaden des Reiches korrumpiert Habgier die Fürsten. Der Spruch wird – gestützt darauf, dass Walther den Unmutston ab 1212 mehrere Jahre lang benutzt hat – auf 1212/13, die Zeit des endgültigen Abfalls der Fürsten von Otto IV. und der Hinwendung zu Friedrich II., datiert.
Weitere Strophen im Unmutston: Nr. 18, 22, 23a/b, 24–28, 39, 42–44.

Nr. 18

Die Klage über die Unbehaustheit des Fahrenden, dessen Situation Walther anschaulich ausmalt, wird verbunden mit der Bitte an einen Herrn, er möge dem Sänger aus seiner Lage heraushelfen, damit im Gegenzug Gott ihn von seiner Bedrängnis erlöse. Adressat ist vermutlich Otto IV. in der Zeit der Bedrohung durch Friedrich II. 1212/13.

Sprüche gegen Papst Innozenz III. und den Klerus

Nr. 19–28

Hauptaufgabe Walthers im Dienst Ottos IV. in den Jahren 1212/13 war die Beeinflussung der öffentlichen Meinung gegen Papst Innozenz III. – eine Aufgabe, die dem Dichter die Gelegenheit bot, engagiert sein ganzes agitatorisches Geschick einzusetzen. Es gelangen ihm Texte von teilweise funkelnder Bosheit. Dabei bediente er sich der Gemeinplätze der Kirchen- und Romkritik: dem Papst werden Machtgier, Habgier, Verlogenheit, dem Klerus Völlerei, Hurerei, Vernachlässigung seiner eigentlichen Aufgaben unterstellt. Darüber hinaus wird das Nationalgefühl durch Verweis auf den Hass und die Verachtung der Welschen gegenüber den »dummen« Deutschen angestachelt. Auf Walthers Erfolg wies 1216 der italienische Kleriker Thomasin von Zirclaere hin (vgl. oben S. 261).
Nr. 19: Wie die drei Strophen an den Kaiser Nr. 12–14 beginnt auch dieser Spruch im Ottenton mit einer Anrede, nunmehr an den Papst. »Mit schneidendem Hohne lässt Walther den Bannfluch [gegen den Kaiser] auf seinen Ur-

heber zurückfallen« (Wilmanns/Michels, Bd. 2, S. 83). Die Segensworte zitieren 4. Mose 24,9 (Balaamsegen).

Nr. 20: Mit Hilfe der Erzählung von Christi Versuchung durch die Juden (Matthäus 22,19; Markus 12,15; Lukas 20,24) wird der päpstliche Machtanspruch zurückgewiesen.

Nr. 21: Der Spruch konstatiert die Willkür und Verlogenheit des Klerus, gemeint ist: erst wurde Otto zum Kaiser gekrönt, anschließend gebannt. Der Herrscher ist aber, wie das Bibelzitat zu Beginn beweist (Daniel 4,22), von niemand anderem als von Gott eingesetzt.

Nr. 22: Gerbert (Gerbrecht) von Aurillac, d. h. Papst Silvester II. (999–1003), war ein bedeutender und berühmter Gelehrter, Lehrer Kaiser Ottos III. Seit dem ausgehenden 11. Jahrhundert sah man in ihm jedoch einen Teufelsbündler. Der jetzige Papst ist indes weit schlimmer, da er nicht nur, wie Gerbrecht, sich selbst, sondern auch die gesamte Christenheit in die Verdammnis geführt hat. Die Menschheit soll Gott bitten, dem schändlichen Treiben ein Ende zu machen.

Nr. 23a/b: Die erste der berühmten ›Opferstockstrophen‹ ist dem Papst selbst in den Mund gelegt. Hintergrund ist die auf päpstliche Anordnung Ostern 1213 erfolgte Aufstellung von Opferstöcken. Mit dem Ertrag sollte ein Kreuzzug finanziert werden. In der perfiden Rede des Papstes, der durch die Verwendung der Fremdwörter *Allaman* und *wasten* (von lateinisch *vastare*) als Nichtdeutscher charakterisiert wird, treten Geld- und Machtgier, Verachtung der Deutschen und Neigung zur Völlerei in besonders »christlicher« Weise zutage. Der letzte Vers ist in Nr. 23a – um die Schlusspointe, gewissermaßen das Fazit, besonders deutlich hervorzuheben – auf drei (statt sieben) Hebungen verkürzt. In 23b ist der Schluss um weitere Zeilen verlängert. Die metrisch holprigen, durch Überlieferungsfehler teilweise schwer verständlichen Verse stammen kaum von Walther selbst, sondern sie stellen wohl den Zusatz eines in dieser Sache besonders engagierten Schreibers dar. Die Formulierung *nider halben tasten* am Schluss deutet offenbar den Vorwurf der Hurerei an.

Nr. 24: In der zweiten ›Opferstockstrophe‹ wird der Opferstock selbst angeredet. Entlarvt wird hier der schändliche Zweck des päpstlichen Unterfangens. Lateran: der römische Lateranspalast war die Residenz der Päpste (bis 1308). Mit v. 5 f. ist gemeint: das Geldsammeln muss weitergehen, da angesichts der Verwirrung im Reich im Augenblick an einen Kreuzzug nicht zu denken ist. Der »üble Kniff« in v. 4 bezieht sich vermutlich auf die späte Absage eines Albigenserkreuzzuges im Jahr 1212 (vgl. Wilmanns/Michels, Bd. 1, S. 134).

Nr. 25: Der Papst als Verderber der Christenheit und als Verführer zu Habgier, Lug und Trug. Wer ihm, dem alten Judas, nachfolgt, wird als neuer Judas bezeichnet.
Nr. 26: Die Kleriker sind keine Vorbilder der Laien. Sie sind ohne Verstand, sündigen furchtlos, sind Gott verhasst und zur Hölle verdammt. Zwischen ihren Worten und ihren Werken klafft ein Widerspruch (vgl. Matthäus 23,3). Am Schluss der Vorwurf der Hurerei.
Nr. 27: Warnung an Bischöfe und Geistliche, nicht der vom Papst gelehrten Simonie, d. h. dem Kauf oder Verkauf der Gabe Gottes, zu verfallen (nach Simon Magus, Apostelgeschichte 8,20). Mit dem »schwarzen Buch« ist die von Innozenz III. veranlasste, 1209 von Peter von Benevent abgeschlossene Dekretalensammlung, d. h. Sammlung von Papstbriefen zu kirchlichen Rechtsfragen, gemeint. Am Schluss ist der Gegensatz zwischen den Kirchen der wohlhabenden Kardinäle und denen der finanziell ausgeplünderten deutschen Laien anschaulich dargestellt – natürlich als Symptom.
Nr. 28: Nur wer über wirkliche Gottesliebe verfügt, kommt in diesen Zeiten, in denen der Papst ein Irrlehrer ist und die Kleriker verdorben sind, nicht vom rechten Weg ab. Der Klausner als Vertreter des wahren Christentums (vgl. Nr. 3; 34 Str. V; 81, Str. I) weint bitterlich.

Literaturhinweis: Susanne Padberg, *Ahî wie kristenlîche nû der bâbest lachet.* Walthers Kirchenkritik im Unmutston. Herne 1997.

Sprüche an und für Kaiser Friedrich II.

Nr. 29–32

Ende 1213 oder im Frühjahr 1214, vielleicht auch etwas später (erst 1215?), ging Walther von Otto IV. zu Friedrich II. über. Panegyrische Strophen vom Rang der Texte für Philipp von Schwaben oder noch Otto IV. haben sich auf Friedrich II. nicht erhalten. Allerdings trat Walther, vorwiegend 1227/28, mit Kreuzzugspropaganda für ein Anliegen des Kaisers ein (vgl. Nr. 33, 34, 102, 103). Thema der direkt an Friedrich II. gerichteten Sprüche ist die Bitte des Dichters, ihn aus dem elenden Dasein des unbehausten Fahrenden zu erlösen. Den Übergang von Otto zu Friedrich markieren die in einem neugeschaffenen Ton abgefassten Strophen Nr. 29 und 30. Sie kritisieren scharf Ottos mangelnde Freigebigkeit, *milte*, und rühmen die Großherzigkeit Friedrichs. Bezeichnenderweise wird Otto nur mehr als »Herr«, nicht mehr als

»Kaiser« bezeichnet. Nr. 30 setzt höhnisch die beachtliche Körpergröße des damals etwa fünfunddreißigjährigen Welfen und den kleinen Wuchs des gut zwanzigjährigen Staufers in Relation zur jeweiligen *milte*.
Nr. 31: Die Strophe ist eines der bedeutendsten Zeugnisse für Walthers Selbsteinschätzung. Im vollen Bewusstsein seines literarischen Könnens tritt er mit der Bitte um einen Besitz vor den König. Liebeslieddichtung, die Gestaltung höfischer Festlichkeiten, werden als Angelegenheit dessen dargestellt, der über einen eigenen Wohnsitz (und über ein gesichertes Einkommen) verfügt. Dagegen wird Walthers aktuelle Lebensform des fahrenden Berufsdichters gesetzt, der sich – das ist impliziert – mit Spruchdichtung befassen muss (vgl. die »Scheltreden« in Nr. 32). Friedrich wird – bereits vor der Kaiserkrönung – als »Schirmherr Roms« (*advocatus Romanorum*) bezeichnet – der Anspruch auf dieses Amt stand dem deutschen König mit dem Kaisertitel zu; König von Apulien, d. h. von Sizilien, war der Staufer bereits seit 1198. Die »Notlage« der letzten Zeile wird von der Forschung auf den Widerstand der Fürsten gegen die Wahl Heinrichs (VII.) zum deutschen König und/oder auf die Probleme Friedrichs, sein Kreuzzugsversprechen einzuhalten, bezogen. Der Spruch wurde wohl spätestens Anfang 1220, vielleicht früher, vorgetragen.
Nr. 32: Dank an König Friedrich II. für ein Lehen, offenbar ein Haus und damit verbundene Einkünfte. Dass dieses Lehen in oder bei Würzburg lag, ist nur eine Vermutung. *hornung:* die alte deutsche Bezeichnung für den Februar. *in butzen wîs* bedeutet ›wie ein Hausgespenst‹ (Wilmanns/Michels, Bd. 2, S. 141). Weitere Strophen im König-Friedrichs-Ton: Nr. 33, 41, 51, 66, 69, 70.

Nr. 33

Die an die fürstliche Opposition gegen Friedrich II. gerichtete witzige Strophe entstand mit einiger Sicherheit aus Anlass des Hoftages von Frankfurt im April 1220. Der König beharrte auf der Wahl seines Sohnes Heinrich (VII.) zum deutschen König als einer Vorbedingung für seinen Kreuzzug. Trani, in Apulien nordwestlich Bari, war ein Ausgangshafen für die Kreuzfahrer.

Nr. 34

Die Reihe von fünf zusammenhängenden Strophen im Kaiser-Friedrichs-Ton entstand 1227/28. Sie wirbt für das Kreuzzugsunternehmen des Ende 1227 gebannten Kaisers. Str. I preist die Unermesslichkeit Gottes; in II wird

Christus gebeten, gegen Heiden und Christen – gemeint sind der Papst und seine Anhänger – als die Feinde des Heiligen Landes vorzugehen; III fordert den Kaiser auf, rasch aufzubrechen und sich nicht, vor allem nicht von den Klerikern auf der päpstlichen Seite, hindern zu lassen; IV wendet sich an den Klerus, der vor Habgier gewarnt wird (zur Konstantinischen Schenkung vgl. oben zu Nr. 7); V zitiert erneut die bei Walther stehende Figur des Klausners als des Vertreters des wahren Christentums (vgl. auch Nr. 3, 28, 81 Str. I): das falsche Verhalten des Klerus werde erneut zu großer Wirrnis führen.

Sprüche an und über Fürsten

Nr. 35

Allgemein gehaltener Fürstenspiegel: ein Katalog von Fähigkeiten, Aufgaben, Verhaltensweisen von Fürsten und von Anforderungen an sie.

Herzog Leopold VI. von Österreich und der Wiener Hof

Nr. 36–43

Nach seinem Weggang vom Wiener Hof (vgl. zu Nr. 4) bemühte Walther sich in den folgenden Jahren offensichtlich mehrfach, doch vergebens, darum, dort wieder aufgenommen zu werden. Vermutet wird, dass er sich vielleicht 1200 aus Anlass der Schwertleite und/oder (wahrscheinlicher) 1203 anlässlich der Hochzeit Herzog Leopolds VI. des Glorreichen (vgl. oben zu Nr. 9–11) vorübergehend dort aufhielt, spätere Aufenthalte sowie Begegnungen andernorts mit Leopold sind sehr wahrscheinlich.

Nr. 36: Die Formulierung des Wunsches, am Wiener Hof aufgenommen zu werden, ist hier mit einem wohlkalkulierten Lob auf Leopolds Freigebigkeit verbunden.

Weitere Strophen im Leopoldston: Nr. 54, 67, 100.

Nr. 37: Lobspruch auf die Freigebigkeit des jungen Herzogs gegenüber den Fahrenden.

Nr. 38: Ein weiterer Lobspruch auf Leopolds Freigebigkeit, die allerdings das Sänger-Ich in frustrierender Weise ausspart.

Nr. 39: Bittstrophe an Leopold, den Dichter nicht in die Waldabgeschiedenheit zu verbannen. Der reale Hintergrund ist unbekannt. Denkbar erscheint mir die in der Forschung seit langem umstrittene Vermutung, Walther sei vom Herzog aufgefordert worden, ihn für längere Zeit in seine um und nach 1200 im

Ausbau begriffene Nebenresidenz, die im Wald gelegene Pfalz Klosterneuburg, zu begleiten (Beyschlag, S. 591: »keine Feste, dafür Bauarbeiten größten Ausmaßes«). Eine genauere zeitliche Festlegung der Strophe ergibt sich daraus nicht. Möglich wäre freilich auch, dass der Herzog den Sänger einfach »in den Wald«, d.h. »zum Kuckuck«, wünschte.

Literaturhinweis: Siegfried Beyschlag, Walther von der Vogelweide und die Pfalz der Babenberger. Zuerst 1959, Wiederabdruck in: Siegfried Beyschlag (Hrsg.), Walther von der Vogelweide, Darmstadt 1971, S. 584–607.

Nr. 40: Der personifizierte Wiener Hof klagt über seinen Niedergang, verbunden mit dem Rückblick auf bessere Zeiten (*laudatio temporis acti*) – unausgesprochen wird damit der Herzog getadelt. Anlass könnte die Verlegung des Hofes nach Klosterneuburg gewesen sein.

Nr. 41: 1217/19 hatte Leopold VI. an dem 1221 dann völlig gescheiterten Kreuzzugunternehmen teilgenommen, das sich auf Damiette im Nildelta konzentrierte. Im Herbst 1219 traf er wieder in Österreich ein. Walthers Spruch erscheint als Begrüßungsstrophe, von der allerdings anzunehmen ist, dass sie nicht vor dem Herzog vorgetragen wurde, denn der Schluss zeigt erhebliche Vorbehalte: »Für seine Person erwartete er [d.h. Walther] augenscheinlich nicht mehr viel« (Wilmanns/Michels, Bd. 1, S. 170).

Nr. 42, 43: Walther wendet sich in scharfem Ton gegen nicht näher fassbare Kontrahenten – gemeint sein dürfte wahrscheinlich Neidhart, dessen offenbar äußerst erfolgreiche Dichtungsmanier sich seit etwa 1210 verbreitet hatte (vgl. auch Nr. 101 und den Kommentar). Walther bezichtigt diese Manier der Grobheit und wirft ihr vor, sie wolle die höfische Freude ruinieren. Offensichtlich wirbt er mit diesen nicht genauer datierbaren Strophen nochmals um die Gunst Leopolds VI., der aufgefordert wird, das unhöfische Wesen zurückzudrängen. Dabei beruft der Dichter sich in Nr. 43 darauf, seine Kunst eben in Österreich erlernt zu haben, woraus sich gewissermaßen ein moralischer Anspruch an den Herzog ergibt. Die Identität Stolles (Nr. 43) ist unbekannt.

Landgraf Hermann von Thüringen und der thüringische Hof

Nr. 44, 45

Der Ludowinger Hermann von Thüringen (um 1155–1217), Landgraf seit 1190, der im Thronstreit nicht weniger als dreimal zu Otto IV. übergegangen war, 1211 dann aber Friedrich II. mitwählte (vgl. Nr. 15 und den Kommentar), war der bedeutendste Mäzen der deutschen Literatur um 1200. Außer Walther, der sich in Nr. 45 ausdrücklich zu seinem Gefolge zählt, förderte er den Abschluss (1184/85) des ›Eneasromans‹ Heinrichs von Veldeke, ferner war er Gönner Herborts von Fritzlar, des Autors des ersten deutschen ›Trojaromans‹ (um 1195 oder später), vielleicht auch Albrechts von Halberstadt, des Verfassers der deutschen Fassung von Ovids ›Metamorphosen‹ (1195 oder später), und auch Wolframs von Eschenbach, der ihm unter anderem für die französische Vorlage zu seinem ›Willehalm‹ (beendet nach Hermanns Tod 1217) dankt. Ein Bild seiner Beziehung zu den Dichtern gibt das nach seinem Tod, seit etwa 1239, entstandene Gedichtkonglomerat vom Sängerkrieg auf der Wartburg, der ›Wartburgkrieg‹.

Nr. 44, die Schelte des Thüringer Hofes, gilt wegen der Verwendung des von Walther um 1200 benutzten Ersten Philippstons als um diese Zeit entstanden. Unter »Schaufechtern« (*kenpfe*) versteht man Berufsfechter niedrigen Standes, die gemietet werden konnten. Eine ähnliche Schelte von Hermanns Hof, in deren Zusammenhang Walther (mit einer nicht überlieferten Strophe) zitiert wird, findet sich im etwa 1205/06 entstandenen 6. Buch von Wolframs von Eschenbach ›Parzival‹ (297, 16–30).

Nr. 45, das überschwengliche Lob Hermanns, entstand, wiederum wegen des dafür verwendeten Tones, zwischen etwa 1212 und 1217.

Literaturhinweise:

Joachim Bumke, Mäzene im Mittelalter. München 1979.

Manfred Lemmer, *der Dürnge bluome schînet dur den snê.* Thüringen und die deutsche Literatur des hohen Mittelalters. Eisenach 1981.

Herzog Ludwig I. von Bayern

Nr. 46

Walther teilt zunächst mit, der Meißner, d. h. Markgraf Dietrich von Meißen, mit dem der Dichter zeitweise in enger Verbindung stand (vgl. Nr. 12, 47, 48), habe ihm aus Franken – darunter verstand man damals in erster Linie das Bistum Würzburg, der Bischof führte den Titel des Herzogs von Franken – eine Strophe (*liet* hat im damaligen Sprachgebrauch ausschließlich diese Bedeutung) mitgebracht, die von Ludwig gesandt sei. Es folgt dann ein Segenswunsch auf Ludwig, der abschließend als – fürstlicher? – Jäger dargestellt wird. Allgemein vermutet wird, dass damit der Wittelsbacher Herzog Ludwig I. der Kehlheimer von Bayern (1174–1231, Herzog seit 1183) gemeint ist. Ob Walther zu ihm in einem näheren Verhältnis stand – wie man das für Wolfram von Eschenbach annehmen kann –, ist unbekannt. Umstritten ist die Vermutung, bei dem Walther übersandten *liet* handle es sich um die sogenannte Volcnantstrophe (überliefert in A und C; L 18, 1). In der ebenfalls im Zweiten Philippston abgefassten Strophe weist ein Anonymus scharf die Kritik zurück, die ein *Her Volcnant* (C, in A *Wicman*) an Walther geübt hatte (hier nach C):

....

er ist das korn, ir sît diu spriu,
singent ir eins, er singet driu.
ir sît gelîch als ars und mâne.
hêr Walther singet, swas er wil,
des kurzen und des langen vil,
sus mêret er der welt ir spil,
sô jagent ir als ein valscher hunt
nâch wâne.

Er ist das Korn, Ihr seid die Spreu,
singt Ihr eine Strophe, singt er drei.
Ihr verhaltet Euch zu ihm wie der
Arsch zum Mond.
Herr Walther singt alles, was er will,
viele kurze und lange Lieder,
damit mehrt er die Freude der
höfischen Gesellschaft.
Ihr aber jagt als Fehlbesetzung in die
Irre.

Markgraf Dietrich von Meißen

Nr. 47, 48

Mit dem Wettiner Dietrich dem Bedrängten († 1221), seit 1199 Markgraf von Meißen, dem Schwiegersohn Hermanns von Thüringen, stand Walther zeitweise in enger Verbindung (vgl. Nr. 12 und 46). Offensichtlich erfüllten die Erwartungen des Dichters auf Wertschätzung und Belohnung sich jedoch nicht. Die beiden vielleicht 1212/13 entstandenen Strophen formulieren selbstbewusst seine Enttäuschung.

Literaturhinweise:

Horst Brunner, Deutsche Lieddichtung des Mittelalters im Umkreis der Wettiner. In: Matthias Herrmann (Hrsg.), Musik im mittelalterlichen Dresden. Vom Werden einer Musikstadt. Altenburg 2008, S. 49–61.

Melanie Müller, Markgraf Dietrich von Meißen in der politischen Spruchdichtung Walthers von der Vogelweide. Göppingen 2004.

Erzbischof Engelbert von Köln

Nr. 49, 50

Engelbert (Engelbrecht), Graf von Berg (1185/87–1225), seit 1216 Erzbischof von Köln, den Walther in Nr. 49 rühmt, dessen Ermordung er in Nr. 50 beklagt, war seit 1220 während der Abwesenheit des Kaisers Reichsverweser und Vormund König Heinrichs (VII.). Er wurde 1225 bei Schwelm von seinem Neffen Graf Friedrich von Altona-Isenburg aus persönlichen Gründen, jedoch durchaus im Sinn gewisser Adelskreise, ermordet. Der Mörder wurde ein Jahr später auf dem Rad hingerichtet. Der Erzbischof von Köln war Kanzler des Reichs für Italien. In Köln befinden sich die Reliquien der hl. Ursula und der Elftausend Jungfrauen, sowie, seit 1164, die Reliquien der Hl. Drei Könige (vgl. den Kommentar zu Nr. 5, 6). – Eine andere, weit weniger dramatische Totenklage Walthers ist Nr. 100.

Persönliches

Nr. 51

In dieser alles andere als zeittypischen, außerordentlichen, an Gott selbst gerichteten Strophe bekennt der Sänger, der hier biographisch mit dem Autor gleichzusetzen ist, seine Verfehlungen gegen die christliche Gottes-, Nächsten- und Feindesliebe. Er beharrt darauf, gegen das Gebot der Feindesliebe gegebenenfalls auch künftig verstoßen zu wollen.

Literaturhinweis: David R. McLintock, Walther's Confession ›Vil wol gelopter got, wie selten ich dich prîse‹ (L. 26,3). Oxford German Studies 13 (1982), S. 159–169.

Nr. 52

Ein Gelegenheitsgedicht in einem sonst nicht verwendeten Ton. Der fahrende Dichter macht, im Vertrauen auf die von anderen gerühmte Gastlichkeit des berühmten bayerischen Klosters Tegernsee einen weiten Umweg. Statt der erhofften großartigen Aufnahme erhält er dort vom geizigen Abt (dem die korrekte Titulatur hier verweigert wird) nichts – nur Wasser. Sozusagen wie ein begossener Pudel muss er abziehen. »Mehr als eine Meile«: die deutsche Meile war zwischen ca. 7,5 und ca. 9 km lang.

Literaturhinweis: Bernd Bastert, Vom ›Sänger des Reiches‹ zum ›Franzosen‹?. Zur Sangspruchlyrik Walthers von der Vogelweide. In: Dorothea Klein (Hrsg.), Vom Verstehen deutscher Texte des Mittelalters aus der europäischen Kultur. FS Elisabeth Schmid. Würzburg 2011, S. 41–53, hier S. 49 f.

Nr. 53, 54

Walthers vielleicht nur scherzhafte Auseinandersetzung mit Gerhard Atze, einem 1196 urkundlich belegten Ministerialen des Landgrafen von Thüringen, ausgetragen in zwei Spottstrophen. In Nr. 53 führt der Dichter Klage, dass Gerhard Atze ihm sein kostbares Pferd erschossen habe, sich aber weigere, Entschädigung zu bezahlen, da das Pferd als ein Verwandter für jenes Ross hafte, das ihn verstümmelt habe. Durch einen Schwur mit seinen beiden unversehrten Händen versichert der Sänger, diese Verwandtschaft habe nicht bestanden – zu einem Gegenschwur ist Atze nicht in der Lage, da er sein Recht nicht mit allen Fingern beschwören kann. »Pferd« ist im Mittelhochdeutschen die Bezeichnung für ein nicht im Kampf verwendetes Reitpferd, »Ross« (*ros*, auch *ors*) ist das Streit- und Wagenpferd. In Nr. 54 fordert der Dichter seinen Knappen Dietrich auf, an den Hof zu reiten. Dies ist jedoch unmöglich, weil kein Pferd da ist (weil Walthers Pferd erschossen ist?). Der Sänger bietet an, ihm entweder eine »goldene Katze« (Bedeutung unklar) oder Gerhard Atze als Reittier zu leihen. (Atze ist vermutlich eine Verballhornung von lat. *asinus* ›Esel‹, vgl. Deutsches Wörterbuch von Jacob Grimm und Wilhelm Grimm.) Der Knappe wundert sich, verspottet Atze und möchte ihn als Reittier. Da dies aber unmöglich ist, muss er schließlich zu Fuß gehen.

Literaturhinweis: Wolfgang Mohr, Zu den Atze-Sprüchen Walthers von der Vogelweide und zu den persönlichen, politischen und anekdotischen Hintergründen mittelalterlicher Zeitdichtung. In: Wolfgang Mohr, Gesammelte Aufsätze, vgl. oben zu Nr. 1–3, S. 185–208.

Religiöse und lehrhafte Sprüche

Nr. 55–57

Drei religiös-lehrhafte Strophen, die grundsätzliche Lebenseinstellungen thematisieren. In Nr. 56, 57 greift Walther auf den schon in Nr. 1 verwendeten Güterternar zurück.

Nr. 55: Ermahnung zur Gottesliebe durch Einhaltung der Zehn Gebote; Mahnung zur Nächstenliebe; Hinweis, dass alle Menschen – Christen, Juden, Heiden – aus dem gleichen Stoff gemacht und im Tod gleich sind und dass sie gleichermaßen von Gott genährt werden.

Nr. 56: Unterschiede zwischen den Menschen. Die einen verfügen über Verstand (*sin*), die anderen über Besitz (*guot*) – damit aber laufen sie Gefahr, ihr Ansehen (*êre*) zu verspielen. Nur Gottes Gnade (*gottes hulde*) und (irdisches) Ansehen (*êre*) zählen. Wer zu sehr am Besitz hängt, der bleibt darauf beschränkt – weder auf Erden noch im Himmel steht ihm weiterer Lohn zu.

Nr. 57: Das Thema von Nr. 56 wird fortgeführt. Wer um jeden Preis Besitz erringen will, ist ein Narr. Er verliert die höchsten Güter. Ein Narr ist aber auch der, der einen solchen Menschen rühmt.

Nr. 58

Ein Reisesegen. Der Texttyp – Bitte an Gott, den Reisenden auf allen seinen Wegen zu behüten – ist traditionell, als ältestes deutsches Beispiel gilt der ›Weingartner Reisesegen‹ (12. Jahrhundert).

Nr. 59

Die Erzengelschelte. I: Lob Gottes; II: Lob Marias; III/IV: überraschend werden die Erzengel Michael, Gabriel, Raphael nicht ebenfalls gelobt, vielmehr gescholten, da sie nichts im Krieg gegen die Heiden leisten. Diese Wendung ist weniger originell, als es scheinen könnte. Sie hat ihre Parallele in der »Erniedrigung« (*humiliatio*), der Schmähung von Heiligen, die ihren Gläubigen die erbetene Hilfe verweigern. Berichte darüber gibt es seit dem späten 6. Jahrhundert. Die »Erniedrigung« von Erzengeln findet sich in den bisher bekannten Quellen freilich sonst nicht. Wieweit Walthers Spruchlied sich auf Aktuelles bezieht, etwa die Vorbereitung auf den 5. Kreuzzug, ist umstritten.

Weitere Strophen im Bognerton: Nr. 64, 72.

Literaturhinweis: Wolfgang Haubrichs, Sakrale Muster und Konfliktstrategien. Walthers Streit mit den Erzengeln (L 78,24 ff.) vor dem Horizont der *humiliatio* von Heiligen. In: Oliver Auge [u. a.] (Hrsg.), Bereit zum Konflikt. Strategien und Medien der Konflikterzeugung und Konfliktbewältigung im europäischen Mittelalter. Ostfildern 2008, S. 237–259.

Nr. 60

Weltklage und -schelte. Vgl. zur Weltthematik auch Nr. 105, 106.

Nr. 61–63

Belehrung der Jugend.
Nr. 61: Vernünftiges Verhältnis zum Besitz.
Nr. 62: Hinweis auf Salomos Rat zur Kindererziehung, vgl. die Sprüche Salomos 13,24: »Wer seine Rute schont, der hasst seinen Sohn; wer ihn aber liebhat, der züchtigt ihn bald.« Der Rat wird verbunden mit Blicken in die bessere Vergangenheit (*laudatio temporis acti*) und in die trübe Zukunft der unerzogenen Jugend.
Nr. 63: Schelte des schlechten Benehmens der Knappen und jungen Ritter am Hof.

Nr. 64

Lob der Selbstbeherrschung. Vgl. die Sprüche Salomos 16,32: »Ein Geduldiger ist besser denn ein Starker, und der seines Mutes Herr ist, denn der Städte gewinnt.« »Und alle seine Glieder in seiner Gewalt hat«: Forderung der geistlichen Ethik (*custodire membra*).

Nr. 65

Didaktisches Lied in der Form eines Palindroms (aus griechisch *pálin* ›zurück‹ und *drómos* ›Lauf‹). Darunter versteht man ein Wort oder einen Text, das oder der von vorn und von hinten gelesen jeweils einen Sinn, in erster Linie denselben Sinn, ergibt. Es handelt sich um eine seit der Antike belegte poetische Spielform. Vgl. etwa in den ›Carmina burana‹, Nr. 174, IV und V: *Chume, chume, geselle min, / ich enbite harte din! Ich enbite harte din, chum, chum, geselle min! // Sůzer roservarwer munt, / chum vnd mache mich gesunt! / chum vnd mache mich gesunt, / sůzer rosenvarwer munt!* – »Komm, komm, mein Freund, / ich warte sehnlich auf dich! / Ich warte sehnlich auf dich, / komm, komm, mein Freund! // Süßer, rosenfarbener Mund, / komm und mache mich gesund! / Komm und mache mich gesund, / süßer, rosenfarbener Mund!« – Die Echtheit der im metrischen Schema etwas abweichenden Strophe VI wird vielfach bezweifelt; es könnte sich um die Hinzufügung eines Schreibers handeln. Zur Strophenform vgl. unten S. 282.

Nr. 66–68

Hof- und Fürstenlehre.

Nr. 66: Gegen Heuchler, Forderung nach Aufrichtigkeit.

Nr. 67: Warnung vor ignoranten, nicht durch ihren Stand legitimierten fürstlichen Ratgebern.

Nr. 68: Drei gute und drei schlechte Ratschläge. Zu den guten Ratschlägen vgl. Nr. 1, 56, 57.

Nr. 69, 70

Frauenpreis.

Nr. 69: Vgl. dazu Nr. 87.

Literaturhinweis: Ricarda Bauschke, *minne*-Strophen im König-Friedrichs-Ton Walthers von der Vogelweide. In: Volker Mertens / Ulrich Müller (Hrsg.), Walther lesen. Interpretationen und Überlegungen zu Walther von der Vogelweide. Festschrift Ursula Schulze, Göppingen 2001, S. 167–194.

Nr. 71, 72

Das Wesen der Liebe.

Nr. 71: Die Frau soll darauf achten, nicht unreifen Jungen ihr Jawort zu geben, sondern vielmehr darauf sehen, ob Umstände und Partner angemessen sind. Ich halte es für zweifelhaft, ob es nötig ist – wie vielfach in der Forschung üblich –, die eine allgemeine Aussage enthaltende Strophe auf die Liebesverhältnisse des jungen Königs Heinrich (VII.) zu beziehen.

Literaturhinweis: Cord Meyer, Die deutsche Literatur im Umkreis König Heinrichs (VII.). Frankfurt a. M. [u. a.] 2007, S. 342–348.

II Lieder

Die Strophenformen

Zu den metrischen Grundbegriffen vgl. oben S. 266.

Im Unterschied zu den Sangsprüchen hat jedes der aus jeweils mehreren Strophen zusammengesetzten Lieder einen eigenen Ton, also eine eigene Strophenform und eine eigene Melodie. Die weit überwiegende Zahl der Lieder ist nach dem Schema der dreiteiligen Kanzonenform (AAB) gebaut; auf die Ausnahmen weise ich unten hin. Die Strophenformen der Lieder Walthers umfassen 6 bis 12 Zeilen, wobei die Stollen meist aus je zwei Versen, selten aus je drei zusammengesetzt sind. Die Reimanordnung im Aufgesang ist bei den zweiversigen Stollen meist a b, a b, bei den dreiversigen Stollen durchweg a b c, a b c.

Unter den Strophenformen mit je zweizeiligen Stollen finden sich in der vorliegenden Auswahl sechszeilige Töne: Nr. 82, 83, 95; Beispiel Nr. 95: 4a 4b, 4a 4b // 4c 4x/4c (4x/4c ist eine sogenannte Langzeile, die eine Zäsur nach der 4. Hebung aufweist). Siebenzeilige Strophenformen haben Nr. 73, 74, 77, 85, 97, 102; Beispiel Nr. 102: 4a 4b, 4a 4b // 4c 4c 4c. Weitaus am häufigsten benutzte Walther achtzeilige Strophenformen, in dieser Auswahl: Nr. 75, 84, 91, 94, 96, 101, 104; Beispiel Nr. 96: 3'a 5b, 3'a 5b // 3'c 3'c 4d 4d. Selten sind neunzeilige Kanzonen, hier: Nr. 78, 88, 99; Beispiel Nr. 88: 6a 4'b, 6a 4'b // 6c 2'd 6c 2'd 4c. Ähnlich selten begegnen zehnzeilige Strophenformen, hier: Nr. 80, 81, 105; Beispiel Nr. 80: 4a 4b, 4a 4b // 4c 4d 4c 4d 4e 6e. Wenige Strophenformen sind zwölfzeilig, hier: Nr. 79, 106; Beispiel Nr. 106: 4a 4b, 4b 4a // c/6d 4c e/6d 4e 4f 4g 4g 4f (die Anfänge der 1. und 3. Zeile des Abgesangs reimen hier jeweils auf den Schluss der folgenden Verszeile!). Nur einmal begegnet eine 13zeilige Form: Nr. 89: 6a 5'b, 6a 5'b // 4c 4'd 4c 4'd 4e 4e 3'f 4'x 4'f.

Dreizeilige Stollen hat in der vorliegenden Auswahl der neunzeilige Ton von Nr. 98: 3'a 2'b 4c, 3'a 2'b 4c // 4d 3R 4d (R steht für den Refrain *tandaradei*). Ferner gehören hierher die elfzeiligen Töne von Nr. 76, 86, 87 (Nr. 86 und 87 benutzen bis auf einen minimalen Unterschied den gleichen Ton); Nr. 86: 5'a 5'b 5c, 5'a 5'b 5c // 4'd 5'd (in Nr. 87: 6') 4e 4x 4e.

Die Strophenstruktur der Töne von Nr. 90 (fünf Zeilen der Form 4a), 92 (sieben Zeilen der Form 4a), Nr. 93 (vgl. S. 291) und Nr. 103 (drei Strophen aus 16 jeweils paargereimten Langzeilen der Form 3'x/3, deren Sequenz durch einen dreihebigen Refrain abgeschlossen wird) ist ohne die Kenntnis der Melodien nicht näher bestimmbar. Die Form von Nr. 65 (Palindrom) dürfte als zweiteilig aufzufassen sein:

3'a 3'a 4b 4b // 4b 4b 3'a 3'a
A B C D D C B A

Die großen Buchstaben bezeichnen im Wortlaut identische Textzeilen.

Eine ausführlichere Darstellung findet sich bei Brunner/Hahn/Müller/Spechtler, S. 50–56, 61 (vgl. Literaturverzeichnis, Handbücher und Einführungen).

Einzelkommentare

Liebeslieder

Gemeinsames Thema der in dieser Gruppe zusammengestellten Lieder ist die Werbung des Mannes um die adlige Dame im Rahmen der höfischen Gesellschaft, dargestellt auf exemplarische Weise in unterschiedlichen, unterschiedlich nuancierten und gestalteten Liedtypen. An autobiographische Aussagen des Dichters darf dabei schwerlich gedacht werden.

Nr. 73

Ein »leichtfüßiges«, kurzes Lied, vielleicht ein Tanzlied. Dafür sprechen der bei Walther (und auch sonst) seltene daktylische Rhythmus: *Wól mich der stúnde, daz ích si erkande* ... (/ x́ x x / x́ x x / x́ x x / x́ x ∧ /), vgl. auch Nr. 16 und 90a/b, sowie der Refrain am Ende beider Strophen. Schönheit und Vollkommenheit der Dame fesseln das Sänger-Ich dauerhaft, es hofft auf Liebeserfüllung. Der hier begegnende Liedtyp des Freudenliedes findet sich im Minnesang ziemlich selten. Vermutet wird, dass Walther von einem annähernd formgleichen Lied des Trobadors Guilhem de Cabestanh (belegt bis 1212) inspiriert sein könnte – es wäre der einzige Fall, in dem er einen romanischen Text schöpferisch rezipiert hätte. Walthers Lied ist freilich »in keiner Hinsicht eine Nachahmung von Guilhems Kanzone, greift vielmehr frei die positive Grundstimmung und einige inhaltliche Motive auf« (Zotz, S. 75).

Literaturhinweis: Nicola Zotz, Intégration courtoise. Zur Rezeption okzitanischer und französischer Lyrik im klassischen deutschen Minnesang. Heidelberg 2005.

Nr. 74

Das ebenfalls kurze Lied kontrastiert die Hoffnung auf Liebeserfüllung mit einer (für Walther durchaus typischen) zeitkritischen Strophe: die Zeiten sind nicht so, angesichts des herrschenden moralischen Verfalls steht die höfische Freude – und damit das Bemühen um den Minnesang – nicht mehr hoch im Kurs. »Rosen pflücken« hat, ebenso wie »Blumen pflücken« (vgl. Nr. 93a, Str. II und 97, Str. II) erotische Bedeutung (vgl. lateinisch *deflorare*).

Nr. 75

Ein elegantes Werbungslied in der Form eines Dialogs, nicht ganz ohne Frivolität. Thema: Wie antwortet man höflich ablehnend auf die männliche Werbung? Die Dame missversteht, natürlich absichtlich, am Ende von Str. IV das Ansinnen des Mannes. Str. V: »Sterbe ich, so habe ich einen angenehmen Tod«: la petite mort.

Nr. 76

In diesem Lied bedient der Sänger sich der Form des Wechsels, einer besonders im frühen Minnesang beliebten Darstellungsform: Mann und Frau sprechen abwechselnd über die Liebe, aber nicht miteinander, wie im Dialog, sondern an getrennten Orten monologisch übereinander. Thema: Wie reagiert der Sänger auf die in Aussicht gestellte Zusage der Geliebten?

Literaturhinweise:

Jens Köhler, Der Wechsel. Textstruktur und Funktion einer mhd. Liedgattung. Heidelberg 1997, S. 205–208.

Ricarda Bauschke, Die ›Reinmar-Lieder‹ Walthers von der Vogelweide. Literarische Kommunikation als Form der Selbstinszenierung. Heidelberg 1999, S. 88–97.

Nr. 77

Werbungslied. Zu Beginn eine lehrhafte Strophe. Ab Str. II tritt das Sänger-Ich in der exemplarischen Rolle des Werbenden auf. Das im Lied zentrale, bemerkenswert weit ausgesponnene Motiv der »Augen des Herzens« (*oculi cordis*) begegnet seit dem hl. Augustinus (354–430 n. Chr.), im Mittelalter findet es sich zuerst in der geistlichen Literatur.

Literaturhinweis: Gudrun Schleusener-Eichholz, Das Auge im Mittelalter. 2 Bde. München 1985, S. 1038 f.

Nr. 78

Eine der bedeutendsten, wortgewaltigsten Liebesklagen Walthers. Zu Beginn wird der Gedanke thematisiert, das höfische Liebeslied, vorgetragen in Gesellschaft, sei dazu da, Freude zu schenken. Das an seiner unerfüllten Liebe leidende Sänger-Ich erhält von der Gesellschaft als Gegengabe jedoch keinerlei Beistand – es ist der allmächtigen, in der Schlussstrophe gefeierten Liebe ausgeliefert. Die personifizierte Liebe selbst wird um Beistand angefleht, sie soll der widerstrebenden Geliebten mit Macht (Str. III) und List (Str. IV) begegnen und dem glücklosen Liebenden (Str. V) zur Erhörung verhelfen. Die Allmacht der Liebe ist ein schon antikes Motiv, vgl. etwa Vergil, ›Ekloge‹ X,69: *omnia vincit Amor: et nos cedamus Amori* – »Alles besiegt die Liebe, lasst uns der Liebe nachgeben.« Die Formulierung *fröidehelfelôs* zu Beginn kommt nur bei Walther und nur hier vor, ein Hapaxlegomenon: »gleich zu Beginn zeigt er die Pranke« (Wapnewski, vgl. Literaturverzeichnis, Ausgaben, S. 238).

Literaturhinweis: Roy Wisbey, Fortune and Love, Reason and the Senses: Traditional Motifs in Walther's Song: *Ich freudehelfelôser man* (L 54,37 ff.). Oxford German Studies 13 (1982), S. 115–142.

Nr. 79

Ein rhetorisch geprägtes, lehrhaftes Preislied auf die vollkommene höfische Frau im allgemeinen. Ihre Zuneigung bedeutet höchstes Glück für den Mann, sein Ansehen wird aufgrund seiner Anstrengungen auch dann gesteigert, wenn er erfolglos bleibt – dann findet eben eine andere an ihm Gefallen. Die letzten vier Verse von Str. IV sind in Handschrift s^1 auch als allgemeingültiges geflügeltes Wort überliefert, die vollständige Str. IV einzeln in i, i^2, s^2.

Nr. 80

Preislied auf die Geliebte des Sänger-Ichs mit ausführlicher Schönheitsbeschreibung, wie in rhetorischer Darstellung üblich vom Kopf abwärts (*a capite ad calcem*): die erste Darstellung in der deutschen Lyrik, die »die Frau in ihrer nackten Schönheit sinnlich vergegenwärtigt« (Klein, vgl. Literaturverzeichnis, Ausgaben, S. 332). Vorbilder finden sich in der antiken und mittelalterlichen lateinischen Literatur. *himelwagen* (Str. III,7): das Sternbild des

Großen Wagens galt als Sinnbild der Gemeinschaft der Heiligen. Str. IV spielt mit der Doppeldeutigkeit von *küssen*, das sowohl »Kissen« wie »Küssen« bedeutet. Für die dem Bad entsteigende nackte Schöne wird in der Forschung unter anderem erinnert an die schaumgeborene Aphrodite/Venus, an die von Actaeon im Bad überraschte Diana (Ovid, ›Metamorphosen‹, III,173 ff.) oder an Bathseba, die Frau des Uria, die König David beim Bad beobachtet (1. Samuel 11,2).

Literaturhinweis: Bauschke, vgl. zu Nr. 76, S. 109–133.

Nr. 81

Ein Werbungslied, das die in Str. II–IV jeweils zu Beginn apostrophierte Dame durch Kritik und Schmeichelei (Str. IV) zu freundlichem Verhalten nötigen möchte. In Str. I erscheint der Sänger in der Rolle des Dulders, der sogar den – von Walther als stehende Figur verwendeten – frommen Klausner (vgl. Nr. 3; 28; 34, Str. V) in dieser Hinsicht übertrifft. Str. II, III heben unter anderem die Bedeutung des höfischen Liedes für die Unterhaltung und moralische Besserung der Gesellschaft, zugleich für das Ansehen des Dichters, hervor (vgl. auch Nr. 78, 83). Str. IV: Der Sänger betont, er habe – anders als andere Spielleute – getragene Kleidung zur Entlohnung nie angenommen. Ob die Schlusspointe – die Übergabe des Begleitinstrumentes (einer Fidel oder Harfe) an den Kaiser – wörtlich zu nehmen ist (nur Otto IV. käme in Frage), ist umstritten. Denkbar wäre auch ein imaginierter Kaiser.

Nr. 82

Ein Werbungslied mit einer ungewöhnlichen, humoristisch zu verstehenden Einleitung (Str. I–III). Der Sänger flucht, da er zu anderem nicht fähig ist, auf harmlose Weise denen, die ihn den Winter über geärgert haben – wodurch wird nicht gesagt. Vers I,3 ist ironisch gemeint. Die nicht restlos geklärte Verfluchung in Str. II könnte bedeuten: die Betreffenden sollen frühmorgens auf nüchternen Magen Eselsgeschrei und Kuckucksruf – musikalisch sehr schlichte Unterhaltung also – ertragen müssen, anstatt zu einem späteren Zeitpunkt des Tages sich an Liedern des Sängers erfreuen zu können. Erst mit Str. III,5 f. beginnt mit einer Liebesversicherung der Werbungsteil, in dem die Zuhörer um Beistand gebeten werden. Str. V ist um vier expressive Zeilen verlängert (vgl. die umgekehrte Parallele, die Verkürzung der Schlusszeile in Nr. 23a). Schlusspointe ist die überraschende und witzige

Nennung des Namens Hildegunde. Der »wirkliche« Name der angesprochenen – ohnehin fiktiven – Geliebten wird nicht verraten, zu Walther (freilich nicht dem von der Vogelweide, sondern dem von Aquitanien) gehört in der mittelalterlichen Heldendichtung aber nun einmal Hildegunde (vgl. das mittellateinische ›Waltharius‹-Epos aus dem 9. oder 10. Jahrhundert; der Stoff war aber auch zu Walthers Zeit allgemein bekannt, ein deutsches Epos ist bis auf wenige Reste verloren).

Nr. 83

Das berühmt-berüchtigte *sumerlatten*-Lied (*sumerlatten* sind frische, besonders biegsame Ruten). Thema des Gedankenspiels ist die Interdependenz von Dichter, Dame und höfischer Gesellschaft. Formuliert wird sie in einem Absagelied an die den Sänger missachtende Geliebte. Sie nimmt nicht zur Kenntnis, dass ihre gesellschaftliche Existenz ganz und gar auf seinen von der höfischen Gesellschaft sehnlich gewünschten Liedern beruht, die es freilich nur geben kann, wenn das Liebesverhältnis besteht. Die Funktion der – imaginierten – Dame ist die einer Muse der literarischen Produktion. In der derben Schlusspointe wird das in den Liebesliedern sonst zeitlos-ideale Liebesverhältnis durch den Einbruch der außerliterarischen Realität, zu der auch das Altwerden gehört, mit Hilfe eines herbeizitierten Schwankmotivs aufgehoben: jugendlicher Liebhaber und alte Frau.

Literaturhinweise:

Bauschke, vgl. zu Nr. 76, S. 195–220.

Ingrid Bennewitz, *stirbe aber ich so bin ich sanfte tot.* Walthers ›Sumerlatenlied‹ (L. 72,31) im Kontext der Würzburger Liederhandschrift. In: Mertens/Müller, vgl. zu Nr. 69, 70, S. 93–103.

Horst Brunner, Minnesangs Ende. Die Absage an die Geliebte im Minnesang. Zuerst 1997, Wiederabdruck: Horst Brunner, Annäherungen, vgl. zu Nr. 5, 6, S. 158–172.

Das Preislied

Nr. 84

Der Sänger tritt in der Rolle des Weitgereisten und daher Urteilsfähigen vor das Publikum (vgl. auch Nr. 17): er preist die deutschen Damen, die deutsche Lebensart, die deutschen Männer, Deutschland überhaupt. Walther antwortet damit unausgesprochen, doch offensichtlich, auf Schmähungen in zwei am ungarischen Hof entstandenen Liedern des zeitgenössischen Trobadors Peire Vidal. Dieser nennt die Deutschen plump, schurkisch, schlecht, unhöfisch, ihr Reden gleiche Hundegebell (vgl. Bauschke, S. 150f.). Mit der in Str. VI überraschend apostrophierten »Dame« könnte der Wiener Hof gemeint sein, um dessen Gunst bzw. die des Herzogs sich Walther jahrelang immer wieder bemühte (vgl. Nr. 36–43 und den Kommentar). Nicht beweisbar ist allerdings die Vermutung, er habe das Lied anlässlich der Hochzeit Herzog Leopolds VI. im Jahr 1203 erstmals vorgetragen (vgl. den Kommentar zu Nr. 9–11). Walthers Lied, in der älteren deutschen Literatur singulär, galt im 19. Jahrhundert – zu Unrecht – als eine Art Nationalhymne des Mittelalters. Es inspirierte den Dichter und Germanisten August Heinrich Hoffmann von Fallersleben (1798–1874) zu seinem ›Lied der Deutschen‹ (1841), dessen III. Strophe die heutige deutsche Nationalhymne ist.

Literaturhinweise:

Bauschke, vgl. zu Nr. 76, S. 134–167.

Horst Brunner, ›Das Lied der Deutschen‹, Hoffmann von Fallersleben, Walther von der Vogelweide. In: Horst Brunner, Annäherungen, vgl. zu Nr. 5, 6, S. 140–157.

Uta Goerlitz, Neue Aspekte zum Preislied Walthers von der Vogelweide (*Ir sult sprechen willekomen.* L. 56,14/ C. 32). Deutsche Vierteljahrsschrift für Literaturwissenschaft und Geistesgeschichte 85 (2011), S. 3–29.

Liebe, höfische Kultur, Zeitkritik

In den Liedern dieser Gruppe geht es um grundsätzliche Fragen: um das wahre Wesen der Liebe und der höfischen Dame, um die zivilisatorische Bedeutung der höfischen Kultur, um Kritik am Verhalten der Zeitgenossen.

Nr. 85

Im Zentrum dieses kunstvollen Werbungsliedes steht die Frage nach der wahren Liebe: sie muss gegenseitig sein. Sollte die Dame das nicht akzeptieren, würde der Sänger seine Bemühungen beenden. In diesem Zusammenhang hebt er seine Bedeutung für das Ansehen der im letzten Vers von Str. II erstmals angesprochenen Dame hervor. Str. IV (die in den Handschriften A und C fehlt) ist eine vielleicht nachträglich eingeschobene Zusatzstrophe, in der die Rolle des Sängers für die Unterhaltung der Gesellschaft vertieft wird. Str. VI bringt nach einem Angriff auf das Verhalten der Geliebten abschließend sogleich einen Widerruf (*revocatio*).

Literaturhinweis: Ralf-Henning Steinmetz, Gegenseitigkeit als Argument in Walthers Minnesang. Zeitschrift für deutsches Altertum und deutsche Literatur 132 (2003), S. 425–442.

Nr. 86

Das viel interpretierte, in seiner Bedeutung innerhalb von Walthers Gesamtwerk umstrittene Preislied auf die höfische Tugend der *mâze*, der Bescheidung: »Die Mâße nimmt unter den Tugenden des ritterlichen Zeitalters einen hohen Rang ein. Sie kann als Quelle aller Tugenden angesehen werden; denn diese entstehen, indem die Mâße die menschlichen Kräfte in die rechte Bahn weist« (Wilmanns/Michels, Bd. 1, S. 260). Das Lied, in dem der Sänger die *mâze* um Belehrung über angemessenes Werben bittet, plädiert für eine Liebe, die »im Rahmen« bleibt, die gesellschaftliche Konventionen nicht überschreitet, in der ein Zuviel an persönlichem Einsatz vermieden wird. Abgelehnt wird Liebe als leidenschaftliche Sexualität bei einer unstandesgemäßen Geliebten (*wirb ich nider*). Problematisch ist aber auch die zu einer hochstehenden Dame (*wirb ich hôhe*) – diese bringt zwar Ehre, sobald aber Herzensneigung, Leidenschaft (*herzeliebe*), hinzukommt, hört das kontrollierte, konventionalisierte Minnespiel auf, und der Liebende muss leiden.

Literaturhinweis: Kurt Ruh, *Aller werdekeit ein füegerinne* (Walther 46, 32). Versuch einer anderen ›Lesung‹. Zeitschrift für deutsches Altertum und deutsche Literatur 114 (1985), S. 188–195.

Nr. 87

Das mit großer rhetorischer Kunst gestaltete Lied gilt als eine der schönsten Dichtungen Walthers. Thema: Die vollkommene höfische Kultur – verkörpert hier durch den festlichen Auftritt einer vornehmen Dame – übertrifft selbst die größten Wunder der Natur.

Nr. 88

Das umfangreiche Lied, eine Art Essay in Liedform, befasst sich kritisch mit dem besorgniserregenden Zustand der Gesellschaft. Dieser führt zu ungerechtfertigter Kritik am Dichter, mit der er sich auseinanderzusetzen hat. Die teilweise spruchartig anmutenden Strophen sind relativ locker gereiht (die Handschriften ordnen unterschiedlich, auch werden Strophen ausgelassen). Str. I: Die Not der Zeit sei zwar unverkennbar, es kämen jedoch auch wieder bessere Zeiten. Str. II: Etwas unvermittelt wird auf den einzigen Makel der ansonsten fehlerlosen Geliebten eingegangen: sie wisse nicht richtig zu unterscheiden. Str. III: Der Sänger verfüge demgegenüber nur über zwei gute Eigenschaften – die würden in der heutigen Zeit aber nichts gelten. Dies leitet über zur Auseinandersetzung mit seinen Kritikern. Str. IV: Sie denunzieren den Sänger – der hier identisch ist mit dem realen Dichter – bei edlen Frauen. Indes habe keiner jemals die deutschen Frauen mehr gerühmt (vgl. Nr. 84). Allerdings habe er verlangt, zwischen gut und schlecht zu differenzieren (vgl. Str. II und Nr. 89). Str. V: Der Hass der Kritiker falle auf diese selbst zurück. Die Schlussstrophe VI führt das Thema der Strophen II und III fort: der Fehler der geliebten Dame werde durch zwei gute Eigenschaften aufgewogen. Das Lied endet somit positiv und versöhnlich mit einem Frauenpreis.

Literaturhinweis: Bauschke, vgl. zu Nr. 76, S. 221–241.

Nr. 89

Wie Nr. 88 hat auch dieses ebenfalls umfangreiche Lied essayistischen Charakter. Die Strophenfolge ist in den einzelnen Handschriften unterschiedlich. Lachmann und andere Herausgeber stellen die nur in C und e überlieferte Str. I gegen die (untereinander differierende) Überlieferung an den Anfang; dies scheint auch mir der sinnvollste Ort. Thema ist der Niedergang des höfischen Wesens und dessen Ursache. Str. I: Der Sänger bekennt, dass er sich in Gesellschaft geschmeidig der jeweiligen Stimmung mindestens äußerlich anzupassen wisse. Bezogen auf die folgenden Strophen heißt das: angesichts des herrschenden unhöfischen Verhaltens setzt er sich damit wenig zurückhaltend, auf unhöfische Art eben, auseinander. Str. II: Bessern die Zeiten sich, so wird er nach den jetzigen unfreundlichen auch wieder freudige Lieder singen (vgl. Nr. 88, Str. I). Str. III: Heutige Damen sind übervornehm, sie wissen nicht zu danken – daher verdienen sie es nicht, in Liedern gerühmt zu werden. Str. IV: Manche Frauen wissen schlechte und gute Männer nicht zu unterscheiden. Sie sollen bedenken, dass Männer dies auch könnten, dann würden sie ausnahmslos auf eine Stufe gestellt. Str. V: Der

Sänger zeigt, wie man differenzieren kann. Er unterscheidet die Begriffe »Frau« (*wîp*) – die allgemeine Bezeichnung für das weibliche Geschlecht – und »Dame« (*vrowe*) – die Standesbezeichnung für die Angehörige der Oberschicht. Für die Wertschätzung, die einer Frau gebühre, ist nicht ihre ständische Stellung maßgeblich, sondern ihre weibliche Wesensart (zu definieren, was damit genau gemeint ist, bleibt dem Zuhörer oder Leser überlassen). Da Damen ja schließlich auch Frauen sind, sollten sie sich entsprechend verhalten (nämlich nicht übervornehm).

Winter- und Sommerlieder, scherzhafte und erotische Lieder

In den Liedern dieser Gruppe – die ohne Vorbild in der vorangegangenen oder gleichzeitigen deutschen Dichtung sind – schlägt Walther leichte, vielfach heitere und spielerische Töne an. Anregungen gingen von der lateinischen Lyrik der Zeit aus.

Nr. 90a/b

90a: Die beiden Strophen artikulieren die Sehnsucht des Sänger-Ichs nach dem Frühling. Sie sind in einfachen vierhebigen, jeweils durchgereimten Formen abgefasst (4a 4a 4a 4a 4a) und haben leichten daktylischen Rhythmus (/ x́xx / x́xx / x́xx / x́xx / x́∧∧ // ...); vgl. auch Nr. 16 und 73. Ob die Form als Kanzone oder (wahrscheinlicher) als zweiteilige Liedform aufzufassen ist, kann ohne Kenntnis der Melodie nicht entschieden werden. Aller Wahrscheinlichkeit nach handelt es sich um ein Tanzlied. Das berühmte Enjambement von v. 4 zu v. 5 in Str. I ... *den bal / werfen* ... lässt den Ballwurf geradezu sinnlich in Erscheinung treten. Das »Blumen pflücken« (II,5) hat erotische Bedeutung (vgl. Nr. 74 und 97). Angeregt wurde Walther vermutlich durch ein formgleiches lateinisches Frühlingslied »Cedit, Hyemps, tua duricies ...« – »Winter, deine Strenge muss sich geschlagen geben ...« –, das zusammen mit einer ebenfalls anonymen deutschen Strophe in den ›Carmina burana‹ (Nr. 135) überliefert ist.
93b: In der Fassung von Handschrift E sind die beiden Strophen von Nr. 90a in umgedrehter Reihenfolge in ein fünfstrophiges Lied eingebaut. Der Wunsch nach dem Ende des Winters ist in Str. I, II verstärkt, Str. V setzt die vorausgehende Strophe ohne wesentlichen Inhalt fort. Ob Walther selbst für die zusätzlichen Strophen verantwortlich war, erscheint eher zweifelhaft.

Literaturhinweis: Ursula Kocher, »Unechte« Strophen in der Waltherüberlieferung und das Problem der »Zusatzstrophen« in der Würzburger Handschrift. In: Stephan Füssel [u. a.] (Hrsg.), Artibus. Kulturwissenschaft und deutsche Philologie des Mittelalters und der frühen Neuzeit. Wiesbaden 1994, S. 47–62, hier S. 60–62.

Nr. 91

Das Mailied verbindet den Frühlingspreis (Str. I–III) mit einer Liebesklage (Str. IV–VI). Str. III und IV sind als deutsche Zusatzstrophen formgleicher lateinischer Lieder auch in den ›Carmina burana‹ überliefert: Str. III am Ende des Frühlingsliedes Nr. 151 »Virent prata hiemata« – »Es grünen die Wiesen«, Str. IV am Ende des Liebesliedes Nr. 169 »Hebet Sydus leti uisus« – »Trüb scheinen die Sterne«. Ob Walther von den lateinischen Liedern angeregt wurde oder ob diese ihrerseits seine (nur in der Form linienloser Neumen erhaltene) Melodie benutzten, ist umstritten; CB Nr. 151 hängt allerdings auch textlich eng mit Walthers Lied zusammen.

Nr. 92

Das in paradiesischer sommerlicher Natur, einem *locus amoenus*, erträumte Glück des Sängers – die Vision von irdischer Allmacht und Freiheit bei Bewahrung der ewigen Seligkeit – zerbricht in diesem scherzhaft zu verstehenden Lied jäh an der kruden Realität: dem Krächzen einer Krähe und der banalen Traumdeutung durch eine weise Frau. Strophenform: 4a 4a 3'b 3'b 3'c 3'c 4d 4d 4d. Es ist unklar, ob es sich um eine zweiteilige Liedform oder um eine Kanzone in der Form einer gespaltenen Weise handelt (1. Stollen v. 1 f., 2. Stollen v. 8 f., dazwischen der Abgesang).

Literaturhinweis: Urban Küsters, *Waz der troum bediute.* Glückszeichen und Glücksvorstellungen in Walthers Traumballade L. 94,11. In: Mück, vgl. zu Nr. 4, S. 341–362.

Nr. 93

Das ebenfalls scherzhafte Lied kontrastiert die gewesene Sommerfreude mit dem herrschenden Winterleid. Walther verwendet hier die Form des Vokalspiels, d. h., die Strophen sind der Reihe nach jeweils auf einen der fünf Vokale gereimt. Vergleichbare Texte finden sich schon vorher bei romanischen Dichtern, nach Walther bei mehreren deutschen Autoren (eines davon in lateinischer Sprache). Strophenform: je sieben Verse der Form 4a; ob es sich um eine Kanzone oder eine zweiteilige Liedform handelt, ist ohne die Melodie nicht zu entscheiden. Str. V: *Êsaû*, d.h. der Behaarte, war der struppige Sohn des biblischen Issak, der von seinem Zwillingsbruder Jakob um sein Erstgeburtsrecht und den Vatersegen gebracht wurde (1. Mose 25,19–34; 27; 32 f.). – *Toberlû:* das 1165 vom Markgrafen von Meißen gegründete Zisterzienserkloster Dobrilugk (heute Doberlug-Kirchhain bei Finsterwalde). Anzunehmen ist, dass das Lied in der Markgrafschaft Meißen entstand (vgl. die Kommentare zu Nr. 12–14, 46–48). Einheimische Zuhörer konnten darüber lachen, dass hier einer lieber Mönch im hinterletzten Kloster wäre, als den Winter zu ertragen. In entfernteren Regionen konnte man mit dem Namen wahrscheinlich nichts anfangen.

Literaturhinweis: Günther Schweikle (Hrsg.), Parodie und Polemik in mittelhochdeutscher Dichtung. Stuttgart 1986, S. 19–25, 161 f.

Nr. 94a/b

Nr. 94a: Die scherzhaft gemeinte Überlegung, den Liebesdienst aufzukündigen, wird hier ins Spiel gebracht, damit das kindliche Halmorakel Erhörung verheißen kann. Dabei wird »der Halm abwechselnd zwischen Daumen und Zeigefinger der rechten und linken Hand gefaßt ..., so daß immer eine Hand die andere ablöst, indem sie ihre Finger über die der andern legt, bis die Spitze des Halmes mit den entscheidenden Worten erreicht ist« (Wilmanns/Michels, Bd. 2, S. 256, nach Simrock). Str. III setzt sich, ein wenig verunsichert, aber doch zuversichtlich, mit Rivalen auseinander.

Nr. 94b: Die Fassung beginnt mit einer (metrisch geringfügig abweichend überlieferten) Frauenpreisstrophe. Der Sänger stellt heraus, er wolle sich auf die Gnade der Schönen verlassen. Diese wird ihm durch das folgende Halmorakel in Aussicht gestellt. Die Authentizität dieser Fassung wird meist bezweifelt.

Nr. 95

Das im Zusammenhang mit der Frage nach den von Walther entworfenen Liebeskonzeptionen (vgl. dazu Nr. 85, 86, 89) viel diskutierte, gleichwohl nicht theorielastige, sondern anmutig zwischen Ernst und Scherz schwebende Lied beginnt mit der Liebesversicherung gegenüber einem mit dem Diminutiv *vrowelîn* und mit Du angeredeten jungen Mädchen, das nicht von

Stand ist. Die Anrede an das Mädchen wird in Str. IV und V fortgesetzt. In Str. II verteidigt der Sänger sich gegen Unverständige, die gerügt hatten, er richte seine Lieder an unstandesgemäße Frauen (vgl. dazu besonders Nr. 97). Ab Str. III wird definiert: wichtiger als Schönheit und Reichtum seien Liebe – die die Frauen auch verschönt –, Treue und Beständigkeit.

Literaturhinweis: Gerhard Hahn, *und hâst genuoc.* Noch einmal zu *Herzeliebez vrowelîn* (L. 49,25). In: Mertens/Müller, vgl. zu Nr. 69, 70, S. 83–92.

Nr. 96

Die vielfach vertretene Annahme, hier handle es sich um ein Werbungslied im Sinne der Hohen Minne (vgl. S. 262), scheint mir unzutreffend. Der leichte Ton, die Angaben zur Person der Geliebten, auch das Liebeskonzept gehen deutlich in eine andere Richtung. Das Sänger-Ich wirbt hier nicht um eine höfische Dame, sondern um ein Mädchen. Angesichts der Aufpasser, der *huote*, wird ihr scherzhaft empfohlen, dem Liebhaber nicht ins Gesicht zu sehen, sondern ihre Zuneigung auf andere Weise zu erkennen zu geben. Die nur in E, hier als Schlussstrophe, überlieferte Str. III habe ich des direkten Anschlusses an Str. II wegen an dieser Stelle eingerückt, eine Scherzstrophe (die nicht unbedingt von Walther selbst stammen muss!): der wild tanzende Liebhaber. Str. IV bringt eine Liebesversicherung: andere sind – ständisch gesehen – vielleicht »besser«, die Geliebte aber ist einfach gut. Str. V proklamiert schließlich die Notwendigkeit gegenseitiger Liebe.

Literaturhinweis: Oliver Steinbach, Zu Walther 27 (L. 50,19) und dem Problem seiner ›Zusatzstrophe‹ in der Würzburger Handschrift E. In: Thomas Bein (Hrsg.), Walther verstehen – Walther vermitteln. Neue Lektüren und didaktische Überlegungen. Frankfurt a. M. [u. a.], 2004, S. 267–281.

Nr. 97, 98

Nr. 97, das ›Lied von der Traumliebe‹, und Nr. 98, das ›Lindenlied‹, zwei der schönsten und berühmtesten Lieder Walthers, sind vor dem Hintergrund des Texttyps der Pastourelle zu sehen, der in der altfranzösischen und lateinischen Dichtung der Epoche vielfach belegt ist. Es handelt sich um Lieder, in denen die Begegnung zwischen einem höhergestellten Mann, einem Ritter oder Kleriker, und einer Hirtin in freier Natur erzählt wird. Sie beginnen ein Gespräch, in dem es – in sicherer räumlicher und moralischer Entfernung von jeder Gesellschaft – um »das eine« geht. Entweder gibt das Mädchen dem männlichen Verlangen nach, oder sie gibt dem zudringlichen Freier mehr oder weniger spöttisch den Laufpass. Die ›Carmina burana‹ überliefern mehrere derartige Pastourellen, teilweise gemischtsprachig Latein und Deutsch, teilweise mit deutschen Strophen und in ganz unterschiedlichen Darstellungsweisen (CB Nr. 79; 90; 142; 157; 158; 163; 184; 185). Walther geht mit dem Liedmuster der Pastourelle freilich in völlig selbständiger Weise um. Bei beiden Liedern dürfte es sich um Dichtungen handeln, die zum höfischen Tanz gesungen wurden.

Nr. 97: Die erotische Begegnung des Sänger-Ichs mit einem schönen Mädchen auf der Heide, die sich – als der Tag anbricht – als Traumerlebnis herausstellt. Die scherzhafte Str. V führt dann in die reale Situation des höfischen Tanzes. Str. IV, 8: *dô taget ez* zitiert den Refrain aus dem Tagelied des Zeitgenossen Heinrich von Morungen, vgl. MF 143,22 = Helmut Tervooren (Hrsg.), Heinrich von Morungen: Lieder. Stuttgart 1975, Nr. XXX.

Nr. 98: Ein Mädchen berichtet auf eindeutige Weise, das Wesentliche aber doch kunstvoll verschleiernd, was sich unter der Linde auf der Heide zugetragen hat. Dort, wo der Zuhörer Eindeutigkeit erwartet, hört er nur den Nachtigallenschlag: *tandaradei*, der als artifiziell verwendeter Refrain in allen vier Strophen erscheint. Mit der Nachtigall als der einzigen Zeugin könnte – einige andere mittelalterliche Texte legen das möglicherweise nahe – auch des Mannes bestes Teil gemeint sein. Walthers Lied zeigt eine gewisse Nähe zu einer deutschen Strophe in den ›Carmina burana‹ (Nr. 163, 11), in der ebenfalls ein Mädchen berichtet und in der ebenfalls ein Refrain begegnet (*lodircundeie, lodircundeie*).

Literaturhinweise:

Horst Brunner, Das ›Lindenlied‹ Walthers von der Vogelweide. Bemerkungen zur Interpretation. In: Heidrun Alzheimer [u. a.] (Hrsg.), Bilder – Sachen – Mentalitäten. Arbeitsfelder historischer Kulturwissenschaften. Festschrift Wolfgang Brückner. Regensburg 2010, S. 201–206.

Johannes Keller / Lydia Miklautsch (Hrsg.), Walther von der Vogelweide und die Literaturtheorie. Neun Modellanalysen von ›Nemt, frouwe, disen kranz‹. Stuttgart 2008.

Auseinandersetzungen mit Dichterkollegen

Während Walther im Bereich der Sangspruchdichtung konkurrenzlos war, gab es in dem zu seiner Zeit reich entfalteten Minnesang zahlreiche, durch Zitate für uns noch greifbare Beziehungen zu anderen Autoren, auch Konkurrenzsituationen.

Nr. 99, 100

Am intensivsten setzte Walther sich mit dem neben ihm bedeutendsten Liebesliеddichter der Epoche, Reinmar, auseinander. (Die heute meist gängige Bezeichnung Reinmar der Alte begegnet in Handschrift C okkasionell: der beinamenlose Dichter muss darin von einem – ganz unbedeutenden – Reinmar dem Jungen unterschieden werden; Reinmar von Hagenau ist eine neuzeitliche, auf einem unbeweisbaren Zusammenhang beruhende Namenserfindung.) Vermutlich wirkten beide zeitweise nebeneinander am Wiener Hof. Ob man, wie die Forschung lange Zeit behauptete, von einer »Reinmar-Fehde« sprechen darf, ist mittlerweile zweifelhaft. Hier aufgenommen sind zwei Texte, deren Bezug auf Reinmar unumstritten ist.

Nr. 99: Eine parodistische Auseinandersetzung mit Formulierungen Reinmars, der nie müde wurde, »seine« Dame in den höchsten Tönen zu rühmen. Der Zusammenhang wird in der einzigen Handschrift bereits durch die Überschrift kenntlich gemacht: das Lied bedient sich (in metrisch lässiger Weise), für ein Liebeslied höchst ungewöhnlich, der Strophenform eines bedeutenden Liedes Reinmars (MF 159,1). Der Text stellt sich als Wechsel (vgl. S. 284) dar: der Sänger und eine Dame singen unabhängig voneinander, jedoch keineswegs über ihre Liebe, sondern über einen zweiten Sänger, Reinmar. In Str. I wird er von seinem Konkurrenten getadelt, weil er seine Dame so hoch gelobt hat, dass die anderen Sänger nicht mehr folgen können. In Str. II erregt die Dame sich über die Möglichkeit eines Kussraubes. Grundlage sind Äußerungen Reinmars. In Str. I des erwähnten Liedes MF 159,1 rühmt der Sänger die Tugendhaftigkeit seiner Dame – sie übertreffe alle anderen Damen: *daz ist in mat* – »das bedeutet für sie das Schach-Matt«. Dies wird von Walthers Sänger als Ungehörigkeit angesehen. Mit herangezogen wird eine zweite Stelle in einem anderen Lied Reinmars (MF 170,1), in dem der Sänger behauptet, seine Dame sei sein *ôsterlîcher tac* – seine »Oster- oder Auferstehungsfreude«. Das ist zwar kein unüblicher Vergleich – er findet sich auch bei

Heinrich von Morungen (MF 139,11) und geht letztlich auf die lateinische Hymnenpoesie zurück (*paschale gaudium*) –, er wird von Walther aber boshaft als maßlose Übertreibung missverstanden (und ziemlich scheußlich zitiert: *si sî sîn …*): etwas Höheres als die österliche Auferstehungsfreude kann es für den Christen nicht geben. Die Kritik in Str. I wird durch die Äußerungen der Dame in Str. II unterstrichen. Sie bezieht sich auf Str. III des Liedes MF 159,1. Reinmar spricht hier davon, welches Glück es für den Liebenden wäre, könnte er einen Kuss von der Geliebten stehlen und davontragen. Wolle sie dann, verärgert, den Kuss zurück, dann würde er ihn wieder dort ablegen, wo er ihn genommen hatte. Walthers Dame lehnt diese Phantasievorstellung entrüstet ab. In Lied MF 196,35 beschwert Reinmar sich dann übrigens über Walthers Gemeinheit: *ungevüeger schimpf bestêt mich alle tage* – »ungezogener Spott verfolgt mich tagtäglich«.

Nr. 100: Walthers Totenklage auf Reinmar. In Str. I wird Reinmars Strophe MF 165, 38 gerühmt, Str. II scheint zu zeigen, dass Walthers Wertschätzung der Kunst Reinmars nicht unbedingt die der Person des Konkurrenten mit einschloss. Meist wird angenommen, Reinmar sei zwischen 1205 und 1210 verstorben.

Literaturhinweise:

Bauschke, vgl. zu Nr. 76.

Volker Mertens, Walthers Reinmar. Die Reinmar-Nachruf-Strophen. In: Mertens/Müller, vgl. zu Nr. 69, 70, S. 105–132.

Nr. 101

Walther polemisiert hier gegen die Grobheit »moderner« Lieder, durch die die wahre Kunst von den Höfen verdrängt wird, vgl. auch Nr. 42, 43. Gemeint ist damit die seit etwa 1210 offenbar höchst erfolgreiche Kunst Neidharts (dichtete bis um 1240), der seine Lieder auf sehr unterhaltsame Weise inhaltlich im bäuerlichen Milieu ansiedelte. In den Sommerliedern werben Bauernmädchen und -weiber rückhaltlos um den armseligen Ritter von Reuental, in den Winterliedern konkurriert dieser mit Bauernrüpeln um die Gunst der Mädchen, wobei er allerlei grobe Auseinandersetzungen erlebt.

Kreuzzugslieder

Die Texte gehören in den Zusammenhang des von Kaiser Friedrich II. 1228/29 unternommenen 5. Kreuzzuges.

Nr. 102

Das in Strophenform und Sprache betont schlicht gehaltene ›Palästinalied‹ imaginiert die Ankunft des Sänger-Ichs im Heiligen Land. Als Heilstatsachen aufgezählt werden sieben »Wunder«: Christi Geburt, die Taufe, seine Passion, Grablegung und Höllenfahrt, Auferstehung, Jüngstes Gericht. Sie bekräftigen die Rechtmäßigkeit des christlichen Anspruchs auf das Land gegenüber Juden und Muslimen (*heiden*).

Nr. 103

Der meist als ›Elegie‹ (oder ›Palinodie‹, d.h. Widerrufslied) bezeichnete Text kleidet einen Kreuzzugsaufruf an die Ritter in die Form einer großangelegten Klage: über die gegenwärtige existentielle Situation des Sängers selbst, über den Niedergang des höfischen Lebens, über die Schlechtigkeit der Welt. Den einzigen Ausweg aus der gesellschaftlichen und irdischen Misere bietet die Kreuzzugsteilnahme, durch die man die himmlischen Freuden gewinnt. Die Rahmung der Strophen durch die Klagerufe *ôwê* und *iemer mêre ôwê* wird erst am Ende von Str. III aufgebrochen. In Str. I verwendet das Sänger-Ich in der Rolle des Gealterten das traditionelle, schon biblische Motiv des Lebens als Traum (vgl. Hiob 20,8; Psalm 73,20): die eigene Lebenswelt ist unvertraut geworden, die Weltfreude zerronnen. Str. II: die höfische Gesellschaft kommt in jeder Hinsicht kläglich daher. Mit den »bösen Schreiben aus Rom« sind die Enzykliken Papst Gregors IX. gemeint, durch die im Oktober 1227 den Bischöfen und den Fürsten die Exkommunikation des Kaisers mitgeteilt wurde (dies erlaubt die Datierung des Textes). Am Strophenende werden die irdischen Freuden dann im Hinblick auf die jenseitigen Freuden relativiert. Str. III: die Verderbnis der Welt (vgl. dazu auch Nr. 104–106), aus der es als Rettung nur die Teilnahme am Kreuzzug, das Privileg der Ritter, gibt – der Sänger wird ihrer freilich nicht teilhaftig. Das überlieferte *möhte* in III,14 wird von den Editoren vielfach geändert in den Indikativ Praeteriti *mohte*: mit dem Soldritter gemeint ist in diesem Fall der römische Kriegsknecht, der Christi Seite mit seinem Speer öffnete (Johannes 19,34). Der frühchristlichen, im Mittelalter verbreiteten Legende nach hieß er Longinus, war blind und wurde durch einen Tropfen des Blutes Christi sehend.

Literaturhinweise:

Wolfgang Haubrichs, Grund und Hintergrund in der Kreuzzugsdichtung. Argumentationsstruktur und politische Intention in Walthers ›Elegie‹ und ›Palästinalied‹. In: Heinz Rupp (Hrsg.), Philologie und Geschichtswissenschaft. Heidelberg 1977, S. 12–62.

Berndt Volkmann, *Ôwê war sint verswunden.* Die ›Elegie‹ Walthers von der Vogelweide. Göppingen 1987.

Späte Lieder

In diesen Texten geht es um existentielle Fragen: um das Verhältnis des Dichters zur höfischen Gesellschaft und zur Welt überhaupt, um sein künstlerisches Vermächtnis, um die jenseitigen Freuden und um die christliche Auferstehung. Das Sänger-Ich ist hier durchaus als das biographische Ich Walthers zu verstehen.

Nr. 104

Der Sänger distanziert sich vom Lärm der höfischen Gesellschaft, der er freilich, soweit ihre Angehörigen es verdienen, weiterhin mit seinen Liedern dienstbar sein will. Für sich sucht er den Standpunkt stiller Heiterkeit zu gewinnen. Ungetrübtes Glück ist indes selten: irdische Freude ist vergänglich, der Sinn sollte sich auf die Ewigkeit richten. Wilmanns/Michels, Bd. 2, S. 182, überschreiben das Lied mit ›Resignation‹.

Literaturhinweis: Wolfgang Mohr, Altersdichtung Walthers von der Vogelweide. In: Wolfgang Mohr, vgl. zu Nr. 1–3, S. 209–242, hier S. 225–229.

Nr. 105

Das biblisch fundierte Bild der Welt, die einerseits schön und verführerisch, andererseits scheußlich und schrecklich erscheint, war in Literatur und bildender Kunst des Mittelalters weit verbreitet. Wendungen wie *contemptus mundi* – »Weltverachtung« oder *sic transit gloria mundi* – »so vergeht der Ruhm der Welt« waren gängig. In der Kathedralplastik (etwa am Straßburger Münster oder an St. Sebald in Nürnberg) wurde seit dem 13. Jahrhundert der *mundus*, der »Fürst der Welt«, mit schöner Vorderseite und scheußlicher, von Schlangen, Nattern, Kröten und eiternden Geschwüren zerfressener Hinterseite vor Augen gestellt. Walther war offenbar der erste, der, bedingt durch den Genusunterschied in den beiden Sprachen, aus dem lateinischen *mundus* die deutsche Frau Welt machte.

Nr. 105 ist ein Dialoglied. Gesprächspartner sind der in Str. II mit seinem Namen angeredete Dichter selbst und die als Schankkellnerin im Wirtshaus Welt dargestellte Personifikation der Frau Welt. Als Wirt wird der Teufel selbst genannt. Didaktische Absicht ist, zu Weltabkehr und Hinwendung zu ewigen Werten zu mahnen. In Str. III evoziert Walther das Bild der schönen und liebevollen, gleichwohl trügerischen Welt. Kennzeichnend ist freilich, dass die vergangenen Annehmlichkeiten der Welt durchaus gewürdigt werden, keineswegs als bloße Nichtigkeiten erscheinen. Von radikaler Weltabsage, wie sie sich um 1260 in Konrads von Würzburg Erzählung ›Der Welt Lohn‹ findet, ist hier nicht die Rede.

Literaturhinweise:

Dieter Kartschoke, *gedenke an mangen liehten tac.* Walthers Abschied von Frau Welt L. 100,24. In: Mertens/Müller, vgl. zu Nr. 69, 70, S. 147–166.

Wolfgang Stammler, Frau Welt. Eine mittelalterliche Allegorie. Freiburg i. Ü. 1959.

Nr. 106

Im sogenannten ›Alterston‹, dem wohl bedeutendsten und bewegendsten Liedtext des deutschen Mittelalters, nimmt der Dichter Abschied von der Gesellschaft und der Welt überhaupt. In Str. I geht es um das Verhältnis der höfischen Gesellschaft zum altgewordenen Dichter. Man ist ihm weiterhin Achtung und Entgegenkommen schuldig, denn mehr als vierzig Jahre lang hat er sein Leben und seine Kunst in den Dienst der Gesellschaft gestellt, sie mit Minnesang unterhalten, mit Sangsprüchen belehrt. Nun ist dieses künstlerische Werk nicht mehr für ihn selbst da, denn das Alter verwehrt ihm die Teilnahme an den Freuden des Hofes. Das Werk ist nunmehr ganz und gar Eigentum der höfischen Gesellschaft, es hat sich von seinem Schöpfer abgelöst – eine Erfahrung, die viele bedeutende Künstler machten und machen mussten. Dem Dichter bleibt nur mehr die Gunst, die Verehrung der Gesellschaft. In Str. II beharrt der Sänger darauf, dass er sich trotz seines Alters weiterhin um Würde und Ansehen bemühen werde, wie er das lebenslang getan habe; trotz seiner gebeugten Gestalt zähle er sich weiterhin zu denen, die nach Ehre und Ansehen streben. Der Prüfstein sei freilich das Lebensende. Hauptthema von Str. III ist dann der Abschied von der irdischen Welt. Nun, da er alt ist, kann sie ihr Possenspiel mit ihm treiben, obwohl er zeitlebens alles, Leib und Seele, in ihrem Dienst aufs Spiel gesetzt hatte. Freilich: auch der Untergang der Welt selbst, das Jüngste Gericht, stehe bevor. Um das Verhältnis von Gottesliebe und irdischer Liebe geht es in Str. IV, einer Art Reisesegen für die Seele. Eingeschlossen ist der Rückblick auf das ganze Leben. Der Sänger hat viele Menschen froh gemacht. Nun fordert er seinen Körper auf, der Seele zu folgen, die wahre Gottesliebe zu wählen, die leibliche irdische Liebe sein zu lassen – sie ist nicht Fisch, nur Gräte, ungenießbar und nutzlos. In Str. V wird das Thema Körper und Seele weiter vertieft. Der einst schöne eigene Körper hat seine Schönheit und seine glänzendste Eigenschaft, die Redegabe, verloren. Der Körper des Altgewordenen ist grau, der Sänger sprachlos. Er bittet den Körper, die Seele doch aus seinem Kerker herauszulassen, damit beide dereinst, bei der leiblichen Auferstehung, wieder fröhlich zueinanderfinden können.

Literaturhinweis: Horst Brunner, Vermächtnis und Abschied: Walthers Lied: ›Ir reiniu wîb, ir werden man‹ (L. 66,21/ C. Nr. 43). In: Horst Brunner, Annäherungen, vgl. zu Nr. 5, 6, S. 113–125.

Literaturverzeichnis

1. Ausgaben

Brunner/Müller/Spechtler Horst Brunner / Ulrich Müller / Franz Viktor Spechtler (Hrsg.): Walther von der Vogelweide. Die gesamte Überlieferung der Texte und Melodien. Abbildungen, Materialien, Melodietranskriptionen. Göppingen 1977.

›Carmina burana‹ Benedikt Konrad Vollmann (Hrsg.): Carmina burana. Texte und Übersetzungen. Frankfurt a. M. 1987.

Früheste deutsche Lieddichtung Horst Brunner (Hrsg.): Früheste deutsche Lieddichtung. Mittelhochdeutsch/Neuhochdeutsch. Stuttgart 2005.

Kasten/Kuhn Ingrid Kasten / Margherita Kuhn (Hrsg.): Deutsche Lyrik des frühen und hohen Mittelalters. Frankfurt a. M. 1995.

Klein Dorothea Klein (Hrsg.): Minnesang. Mittelhochdeutsche Liebeslieder. Mittelhochdeutsch/Neuhochdeutsch. Eine Auswahl. Stuttgart 2010.

Lachmann/Cormeau Karl Lachmann / Christoph Cormeau (Hrsg.): Walther von der Vogelweide: Leich, Lieder, Sangsprüche. 14. Auflage. Berlin / New York 1996.

MF Hugo Moser / Helmut Tervooren (Hrsg.): Des Minnesangs Frühling. Unter Benutzung der Ausgaben von Karl Lachmann und Moriz Haupt, Friedrich Vogt und Carl von Kraus. Bd. 1: Texte. 38. Auflage. Stuttgart 1988.

Paul/Ranawake Hermann Paul / Silvia Ranawake (Hrsg.): Walther von der Vogelweide: Gedichte. Teil 1: Der Spruchdichter. 11. Auflage. Tübingen 1997.

Pfeiffer/Bartsch Franz Pfeiffer / Karl Bartsch (Hrsg.): Walther von der Vogelweide. 7 Auflage, bearbeitet von Hermann Michel. Leipzig 1929.

Rühmkorf Peter Rühmkorf: Walther von der Vogelweide, Klopstock und ich. Reinbek bei Hamburg 1975 (darin S. 7–78: ›Walther von der Vogelweide. Reichssänger und Hausierer‹).

Schweikle/Bauschke Günther Schweikle / Ricarda Bauschke (Hrsg.): Walther von der Vogelweide. Werke. Gesamtausgabe. Mittelhochdeutsch/Neuhochdeutsch. Bd. 1: Spruchlyrik.

	3. Auflage. Stuttgart 2009, Bd. 2: Liedlyrik. 2. Auflage. Stuttgart 2011.
SPS	Horst Brunner / Karl-Günther Hartmann (Hrsg.): Spruchsang. Die Melodien der Sangspruchdichter des 12. bis 15. Jahrhunderts. Kassel/Basel [u. a.] 2010.
Wapnewski	Peter Wapnewski (Hrsg.): Walther von der Vogelweide: Gedichte. Mittelhochdeutscher Text und Übertragung. 4. Auflage. Frankfurt a. M. 1966.
Wilmanns/Michels	Wilhelm Wilmanns / Victor Michels (Hrsg.): Walther von der Vogelweide. 2 Bde. 4. Auflage. Halle a. d. S. 1916/1924.

2. Bibliographien

Manfred Günter Scholz: Bibliographie zu Walther von der Vogelweide. Berlin 1969.

– Walther-Bibliographie 1968–2004. Frankfurt a. M. [u. a.] 2005.

– Walther-Bibliographie 2005–2009. In: Thomas Bein (Hrsg.): Walther von der Vogelweide – Überlieferung, Deutung, Forschungsgeschichte. Frankfurt a. M. [u. a.] 2010, S. 329–354.

3. Handbücher und Einführungen

Thomas Bein: Walther von der Vogelweide. Stuttgart 1997.

[Brunner/Hahn/Müller/Spechtler] Horst Brunner / Gerhard Hahn / Ulrich Müller / Franz Viktor Spechtler: Walther von der Vogelweide. Epoche – Werk – Wirkung. 2. Auflage. München 2009.

Horst Brunner / Johann Schrenk: Walther von der Vogelweide. Höfische Lieddichtung in und aus Franken. Gunzenhausen 2007.

Otfrid Ehrismann: Einführung in das Werk Walthers von der Vogelweide. Darmstadt 2008.

Carl von Kraus: Walther von der Vogelweide. Untersuchungen. Berlin/Leipzig 1935.

Manfred Günter Scholz: Walther von der Vogelweide. 2. Auflage. Stuttgart 2005.

4. Neuere Literaturgeschichten

Horst Brunner: Geschichte der deutschen Literatur des Mittelalters und der Frühen Neuzeit. Stuttgart 2010.

Joachim Bumke: Geschichte der deutschen Literatur im hohen Mittelalter. München 1990 [u. ö.].

L. Peter Johnson: Die höfische Literatur der Blütezeit. Tübingen 1999.

Max Wehrli: Geschichte der deutschen Literatur im Mittelalter. Von den Anfängen bis zum Ende des 16. Jahrhunderts. 3. Auflage. Stuttgart 1997.

Nachwort

Auch literarisch Gebildeten ist heute – bedingt nicht zuletzt durch die Lehrpläne des gymnasialen Deutschunterrichts – nur im Ausnahmefall bewusst, dass die Blütezeit der deutschen Literatur um 1200 nicht hinter der Bedeutung der deutschen Klassik und Romantik der Epoche um 1800 zurücksteht: weder was den ästhetischen Rang der Texte noch den Umfang des (für uns freilich nur noch höchst schattenhaft erkennbaren) literarischen Lebens noch die Wirkung auf die Lebenswelt der Rezipienten anging. In wenigen Jahrzehnten, zwischen etwa 1190 und etwa 1220/30, schufen die Romandichter Hartmann von Aue, Wolfram von Eschenbach, Gottfried von Straßburg, der anonyme Autor oder Redaktor des ›Nibelungenliedes‹ sowie die Liedautoren Albrecht von Johansdorf, Heinrich von Morungen, Reinmar der Alte, Walther von der Vogelweide, Neidhart – jeder von ihnen eine starke, unverwechselbare Autorindividualität – eine staunenswerte Fülle von Texten höchster literarischer Qualität. Angesichts des Bezuges vieler Texte der einzelnen Dichter untereinander, auch angesichts des Umstandes, dass Autorenkollegen immer wieder, lobend oder kritisch, mit oder ohne Namensnennung in den Werken erwähnt oder zitiert werden, kann man auf intensives literarisches Leben, auf Austausch, aber auch auf Rivalität schließen. Auf die Lebenswelt der Rezipienten, d.h. der damaligen weltlichen und auch geistlichen Oberschicht, die allein in der Lage war, die Existenz der Dichter und die durchweg ja handschriftliche Überlieferung ihrer Werke zu sichern, wirkten die Dichtungen, weil ihnen darin Idealbilder, Muster höfisch-adligen Daseins, aber auch die damit verbundenen Probleme vor Augen gestellt wurden.

Im späteren Mittelalter wurden die Autoren der »klassischen« Epoche weiter überliefert und weiter gelesen, sie waren Ansporn und lieferten Muster für die Werke einer großen Zahl nachfolgender Literaten. Erst mit Beginn der Frühen Neuzeit um 1500 endete ihre Ruhmes- und Wirkungsgeschichte. Die Wiederentdeckung erfolgte dann schon seit etwa 1600, seit der zweiten Hälfte des 18. Jahrhunderts begann man die Werke zu edieren und zu erforschen. Die Entstehung der wissenschaftlichen Fachdisziplin der Germanistik nach 1800 ist auf das engste mit dem Interesse an ihnen verbunden.

Walther von der Vogelweide ist der vielseitigste und innovativste Lieddichter des deutschen Mittelalters – vergleichbar erscheint allenfalls der 200 Jahre jüngere Oswald von Wolkenstein (1377? – 1445), dessen Wirken freilich ohne jede greifbare zeitgenössische Resonanz blieb. Im Bereich der Liebesliedddichtung konnte Walther an eine damals bereits mehrere Jahrzehnte zurückreichende Tradition und an das Schaffen bedeutender Zeitgenossen (die teilweise auch als Rivalen begegnen, vgl. Nr. 99–101) anknüpfen (vgl. S. 262 f.). Die Tradition des Sangspruchs hingegen war vor ihm nur schwach ausgeprägt – sie wurde durch ihn faktisch neu begründet (vgl. S. 260 f.). Anderes – die scherzhafte und scherzhaft-erotische Lieddichtung, seine Art der Kreuzzugsdichtung und die Auseinandersetzung mit Welt und Gesellschaft in seinen späten Liedern – war völlig neu, blieb allerdings auch ohne nennenswerte Nachfolge. Man kann davon ausgehen, dass Walther sich als erster mit aller Entschiedenheit, ob notgedrungen oder nicht, als lohnabhängigen Berufsdichter verstand, ohne längerfristige Unterstützung durch ein einigermaßen gesichertes Mäzenatentum. Nicht zuletzt aus dieser Existenzform lassen sich Vielfalt und künstlerischer Anspruch seines Schaffens ableiten.

Aufgabe der Liebesliedddichtung war es, auf formal und gedanklich hohem Niveau zur Unterhaltung der höfischen Gesellschaft beizutragen – das zentrale Stichwort lautet *vreude*. Wesentlich dafür war das seit etwa 1170 aus der Romania übernommene Konzept der ›Hohen Minne‹: der liebende Mann, verkörpert durch den Sänger, dient einer Dame beharrlich, aber letztlich erfolglos, in der Hoffnung auf auch sexuelle Erfüllung. Daraus ergaben sich unterschiedliche Liedtypen, deren auch

Walther sich bediente. Am häufigsten ist die Minneklage, die monologische Klage des Sänger-Ichs über die verweigerte Erhörung (vgl. Nr. 78). Andere Lieder, Werbungslieder, heben mehr den Aspekt der Bemühung um die Geliebte hervor (Nr. 77, 81, 82), wieder andere, Preislieder, rühmen ihre Schönheit und moralische Vollkommenheit (Nr. 79, 80). Selten sind Freudenlieder – der Sänger freut sich über die Andeutung einer Ermutigung oder gar einer Zusage (Nr. 73) –, ebenso Absagelieder, in denen der Sänger seinen Dienst aufkündigt (Nr. 83). Außer den Ich-Liedern gibt es Rollenlieder: Frauenklagen oder Frauenlieder, in denen der Sänger in der Rolle einer liebenden oder einer den Liebhaber abwehrenden Frau auftritt (bei Walther nur das in dieser Ausgabe nicht berücksichtigte Lied L. 113,31); Botenlieder, in denen er die Dame mit einem Boten sprechen lässt (bei Walther L. 112,35 und 120,16); Dialoge zwischen Liebhaber und Dame (Nr. 75); Wechsel, Lieder, in denen beide getrennt voneinander über ihre Liebe monologisieren (Nr. 76). Nur einmal bei Walther (L. 88,9, hier nicht aufgenommen) findet sich der Liedtyp des Tageliedes – sein unübertroffener Meister war Wolfram von Eschenbach –, dem eine andere Liebeskonzeption zugrunde liegt: nach einer Liebesnacht sprechen die Liebenden, oft gewarnt durch einen Wächter, über den leidvollen Zwang zur Trennung im Morgengrauen.

Über diese »gängigen« Themen und Texttypen hinaus hat Walther das Spektrum erheblich erweitert. Im ›Preislied‹ Nr. 84 treten an die Stelle einer einzelnen Dame alle deutschen Frauen, dazu auch die Männer und die deutsche Lebensart überhaupt. Mehrfach setzt der Dichter sich grundsätzlich mit Fragen nach der »richtigen« Liebe – jenseits der ›Hohen Minne‹ –, nach dem Frauenbild und nach dem Zustand der höfischen Kultur auseinander. Die Liebe zwischen Mann und Frau sollte gegenseitig sein (Nr. 85), höfische Liebe soll einen nicht durch Leidenschaft überwältigen, sie muss maßvoll bleiben (Nr. 86), die vollkommene höfische Kultur, verkörpert in einer edlen Dame, übertrifft alle Wunder der Natur (Nr. 87) – aber diese Kultur befindet sich gegenwärtig in besorgniserregendem Zustand, symptomatisch dafür ist nicht zuletzt das Verhalten der Damen (Nr. 88, 89, auch 101).

Walthers Ausführungen haben – bei aller Leichtigkeit der Darstellung, allem Einfallsreichtum, allem Charme – oftmals einen Zug ins Lehrhafte. Dieser ist freilich grundsätzlich gewollt. Der Autor liefert keine Erlebnislyrik. Spricht der Sänger von seiner Geliebten, spricht er sie an, spricht er mit ihr, so ist damit keine konkrete Dame gemeint, sondern es handelt sich um eine Kunstfigur, es geht um exemplarische Liebesverhältnisse. Das Thema »Liebe« liefert die Möglichkeit (wie schon angedeutet), der höfischen Gesellschaft durch das Lied Freude, gehobene Unterhaltung, auch Belehrung zu schenken. Solange die Gesellschaft willens und in der Lage ist, sich an derartigen Liedern – deren Produktion ja die Existenzgrundlage des Dichters darstellt – zu erfreuen, sich ernsthaft mit den aufgeworfenen Fragen und Themen auseinanderzusetzen, so lange ist ihre Kultur intakt. Selbstverständlich ist das in den Liedern auftretende »Ich« nicht biographisch mit Walther von der Vogelweide gleichzusetzen: es ist – wie die Dame – ein Rollen-Ich, ebenfalls eine Kunstfigur, die in vielerlei Posen erscheinen kann: als Liebender, als weitgereister, urteilsfähiger Kenner, als Zeitkritiker.

Das Panorama seiner höfischen Lieddichtung hat Walther durch jene neuartigen Texte erweitert, die in der Ausgabe unter der Rubrik ›Winter- und Sommerlieder, scherzhafte und erotische Lieder‹ zusammengestellt sind. In ihnen herrscht ein leichter, überwiegend heiterer Ton, es liegt nahe, sich die Texte zum höfischen Reigentanz gesungen vorzustellen. Thematisch herrscht einige Vielfalt: Winterklage (Nr. 90 und das kunstvolle Vokalspiel Nr. 93); Frühlingspreis, verbunden mit einer Liebesklage (Nr. 91); der mit der kruden Realität scherzhaft konfrontierte Allmachtstraum des Sängers (Nr. 92); ein kindlich-kindisches Liebesorakel (Nr. 94); Liebeserklärungen an offenbar unstandesgemäße Mädchen (Nr. 95, 96); schließlich zwei Lieder, die in ganz unterschiedlicher, höchst artistischer Weise an die im romanischen und lateinischen Bereich verbreitete Pastourelle (vgl. dazu S. 300 f.) anknüpfen (Nr. 97, 98). Charakteristisch sind Traum- und Tanzmotive, ist die freie Natur, der *locus amoenus*, als Handlungsraum, sind Diminutiva und Requisiten wie der Ball, mit dem Mädchen werfen, der gläserne Fingerring, ein Strohhalm. Deutliche Verbindungen bestehen – wie bereits erwähnt (S. 263) – zur lateinischen Liebespoesie der Zeit. Als vom Sänger apostrophierte Geliebte erscheint in Nr. 95 ein *vrowelîn*, eine »kleine Dame«, in Nr. 97 eine *maget*, ein »Mädchen« – das entspricht der *puella* der lateinischen Dichtung (die Liedgruppe firmierte deshalb in der Waltherforschung lange Zeit im ganzen oder teilweise unter der Bezeichnung »Mädchenlieder«).

Ganz für sich, ohne typologische und thematische Vorgaben stehen jene Lieder, die ganz zweifellos in Walthers späte Schaffenszeit gehören: die Kreuzzugslieder (Nr. 102, 103) und jene Texte, in denen er sich fundamental und gewissermaßen abschließend mit der höfischen Gesellschaft und der irdischen Welt auseinandersetzt und Abschied nimmt auch von seinem Künstlertum (Nr. 104–106). In ihnen, vor allem in Nr. 103 und 106, hat man zu Recht in aller Regel den Höhepunkt seines künstlerischen Schaffens gesehen.

Von zentraler Bedeutung für die Gattung der Sangspruchdichtung (vgl. S. 260 f.) war der Umstand, dass Walther sie in einer von Krisen geschüttelten Epoche für den politischen Tageskampf öffnete. Von Anfang an, seit dem Reichston, gelang es ihm immer wieder, in Verbindung zu den wichtigsten politischen Protagonisten – Philipp von Schwaben, Otto IV., Friedrich II. – zu treten, sich in ihrem oder in fürstlichem Auftrag zum Sprachrohr politischer Meinungssteuerung von höchster Warte aus zu machen. Obwohl es sich bei den im einzelnen auf ganz unterschiedliche Art gestalteten politischen Sprüchen in aller Regel um Auftragsdichtung handelte, blieb der künstlerische Anspruch durchweg gewahrt – billige Propaganda lieferte

Walther nicht. Durch diese Texte, die offensichtlich zu seiner Zeit allgemein bekannt waren und seinen Ruhm verbreiteten, wurde er zum Begründer der politischen Dichtung in deutscher Sprache mit zahlreichen Nachfolgern (die freilich nicht sein Niveau erreichten) bis in das 14. Jahrhundert und auch noch zum – freilich oft missverstandenen – Vorbild politischer Dichter des 19. und noch des 20. Jahrhunderts.

Nicht weniger wichtig war die Gattung für Walthers persönlichen Lebenskampf. In Sangsprüchen formulierte er mit ganz unterschiedlichen Sprechweisen seine Wünsche, Beschwerden, Abneigungen, auch – wenn dies geboten war – seinen Dank. Er brachte darin seinen künstlerischen Standpunkt zu Gehör (vgl. Nr. 31), bekannte seine chronischen Verstöße gegen die christliche Gottes-, Feindes- und Nächstenliebe (Nr. 51), beschwerte sich öffentlich über die miserable Aufnahme in einem reichen Kloster (Nr. 52). Obwohl wir so gut wie nichts über Walthers Biographie und seine genauen Lebensumstände wissen, entsteht aus dem Corpus seiner Sangsprüche, in dem Sänger-Ich und biographisches Ich keineswegs immer ohne weiteres voneinander getrennt werden können, doch ein einigermaßen farbiges Bild seiner Persönlichkeit.

Gegenüber den beiden genannten, vielfach eng miteinander verbundenen Themenkomplexen treten die religiösen und lehrhaften Sprüche, die in erster Linie an die höfische Jugend gerichtet waren, die aber meist auch Allgemeinmenschliches betreffen, etwas zurück. Die Inhalte sind meist traditionell, oft sind sie biblisch fundiert. Wie schon seinen wenigen uns bekannten Vorläufern auf dem Gebiet der Spruchdichtung ging es auch Walther nicht darum, neues Wissen auszubreiten. Aufgabe war vielmehr, an religiöse Heilstatsachen, an ethische Gebote und an längst bewährte Verhaltensregeln immer wieder neu zu erinnern. Dabei ist er weit entfernt von jenem Aufwand an zur Schau gestellter Gelehrsamkeit und elaborierter Formulierungskunst, die bei seinen Nachfolgern im Lauf des späteren 13. Jahrhunderts und darüber hinaus geradezu zu einer Art Markenzeichen des Spruchsangs wurden. Wie in allen seinen Texten spricht Walther auch hier eine klare, unmissverständliche Sprache. Er wollte verstanden werden, sein künstlerisches Können hatte rhetorisches Imponiergehabe nicht nötig.

Alphabetisches Verzeichnis der Strophenanfänge

Konkordanz der Liednummern in den Ausgaben Brunner und Lachmann

Nr.	*L.*	*Nr.*	*L.*	*Nr.*	*L.*
1	8,4	37	25,26	73	110,13
2	8,28	38	20,31	74	112,3
3	9,16	39	35,17	75	85,34
4	19,29	40	24,33	76	71,35
5	18,29	41	28,11	77	99,6
6	19,5	42	31,33	78	54,37
7	25,11	43	32,7	79	92,9
8	21,25	44	20,4	80	53,25
9	16,36	45	35,7	81	62,6
10	19,17	46	18,15	82	73,23
11	17,11	47	105,27	83	72,31
12	11,30	48	106,3	84	56,14
13	12,6	49	85,1	85	69,1
14	12,18	50	85,9	86	46,32
15	105,13	51	26,3	87	45,37
16	85,25	52	104,23	88	58,21
17	31,13	53	104,7	89	47,36
18	31,23	54	82,11	90a/b	39,1
19	11,6	55	22,3	91	51,13
20	11,18	56	20,16	92	94,11
21	12,30	57	22,18	93	75,25
22	33,21	58	24,18	94a/b	65,33
23a/b	34,4	59	78,24	95	49,25
24	34,14	60	21,10	96	50,19
25	33,11	61	22,33	97	74,20
26	33,31	62	23,26	98	39,11
27	33,1	63	24,3	99	111,22
28	34,24	64	81,7	100	84,24
29	26,23	65	87,1	101	64,31
30	26,33	66	30,9	102	14,38
31	28,1	67	83,14	103	124,1
32	28,31	68	83,27	104	41,13
33	29,15	69	27,17	105	100,24
34	10,1	70	27,27	106	66,21
35	36,11	71	102,1		
36	84,1	72	81,31